趣说古人生活史

艾公子 著

中国画报出版社·北京

图书在版编目（CIP）数据

趣说古人生活史 / 艾公子著. -- 北京：中国画报出版社, 2023.6
ISBN 978-7-5146-2224-9

Ⅰ. ①趣… Ⅱ. ①艾… Ⅲ. ①社会生活-中国-古代-通俗读物 Ⅳ. ①D691.93-49

中国国家版本馆CIP数据核字（2023）第040116号

趣说古人生活史

艾公子 著

出 版 人：方允仲
策划编辑：李　琴
责任编辑：郭翠青
助理编辑：王子木
责任印制：焦　洋

出版发行：中国画报出版社
地　　址：中国北京市海淀区车公庄西路33号
邮　　编：100048
发 行 部：010-88417360　010-68414683（传真）
总编室兼传真：010-88417359　版权部：010-88417359

开　　本：32开（880mm×1230mm）
印　　张：12.25
字　　数：276千字
版　　次：2023年6月第1版　2023年6月第1次印刷
印　　刷：三河市国新印装有限公司
书　　号：ISBN 978-7-5146-2224-9
定　　价：65.00元

一本满足你对古人所有好奇的历史百科书

開韶慶佳
節合宅樂
團圓夫婦
同堂洽見
孫繞膝妍
華燈燦樓
表吉爆響
階前籲夢
南枝報春
光宇宙延
慶圖

自序

读书读到了一条史料,差点儿瞬间"破防"。

北宋末年,朝廷曾以巨额财富向金兵"买和平",国库一下子就空了。于是,宋钦宗下了一道圣旨,但凡此前得到宋徽宗赏赐金带之人,务必如数上缴朝廷,不许隐瞒。很快,就有官员上奏,说李师师的金带必须追缴回来。

李师师作为前任皇帝宋徽宗的"红粉",得到他不少赏赐。然而,当王朝面临末路的时候,朝廷并不打算放过她——尽管她只是一个边缘人,但也必须为国家的末路埋单。

北宋覆灭后,李师师流落南方,年老色衰,有时会被同样南渡的官员请去家里唱歌。其实,他们也不是真的想听她唱歌,只是想从她的落魄中照见自己的影子而已。

就这样,一代名妓成为了时代变局的一面镜子,有人看见了胡闹,有人看见了悲剧,有人看见了家国,有人看见了自己……

好奇是人类的天性。我们喜欢读历史，本质是源于"未知"，可能是这一整段历史我都不熟悉，也可能是某一些细节我并不了解。但一个理想的历史讲述者，不会只满足于通过自己的讲述去满足读者的好奇心，而是希望从更高的维度上去激发读者的共情。

就像在李师师的个案里，我们就看到了三种共情：
首先，她必须被动地与朝廷的困境共情；
其次，南渡官员主动与她的困境共情；
最后，我们作为历史的阅读者，对李师师的遭遇产生了共情。
如今流行说"破防"，实质就是共情的另一种表述方式。

现在摆在您面前的这本书，集中讲述古代名人的生活日常，正是基于好奇与共情的双重考虑。书中讲到了古代的皇帝、皇储、名医、作家、学霸、贵族、诗人等不同身份和职业的人生，也讲到了古代的替身、名妓、海盗、赘婿、穷人等边缘群体，还讲到了古代的旅游、休假、留学、看病、饮食、贸易、相亲、选秀、炒作、创富等具有"当代性"的话题。

如果这些题材，足够引起您的好奇，那么，希望您读完掩卷，能够对书中人和书中事产生一些共情。他们的骄傲与失落、无奈与挣扎、精明与失算、坚持与放弃，何尝不是我们正在经历或看见的？

读一段历史，如经历一种人生。读一百段历史，如经历一百种人生。一个人的生命有限，而读史可以无限延长生命的长度，拓宽生命的宽度。

是为序。

目 录

第一记:浮生记才

一、名医的职业规划——人生不需要一条路走到黑 002

二、读书人的成名捷径——古代顶级脱口秀选拔赛 016

三、古代留学记——高精尖外国人才,为何拼了命要来大唐? 025

四、文人的自我炒作——没有互联网的古代,如何把自己打造成爆款? ...038

五、古人的修仙往事——道友们是如何修仙的? 046

六、古代学霸的日常内卷——和一群省状元在一起考试是什么体验? ...058

第二记:浮生记情

一、美人祸国往事——中国的男人,都被女人毁了? 076

二、文人的情书——我有一首诗想读给你听 086

三、古代第一情圣——慧极必伤,情深不寿 101

第三记：浮生记奇

一、中国西医往事——康熙为它点赞，孙中山靠它创业 114

二、赘婿的逆袭——靠老婆不丢人 125

三、武状元简史——历史上的"武林盟主" 137

四、明清海盗简史——中国古代的大海贼王 149

五、史官的变迁——从地位崇高到毫无节操 161

六、古代替身简史——历史上的"影" 171

第四记：浮生记趣

一、古人的相亲——无论在哪朝哪代，都躲不过相亲"鄙视链" 180

二、皇帝"作死"全记录——为什么中国皇帝多短命？ 188

三、大宋美食指南——有钱和有权的人都吃什么？ 195

四、君臣的密折来往——你以为他们只是在搞笑？ 207

五、古人休假指南——现代人是"城会堵"，他们才是"城会玩"...219

第五记：浮生记权

一、废帝的保命日常——权力的游戏...................228

二、储位争夺战——无情最是帝王家....................242

三、古代公务员职场"摸鱼"记——要有识明主的慧眼...................255

四、皇帝的工作日常——"九九六"和"零零七"的由来...............263

五、皇帝的杀伐日常——总是在纠结，要不要杀个人......................270

六、皇帝的旅游日常——是玩乐，也是工作...........................281

七、皇帝的整人日常——天子也喜欢"恶作剧".....................290

第六记：浮生记富

一、古代富豪发家秘籍——发财是有技巧的........................306

二、古人请客的套路——"豪门盛宴"往事.........................318

三、皇帝的致富经——一国之主是如何搞钱的?.....................333

四、明清巨富家族往事——财富来得快，去得也快..................354

五、富贵王公的日常——艺术与"有闲阶级"......................363

第一记：浮生记才

一、名医的职业规划——人生不需要一条路走到黑

湖北蕲州荆王府内,大明王朝的富顺王朱厚焜有一桩心事。

他的一个孙子染上了怪病:爱吃灯花(灯芯余烬结成的花形)和生米。每当油灯或是蜡烛点起,这个孙子一闻到灯花的气味,就大闹着要吃,倘若不给,就哭个没完没了。而且,这个孙

子不爱吃熟米饭,却好吃没煮过的生米。

王府的医生弄不清是什么病症,只道是"王孙中邪了"。

王孙越发面黄肌瘦,一家人急得不行。后来旁人告诉富顺王,同郡有一位年纪轻轻的乡村"神医",能起死回生,妙手回春。朱厚焜一听,那还等什么啊,连忙叫人请"神医"进府诊治。

来人名叫李时珍。

01

李时珍一番望闻问切,详细询问病情后,诊断王孙患了"虫癣"。他开了一剂杀虫治癣的药,研制成小孩子喜欢吃的蜜丸,王孙吞服以后,爱吃灯花和生米的怪病一下子就消除了。

从此,李时珍经常出入荆王府,王府上上下下、男女老少得了什么病,大都去请李时珍诊治。荆王府家族成员的好几例怪病,都被李时珍的妙方治愈了。这些医案,后来被李时珍写入了《本草纲目》。

李时珍的家乡湖北蕲州,早在南北朝时就已设州了,从南宋开始,直到清末,都是政治军事重镇,如今更是出了名的"博士街"。这里前扼长江水,后倚大别山,是"山环水抱"之地,英杰代兴,所辖的蕲春县内还广为流传着一句话:"水漫红石头,状元满街游"。

李时珍的祖父是位走乡串户的"铃医",父亲李言闻曾担任过太医院的吏目，也是当地有名的医生，从一开始，李言闻就希望他的小儿子好好读书，光宗耀祖。

用今天的眼光来看，李时珍出生在一个中医世家，似乎从医是一件顺理成章的事情。然而，在封建社会，中医的地位并不高。民间有"三教九流"的说法，用于概括各种行业的身份地位及高低贵贱，中医属于"中九流"之列，排在秀才之后，画师之前，"一流秀才二流医，三流丹青四流皮，五流弹唱六流金，七僧八道九棋琴"。

李时珍五岁时，被父亲送去上私塾，就等一朝通过科举考试进入仕途，出人头地，实现家族的阶层跃升。

李时珍也不负众望，打小聪颖过人。十四岁那年，也就是嘉靖十年（1531年），李时珍参加了在黄州举行的童试，在两门考试"四书义"和"试帖诗"中都取得了不俗的成绩，顺利考中了秀才。

李言闻大喜，对李时珍的光宗耀祖之路充满了信心。

但这位父亲没有高兴多久，忧愁就接踵而至。因为李时珍此后"三试于乡不售"，他在1534年、1537年、1540年这三次的乡试中都落榜了。

李时珍在第二次科考那年病了，差点死去。

他在《本草纲目·草部》中写道："予年二十时，因感冒咳嗽既久，且犯戒，遂病骨蒸发热，肤如火燎，每日吐痰碗许，暑月烦渴，寝食几废，六脉浮洪。遍服柴胡、麦门冬、荆沥诸药，月余益剧，皆以为必死矣。"

骨蒸病就是结核病，属于由结核杆菌引起的慢性传染病，以肺结核最为常见。

李时珍还曾自述从小苦于"羸疾"，身体消瘦，虚弱不强。年轻的时候，"岁岁病目"，眼睛每年都会出现问题，视物不清，用了许多药都没有治好。

后人猜测，李时珍三试不第，可能与其体弱多病有关，更可能与当时不够公正的人才选拔体制有关。

自宋代以来，儒士口耳相传着一条箴言：不为良相，则为良医。

相传，范仲淹在年轻尚未得志时，曾去灵祠求签祷告，询问日后能否成为宰相。在得到否定的签后，他便说，倘若不能实现的话，就去当一位良医吧。

良相固然可恩泽天下，如果不能，那么能实现救人利物心愿的就莫过于良医了。作为良医，上可疗君亲之族，下可救贫民之厄，中可以保身长全。

李时珍已无心再考，决心学医，为民众解疾苦。他立下誓言："身似逆流船，心如磐石坚。望父全儿志，至死不畏难。"

李言闻理解并同意了儿子的请求，把几十年来的医学经验倾囊相授。

02

李时珍多年寒窗苦读，并非徒劳。他的儒学功底，为他日后从事医学药学研究、行医治病，打下了坚实的基础。儒家规范了医学的行为，医家也实践了儒家的理念。

李时珍治好了富顺王孙子的怪病之后，就一直与王府保持着密切的关系。后来，富顺王的嫡子病了，又请了李时珍来诊治。

在诊疗过程中，他知道富顺王因为溺爱庶子，所以有废除世子另立储王的打算，这位世子因而忧郁成疾。所谓"心病还须心药医"，李时珍开了一张名为"附子和气汤"的药方。

附子是一味中草药，与"父子"谐音，在熟知儒家文化的李时珍看来，历史上很多战乱都是起于废立王位。

富顺王是个聪明人，他看过药方后，咂摸了一下李时珍的话，明白了话中之意，决定放弃原来的想法，世子的病也很快就好了。

富顺王去世后，他的嫡子顺利继承了王位。

这件逸事，被顾景星写进了《李时珍传》。但实际上，这个故事是顾景星小时候在茶肆间听说的，并不大可靠，而且富顺王朱厚焜素来享有"贤王"的美誉，他的元妃没有生儿子，他去世后，继位的是他的庶子朱载堢。

不管怎样，得益于荆王府的大力宣扬，李时珍的大名传到了封藩在武昌的楚王朱英㷿耳中。有一日，楚王的世子突然昏厥，不省人事，三十三岁的李时珍奉召前往抢救，手到病除。王妃对他感激不尽，亲自拿着金银锦帛来答谢，他却丝毫不取，于是楚王聘他为"奉祠正"（正八品，主管祭祀），兼管王府"良医所"事务，也就是负责主管王府的医疗保健。

不久，朝廷下了一道诏书，要在全国选拔一批有经验的医生，填补太医院的缺额，楚王便举荐了李时珍。

嘉靖三十八年（1559年），四十二岁的李时珍从武昌来到了北京。

太医院地处大明门东侧，钦天监之南，也就是今天东郊民巷西口路北附近。李时珍任职不久，就由满心欢喜转为垂头丧气。

当朝皇帝明世宗朱厚熜，迷信仙道，好长生不老之术。上有所好，下必逢迎，其周围聚集了一批"有神通"的方士，炼丹修仙，推选长生之术。就连太医院中的医官们为了迎合皇帝的需要，也翻遍历代本草古书，企图从中搜索长生不老之药，又向全国收集各种秘不外传的"仙方"。这些所谓的丹药往往都含有砒霜、水银、铅锡、雄黄、朱砂等。

李时珍查阅了大量文献资料后，对服食仙丹成仙的谬论进行坚决的批驳。他高声疾呼，丹药能长寿的说法，绝不可信。他还列举了古代诸多服食丹药后毙命的例子，诚恳地向皇帝进言。

自然，逆耳的忠言没有讨来什么好脸色。

李时珍转移了他的精力，他的神识畅游在太医院浩瀚纷繁的医书海洋中，并终日游走在御药库、寿药房及京城著名的药店，如位于菜市口的鹤年堂等。据传他还到过西山一带采集草药，进行本草研究。

任职不到一年，李时珍就向上级提交了辞呈，放弃了别人艳羡的太医院职位，打点行装，从北京回到了故乡蕲州。

03

嘉靖四十年（1561年），回到家乡的李时珍，把家搬到了雨湖北岸的红花园。在一片红花绿叶掩映的石榴花地中，他修建了新居"蕰所馆"。

《诗经》中有言，"考槃在阿，硕人之薖"，意思是远离世俗隐居到山岗之上，伟岸的形象啊，心神疏朗。

就在这里，李时珍给自己取号"濒湖山人"，开始了余生的著述生涯。

在刊印出版《濒湖脉学》和《奇经八脉考》后，《本草纲目》的编撰工作也正式启动了。

由于准备充分，开头进行得很顺利，但是写着写着，问题出现了。最使李时珍头痛的是，以前各医家有许多互相矛盾的说法。比如一种名为远志的药物，南北朝著名医药学家陶弘景说它是小草，像麻黄，但颜色青，开白花；而宋代马志却认为它像大青，并责备陶弘景根本不认识远志。

药名混杂，使人难以弄清药物的形状和生长的情况。过去的本草书，虽然作了反复的解释，但是由于有些作者没有深入调查研究，而是在书本上抄来抄去，所以越解释越糊涂，导致矛盾百出，莫衷一是。

在父亲的启示下，李时珍认识到，"读万卷书"固然重要，但"行万里路"更不可少。于是，他既"搜罗百氏"，又"采访四方"，深入实际，进行调查。

从1565年开始，李时珍在儿子李建元和弟子庞宪的伴随下，到广阔的大自然中去，到各地收集药物标本和处方，向捕蛇者、渔人、樵夫、农民、车夫等各种各样的人请教。为了重新获得草药的真实药性并更加准确地描述它们的疗效，他甚至在行医与采药过程中还对许多草药进行了亲身体验，再现了"神农尝百草"。

曼陀罗花，一种重要的麻醉药，是李时珍第一次将这种朝开夜合的花收入了医书中。他在解释这个名称时说："法华经言，佛说法时，天雨曼陀罗花。"

听说这种花人吃了之后，会手舞足蹈，严重的还会麻醉。为了验证其功效，他特地上武当山采摘了长于斯的曼陀罗花，并酿了曼陀罗花酒，邀请徒弟一同畅饮。

他在《本草纲目》中是这样描述他品尝后的感受及功效的，"予尝试之，饮酒半酣，更令一人或笑或舞引之，乃验也""割疮灸火，宜先服此，则不觉苦也"。

儒家主张圣人无常师，不耻下问，《本草纲目》中有相当一部分就是李时珍从劳动人民处收集得来的。有一天，他采药回客栈的路上，瞧见几个车夫围着一口大锅煮着一种他不曾见过的野草。他感到很好奇，便耐心地向车夫请教，车夫就告诉他，锅里的草叫鼓子花，又名旋花，有舒筋活血的功效，对长年累月干苦差事的他们来说，再合适不过了。

李时珍一五一十地记录了车夫的话，后经过亲自试验，肯定了鼓子花的功效。

李时珍还曾随捕蛇者一同上龙峰山，观看捕蛇的过程。这种蛇叫"蕲蛇"，也就是蕲州所产的一种地道药材——白花蛇，俗称五步蛇。蕲蛇主治中风湿痹、麻木不仁、筋脉拘急、大风疥癣等症，从唐代开始就是贡物，到了明朝时，官府豪绅常向百姓摊派此蛇，其情形正如唐代柳宗元在《捕蛇者说》中所说一样。

李时珍在《本草纲目》中对蕲蛇的形状和捕捉方法都作了细致入微的真实介绍，正是实践出真知的结果。

之前李时珍反对服食丹药时，方士们站出来反驳："古书上记载，水银无毒，服食可以成仙，是一种长生药。"李时珍告诉他们，前人遗留下来的经验和知识，可以参考，但是一定要经过分析，不能尽信书上所言。

他虽然坚决反对服食仙丹，却主张以科学的态度来应用炼丹的方法。他认为水银内服有毒，但是可以研制外用，用于医治疮疥等病。此外，他还利用炼金术烧制外用药物，并把研究的数据记载在《本草纲目》中。

依据药物临床使用的疗效，李时珍改进了许多药物的炮制工艺。比如巴戟天的制作，按照古法，应当先用枸杞水泡一宿，捞出来用酒浸半天，再捞出来同菊花一同熬制，最后去掉菊花，擦干方可用于治疗。

然而，有一次，他碰上了急症，一时间找不到巴戟天的成药，急症也等不得他慢条斯理地去炮制了，所以他只用温水急忙把它泡软，去掉内芯就给病人服用了，最后疗效也没有什么差别。可见，古法也并非要守成不变。

《本草纲目》就是在这样的态度下完成的,三易其稿,一写就是27年。

成稿那年,李时珍六十一岁。

04

《本草纲目》是十六世纪以前中国本草学集大成之作,书中所收集的资料广博,"上至坟典,下至传奇,凡有相关,靡不收集"。

实际上,这本书是李时珍一家三代辛勤劳动的成果。儿子李建元为此书精心绘制了一千多幅精美的插图,四个儿子负责校正书稿,四个孙子帮忙抄写,其中还有他的弟子庞宪的功劳。

可是,这部一百九十二万字共五十二卷的巨著,却遭到了官府和书商的冷眼。

一般来说,刻印这样的大型书籍,只有朝廷和官府有这个实力。就算在当时全国最大的印刻中心南京,一般的书商也是看都不看的,书商们最感兴趣的是小说、戏曲、丛书类书籍。在他们眼中,印刷《本草纲目》既不是奉旨刊印,又不是巨贾行善捐资,实在太不值当了,没赚头。

当时的李时珍远非今天这样名闻天下,不过是所谓的荆楚名医罢了。他在南京滞留了一年,没能找到愿意出版的出版商。

万般无奈之下,他想到,倘若他的《本草纲目》能得到当时的文坛盟主王世贞的赞许和题序,应该能借助其名声而给该书的出版带来一丝生机吧。

于是,李时珍乘船到离南京不太远的太仓,拜谒了有过一面之缘的王世贞,向他表示"愿乞一言,以托不朽"。

只是,这一次的拜访并不是那么顺利。据说当时李时珍和王世贞关于道家寻仙炼丹的意见不一,王世贞的心情不是很好,就没有为《本草纲目》写序,反而写了两首绝句戏赠李时珍,其中一首说:"华阳真逸临欲仙,误注本草迟十年。何如但附贤郎舄,羊角横抟上九天。"

不管怎样,王世贞终究是给予了口头承诺,只是这个迟来的序,要到十年后的万历十八年(1590年)春上元日才出现。

这一年,七十三岁的李时珍再次拜会了王世贞。"生平刚正不阿,从不对人妄赞一词"的王世贞,以其深厚的文化底蕴写下了一篇赞誉有加的序文。序中,他以饱满的热情、绝世的文采,深刻阐释了《本草纲目》的丰富内涵,并且不忘向书商大力推荐这本巨著。他说:"藏之深山石室无当,盍锲之,以共天下后世味《太玄》如子云者?"

有了王世贞金口的加持,金陵书商胡承龙拍板决定出版这部书。

万历二十一年(1593年),《本草纲目》的雕刻终于完成。同年,李时珍去世,他逝世后的第三年,《本草纲目》在南京正式刊行,世称"金陵版"。

当年十一月,李时珍的儿子李建元带着这部巨著和李时珍的遗表觐见了万历皇帝，万历亲批了"书留览，礼部知道，钦此"的圣旨。至此，《本草纲目》的流传已成水到渠成之势。

05

大约在李时珍生活时代的九百年前，唐朝也有一位良医。

根据《旧唐书》记载，他的年龄可能达到了一百四十多岁。关于他的年龄，还存在争议，最保守的估计，也是清朝纪晓岚在编纂《四库全书》时计算的一百零一岁，更主流的看法则认为是一百二十五岁或一百四十二岁。总之，他是中国正史记载中活得最久的人之一。

这位神医就是孙思邈。

孙思邈少年时体弱多病，曾患寒疾，医药费几乎耗尽家产，于是他立志学医。二十二岁时，他开始为亲朋好友行医治病，因疗效好而享有很高的威信，声望日著。

他是第一个麻风病治疗专家，曾治疗六百余名麻风病人，并亲自抚养、照顾治愈了六十多人。

"初唐四杰"之一的卢照邻染麻风病多年，一直都医治不好，在病情的折磨下，非常消极悲观。那年，卢照邻因事进京，卧病于长安光德坊官舍，遇到了当时也在长安的孙思邈，在孙思邈的治疗下，他的病情渐渐有了起色。

恰逢此时，唐高宗要去避暑，召孙思邈同行。这样一来，卢照邻的治疗就无法继续了，只能回四川去。不久后，孙思邈也还乡了，两人再也没有机会见面，只是书信往来。

几年后，卢照邻因病辞官，慕名到孙思邈曾提及的太白山养病，却听信道士的蛊惑，服用"仙丹"，导致病情雪上加霜。孙思邈逝世后，他精神上备受打击，加之病情恶化、全身溃烂，只得绝望自杀了。

以孙思邈的医者仁心，倘若知道后来发生的这些事，心里一定非常难受。毕竟他终身都秉持着"人命至重，有贵千金，一方济之，德逾于此"的信念。

孙思邈在京城长安居住了十多年，除诊疗工作之外，还从事医学研究和著述。他竭尽毕生精力，花费数十年推出了医学巨著《千金方》（包含《千金要方》和《千金翼方》），被誉为中国历史上第一部临床医学百科全书，涵盖内外科、妇儿科、五官科、皮肤科、急救、食疗、养生、气功、按摩等领域。

《千金方》不仅对中国医药学产生了极为深远的影响，而且对日本医学也颇有影响。

唐永徽元年（650年）的秋天，孙思邈奉命去诊治一位将军。到了地方一看，这位将军的后背嵌着一支断箭箭头，血迹斑斑，不时有恶臭脓水流出。

原来，这位将军远征时被流矢击中，箭头没入位置刁钻，前面来看过的医生都束手无策，表示"这根本拔不出来了啊"。

众人早就听说过孙思邈的神医之名，都把满含期待的目光落到了他身上。然而，孙思邈一开口就是"这我现在也拔不了"，众人目光一暗。但孙思邈接着说："给我三个月，这箭不用拔，也会自己掉落的。"果然,从冬季到翌年春,在孙思邈的医治下,箭镞就不拔而落了。

这是《千金方》中最后记载的一个病例。

孙思邈医术高超,医德高尚,不仅在平民中享有声望,隋唐两朝帝王将相对他也是敬重有加,史上有三御请之说。但他无心仕途,三拒入仕——拒绝隋文帝杨坚在登基前"征为国子博士";拒绝唐太宗"召诣京师"授以爵位;拒绝唐高宗召见授予"谏议大夫"。

他终身不仕,隐于山林,以奇特神异、名医名儒、似僧似道的姿态而驰名中外。

二、读书人的成名捷径——古代顶级脱口秀选拔赛

谁的青春不迷茫?年轻的曹操也曾迷茫过。

据《三国志》记载,曹操"少机警,有权数,而任侠放荡,不治行业",又"好飞鹰走狗,游荡无度"。

尽管曹阿瞒天资聪颖,但是由于整天不务正业,放浪形骸,

再加之出身宦官家庭，当时还没什么人看得起他，所以这个有钱有势的官二代也有着烦恼。

名臣桥玄一向以举贤任能闻名，他见到曹操后，一眼就看出此人前途不可估量，对其大加赞赏，还想在百年之后将妻儿托付给曹操照顾，两人遂结为忘年交。

能得到桥玄这样一位"大咖"的肯定，曹操也算是小有名气了。但是，桥玄认为这样还不够，如此出众的青年才俊，应该让世人皆知。于是，他对曹操说："小曹啊，你现在还未能成名，可以去请许子将老师给你写个评论。"

言外之意就是，许子将说你行，你就行了。

曹操一听，赶紧收拾行囊，前去拜访。

01

许子将，就是许劭，汝南平舆人，是当时知名的"脱口秀主持人"和"选秀评委"，他最擅长品评人物和议论时事。

我们这代人可谓亲眼见证了中国选秀节目的突飞猛进，十几年来，各种选秀节目如雨后春笋般不断涌现，红极一时。

而在东汉末年，也有一档"选秀节目"吸引了大众的目光，那就是许氏兄弟的"月旦评"。

月旦评是由出身汝南许氏望族的许劭及其堂兄许靖共同创办，以臧否人物、评议时事为主。每月，许氏兄弟会围绕不同的主题，针对当时的人物进行评说，且往往是直言不讳，不避权贵，每月初一公开发表评论结果。

月旦评一经流传,深入人心,传播甚广。

汝、颍一带的士子们都在翘首以盼,猜测每月一次的月旦评上会不会出现自己的名字。

当时,为月旦评所评价的人物"所称如龙之升,所贬如坠于渊,清论风行,高唱草偃,为众所服"。

如果一个人能得到许氏兄弟的夸赞,他就有机会飞黄腾达;但是如果一个人品行不佳,又让许氏兄弟冷眼相待,得到几句差评,那就犹如坠深渊,一时难以翻身了。

可见,世人对于月旦评的结论非常信服。对此,明代有诗赞曰:"心负云霄志,名高月旦评。"

宋人秦观也曾感慨"月旦尝居第一评,立朝风采照公卿":只要能被月旦评称赞,你就可以借此平步青云,声名显赫,身居朝堂之上,风头甚至还能盖过其他公侯大臣。这说法未免有些夸张,但也从侧面验证了月旦评在当时的影响力。

02

选秀节目一般是草根群众的舞台,许劭也确实善于发掘"草根明星"。

据《三国志·和洽传》裴松之注引《汝南先贤传》载:

"劭始发明樊子昭于鬻帻之肆,出虞永贤于牧竖,召李淑才乡间之间,擢郭子瑜鞍马之吏……皆当世之令懿也。"

这些被提拔的贤士中，樊子昭本是市场上卖布的，虞永贤本是田野间放牛的，李淑才本是乡村里种田的，郭子瑜本是马厩里养马的……许劭神通广大，不知通过什么渠道认识他们，并将才华出众的他们——引荐给世人。

而这些贤士也往往如许劭所言，成长为当时的风流人物，比如樊子昭，他原是市井小贩，士农工商，商人垫底，他的出身在当时并不起眼，也没有超凡的智力，被蔑称为"贾竖"。但樊子昭发奋图强，德才兼修，终于成为远近闻名的名士，终其一身，备受赞誉，"年至耳顺，退能守静，进能不苟"。

由此可知，许劭评选人才不拘一格。

除了寒门子弟，许氏兄弟对名门士族的品评更为人称道，当世名流对月旦评既有几分向往，也有几分忌惮。

以袁绍为例，他出生于四世三公的汝南袁氏，家世显赫，对同郡老乡许劭、许靖哥俩的月旦评也是久仰大名，生怕在许氏兄弟那儿留下坏名声。

一次，年轻的袁绍从濮阳令卸任，准备回老家。汝南袁氏的名声无人不知，无人不晓，一路上车马骈阗，气氛热烈，袁大公子身着华服，高坐车上，顿时感觉飘飘然。

差不多要行至汝南地界时，袁绍转念一想：这么豪华的阵仗要是让许劭他们见到，岂不是要批我骄奢淫逸，那我不就要上"热搜"了吗？于是，他对身边的人说道："吾舆服岂可使许子将见。"他赶紧把车马遣散，自己独自乘一辆车，安安静静回家去了，所幸，袁绍的奢侈浮华没有被许氏兄弟撞见。

03

月旦评之所以能青史留名，一方面，是因为其闻名遐迩，家喻户晓；另一方面，当然是因为许氏兄弟的评语料事如神，一语中的。

曹操听从桥玄的建议，兴高采烈地前去拜访许劭。那么，结果如何呢？

那天，曹操去了，直接问许劭："我何如人？"

许劭很不待见曹操，"鄙其人而不肯对"，缄口不言。

许劭对曹操的反感，或许与曹操的家庭出身有关。曹操的父亲曹嵩认了宦官曹腾为干爹，在士人眼里难免会有偏见。更何况，月旦评会应运而生，其中一个原因正是因为宦官当政，士人上进无门，使得上到朝堂，下到黎民，清议之风盛行。

曹操暂时得不到许劭的答复，实在是不开心：你说我这么优秀的一个选手，大老远跑来参加你的节目多不容易，你竟然一句话都不肯说。

曹操"乃伺隙胁劭"，使用手段威胁许劭。

许劭拿曹操没办法，不得已，只好给出了自己的评价："君清平之奸贼，乱世之英雄！"

许劭的这句话在史书中有不同的说法。比如《三国志·武帝纪》中，裴松之引注的《异同杂语》就是采用另一个更为知名的版本——"子治世之能臣，乱世之奸雄"。

曹操听罢，大笑而去，就好像是找到了人生目标一样。后来的历史告诉我们，许劭真是高人啊。

04

隋之前,无科举制。所以,以月旦评为代表的人物品鉴之风,也成为无数人才成名的途径。

像曹操这样的盖世豪杰,得到许劭的一句评语后才肯满意而去;像诸葛亮那般躬耕于野的一介布衣,也需要司马徽、庞德公等名士引荐,才能初出茅庐。

诸葛亮说过,"直木出于幽林,直士出于众下",因而"人君选贤,必求隐处"。这是说,人才往往被隐藏埋没,如不深入查访加以选拔,就无法得到他们。看来,曾被刘备破格录用的诸葛亮,也是"选秀"的支持者。

诸葛亮躬耕陇亩时,经常自比管仲、乐毅。而诸葛先生所敬佩的乐毅能成为一代名将,是因为他参加了燕昭王的"选秀"。

战国时期,燕昭王在位时,为了振兴燕国,他采纳策士郭隗的建议,在易水河畔筑造高台,置以黄金,招揽天下贤士。

此前,郭隗对求才心切的燕昭王讲了个故事:"古时有一位国君想用千金求购千里马,可是寻觅多年也没找到。后来有个侍臣对他说:'您让我去买吧。'国君同意了。几个月后侍臣自称找到了千里马,可惜马已经死了,便用五百金买了那匹马的尸骨回来。国君大怒,说我要的是千里马,你为何买回一匹死马。侍臣淡定地回答道:'天下人若知您买死马都肯花五百金,一定认为您能识千里马,就会把自己的千里马献给您了。'不到一年,这位国君果然得到几匹千里马。"

郭隗讲完这个故事，对燕昭王说："如今大王招徕人才，就从我开始吧。才能平平的我尚且被重用，那些远胜过我的人，也会慕名而来。"于是，燕昭王专门为郭隗建造房屋，拜他为师，表示其他高手若能通过"选秀"，更有机会被委以重任。

列国人才听到燕昭王下令招贤的消息，纷纷来到燕国面试，这其中就有从齐国来的阴阳家邹衍，从赵国来的名将剧辛，还有诸葛亮的偶像乐毅。

乐毅平日喜好兵法，听说燕昭王礼贤下士，于是从魏国跑来投奔，得到燕昭王的重任。后来，乐毅统率燕国等五国联军，以弱胜强，连下七十余城，几乎灭了强大的齐国。

任人唯贤，始终是"选秀"的一大原则。

先秦法家韩非子将国家领导者分为三类，能够"尽人之智"的国君是为上君，能"尽人之力"的是中君，而只会"尽己之能"的国君是水平最差的下君。这就是说，英明的国君应该善于任用贤能之士。

而想要做到人尽其才，"选秀"是个好办法。

汉朝实行的察举制本身也像一种"选秀"，皇帝要求各级举荐人才，经过试用考核再任命官职，这叫"察举"。有的特科由皇帝亲自问策，考察人才，如"贤良方正科"，是皇帝让一些敢于直言的大臣或学者来到京城，向自己提出治国建议，这时候，皇帝就是这场选秀的评委。

元光元年（前134年），二十三岁的汉武帝刘彻举办了一场"选秀"，儒生董仲舒凭借著名的《天人三策》一鸣惊人。

董仲舒为年轻的天子推销了一套改革理论。他将天人感应、君权神授的光环罩在皇帝身上，并跟汉武帝说，要约束人们的思想，消灭"邪辟之说"，其具体做法，就是只让人们读儒家"六经"，学孔子之术，其他学说弃之不用。

汉武帝赞同董仲舒的建议，亲政后将"尊儒"作为大汉的基本国策，此即所谓的"罢黜百家，独尊儒术"。这一场"选秀"，奠定了此后两千年封建王朝的思想路线。

由于察举制人才选拔标准不一，乡间评议、人物品题应运而生，在察举中被推荐的人都要经过评议，这才助长了汉末月旦评的风气。

05

随着汉代察举制的衰落，兴起于汉末三国时期的月旦评也转瞬即逝。

到魏晋时期，九品中正制垄断上进之路，清谈之风盛行，朝政萎靡不振，人才品评也被世家大族把持，"上品无寒门，下品无世族"。

当寒门士子壮志难酬的时候，他们或许也曾向往当年不拘一格荐人才的月旦评。

唐宋之后，科举社会形成，魏晋士族阶层退出历史舞台。

科举制其实也算一种选秀形式。它通过考试选拔人才，家庭条件好的士子固然有机会入仕，平民百姓亦可"朝为田舍郎，暮登天子堂"，实现底层逆袭，打破世袭贵族的垄断。

宋代，社会平民化趋势尤其明显。读书人只要刻苦读书，考取功名，就有机会当官，甚至成为"布衣宰相"，这是中国历史一次里程碑式的拐点，因此被钱穆先生称为"布衣社会"。

此后，国家"选秀"得以规范化，发展到明清的"三级四试"，进入鼎盛时期，金榜题名也被古代读书人视为平生最大的荣耀。直到1905年，张之洞、袁世凯等晚清名臣联名上奏皇帝，请求废除科举，科举制才被废除。

自古以来，有些人向往"选秀"，希望利用机会证明自己，打破阶层固化，走上人生巅峰。这种社会文化始终根深蒂固地存在，可能，这也代表着人们对社会各阶级趋向平等的渴望。

三、古代留学记——高精尖外国人才，为何拼了命要来大唐？

据《旧唐书·儒学传序》记载，唐太宗在位时，"高丽及百济、新罗、高昌、吐蕃等诸国酋长，亦遣子弟请入于国学之内。鼓箧而升讲筵者，八千余人。济济洋洋焉……"也就是说，在贞观年间，四夷诸国先后派遣了大批留学生入唐学习儒学。

有唐一代，如此盛况可谓司空见惯，彼时的中国，是整个东亚文明的中心：北逾大漠，南暨交趾，东至日本，西到中亚。万国来朝，万邦来贺，他们满怀着对中华先进文明的向往，向大唐虚心求学。

入唐留学，是各国与唐朝文化交流的一个重要纽带。而唐王朝海纳百川，慷慨地将知识传授给这些异国学子，并由此传播到天涯海角。

一个王朝，是否真的自信、开放，从其如何对待留学生上可见一斑。

01

唐代交通远不及现在方便，不可能搭个飞机就去伦敦喂鸽子，坐火车出国旅行还能一路开到越南。有些地方山高水远，只能靠人力征服，一路上长途跋涉、险象环生。

与中国一衣带水的邻邦日本，派遣学生入唐留学时便要经历惊涛骇浪的考验，船队经常沉没，或被迫折返，可说是一场以生命为赌注的冒险。

正因为如此艰难，很多人拒绝担任遣唐使出海。日本平安时代著名才女小野小町的祖父，一听说自己被派遣出使唐朝，惊出一身冷汗，宁愿流放海岛也不愿接受遣唐副使的任命。

唐朝人同样害怕这段旅程。

鉴真受邀请，东渡日本传法，询问自己的弟子去不去。弟子们听说要出海，一个个纷纷摇头："彼国太远，性命难存，沧海淼漫，百无一至。"

以现代人的眼光来看，遣唐使的船队规模其实也不大，一般是由三四艘长三十三点六米、宽九点二米的木制帆船组成。由于当时的日本人缺乏金属加工技术，只能用木板和木栓把船拼合起来，难以牢固。再者，那时的纺织技术也很落后，只能用竹帘做船帆。

每艘船配置船工、使者、留学生等共一百五十余人，由于船小，能带的食物有限，船员只能忍饥挨饿。一出海，船上面漏风，下面漏水，若运气不佳，可能会被东海的巨浪掀翻，甚至船毁人亡。

02

遣唐使是一个高危"职业"。据日本学者统计，历次遣唐使团，只有八次全部平安回国，先后有数千名遣唐使不幸葬身大海。

大历十年（775年）的那一批遣唐使最惨，他们在回国途中遭遇不测，死伤惨重。

当时，持节副使小野石根的第一舶和副使大神末足的第二舶一同从苏州出发，三日后海上刮起大风，海浪猛拍船身，小野石根等六十三人被大浪卷走，命丧海底。一时间，船折舷落，樯倾楫摧，其余幸存者分别挤在断裂的船头、船尾，在海上漂流六日后，才九死一生地漂到日本。

另外两艘船也遭遇海难，第四舶从江苏漂流到了济州岛，最终全船仅剩四十人回到日本。

在今天,假如有个朋友告诉你,他要出国留学,可是中途随时会遇难,你可能会一把拉住,问他是不是傻。但在一千多年前,包括日本在内的其他小国,却不惧艰险,拼了命也要来唐学习,只因他们仰慕大唐的荣耀。

唐朝的先进文明,上自典章制度、律令体制,下至儒学、文学、艺术、科技、佛学等,无一不让他们叹服。

03

入唐留学,不是说来就来,想走就走,首先要经过本国严格的选拔,最后能来唐留学的都是高精尖人才。就以日本为例,官派的留学生,多选自优秀的中下层贵族子弟,派遣来唐学习佛教的学问僧,也大多出自日本名寺。

隔壁朝鲜半岛的新罗,更是严格限制留学资格,初期选派赴唐留学的多为王族子孙。人数上,每次仅为二人至十二人不等,若所派人数超过唐朝规定人数,就会被遣退回国,"并勒还蕃"。

隋唐时,日本刚步入封建社会,体制尚未完善,思想落后,文化凋敝,只好奉行"拿来主义",效仿大唐。

日本留学生来大唐有明确的分工,有人学习政治律法,有人学习文学艺术。他们把唐朝的先进文化照搬回家,给日本带去翻天覆地的变化。

盛唐时留学的吉备真备,在入唐后"留学受业,研览经史,赅涉众艺",历时十九年。除习得经史典籍之外,还为日本带回了《唐礼》、《大衍历》、乐器和武具,以及儒家六艺中的射艺。

射艺是吉备真备的心头好,其带回日本的"特产",就有弦缠漆角弓等三种弓和射甲箭。可见这个学霸在留学期间不忘参加社团活动,毕业后还把最爱的中国游戏带回家乡宣传。

回国后,吉备真备为日本人传授五经、三史、算术、音韵等中国知识,最终位极人臣,成为女皇孝谦天皇的得力助手。

04

入唐以后,留学生要再度接受筛选,经过严格的入学审批手续。

中唐时的空海法师,即电影《妖猫传》中的那位日本留学僧的原型,他来大唐的目的是学习密教佛法,回国后再将中国佛学与日本神道结合,作为维护统治者、巩固政权的重要精神力量。

即便是空海这样的高僧,也差点儿没能取得入学资格。

唐德宗贞元二十年(804年),空海随第十八次遣唐使入唐,途中遭遇风暴,在海上漂流了三十四天才到达今福建一带。

太阳当空照,花儿对我笑,正当空海兴高采烈背起书包准备到长安报到时,同行的遣唐使告诉空海,因他资历尚浅,未被列入去长安的名单,只能滞留福州开元寺。

年轻的空海不甘心，急中生智，疾书一封《与福建观察使入京启》，直呈福建观察使阎济美。阎济美从信中看出空海求知若渴的心情，也得知他确实是个人才，才破格允许其前往长安。

空海到长安后，留学于青龙寺，遍访长安高僧，成为中日佛学交流的一段佳话。他圆寂时，日本嵯峨天皇亲自为他作悼亡诗《哭海上人》，以寄哀思。

与空海同期入唐的书法家，号称日本"三笔"之一的橘逸势，就没那么走运了。

橘逸势有个姐妹后来成为嵯峨天皇的皇后。照理说，皇亲国戚入唐留学应该备受优待，可大唐对待留学生一视同仁，不会给成绩不合格的学生开后门。

橘逸势的汉语水平太差，没资格入国子监学习。年仅二十岁的他原本计划在唐学习二十年，但仅仅过去一年多，他还没来得及补习中国话，就花光了从日本带来的生活费，只好请求回国。

申请书还是请空海代笔的，其中写道"然今山川隔两乡之舌，未遑游槐林"。

橘逸势同学也没有荒废这一年多的时光，而是借此机会拜访当地名家，"且温且习，兼学琴书"。长安文人管他叫"橘秀才"，据说他还曾向柳宗元请教过书法，柳宗元"长于章草，为时所宝"，可惜他的诗中并没提及这位日本友人。

随第十八次遣唐使来华的留学生中，只有学问僧圆载一开始就顺利地获准到天台山求法，其余如伴须贺雄、长岑高名等人均被劝退。

来大唐，做我的学生可以，你要有足够的诚意，也要有合格的实力，不好好学，当心被遣返。这，就是大唐的自信。

05

与唐朝对留学生的严格管理相比，"拒收"现象只能算是小儿科。

唐代，留学生主要由鸿胪寺负责安排具体事宜，合格者可进入最高学府国子监。

国子监有两处，一处设在长安，称为西监；另一处设在东都洛阳，称东监。孔颖达、贺知章、韩愈等唐代大家都曾是国子监的老师。

国子监下分六馆，即国子学、太学、四门学、律学、书学和算学。

留学生在国子监所学的课程中，国子学、太学和四门学等科目与唐朝学生相同，都是儒家经典，必修课为《论语》《孝经》。

唐朝主张"华夷一家"，在生活上对留学生予以优待，免费提供衣粮住宿，并有医疗保障、返程粮食补助。

但是，留学生无法享有特权，衣食住行方面和唐朝学子是同等待遇，正所谓"安得广厦千万间，大庇天下寒士俱欢颜"。

留学生购书和其他费用主要由生源国负责（"买书银贷则本

国支给"），或者学生自掏腰包。尽管唐朝有钱，也不会出手相助，给你发助学金。安史之乱后，由于财政的窘迫，唐朝给外国学生的资助更是少得可怜。

空海为橘逸势代笔的《为橘学生与本国使启》中就说："（唐朝）所给衣粮，仅以续命，不足束脩、读书之用。"橘逸势同学就是把日本发的生活费花光了，汉语又没学好，才被迫回家，尽管他是天皇的小舅子。

《延喜式》记载，遣唐使出发前，日本会为全体成员赏赐物品，其中"留学生给绝四十匹、绵一百屯、布八十端"。这些物品，一部分是生活所需，一部分是为了行束脩之礼。

《唐会要》载："初入学，皆行束脩之礼，礼于师。国子、太学，各绢三匹。四门学，绢二匹。俊士及律书算学，州县各绢一匹。皆有酒酺。"

所谓束脩，是指学生入学前奉赠先生的礼物，作为拜师之礼。上自皇子皇孙，下至黎民百姓，都要行束脩之礼，留学生也不能例外，这是尊师重教的一种表现。

06

留学生想在唐朝人眼皮子底下干什么不正经的事，更是白日做梦。

《唐六典》载，国子监各学最长修业年限为九年，律学为六年，凡在规定时间内未能结业者，则"举而免之"。

在国子监的九年间，留学生如果未能完成规定课程，或连续三年考核均为下等，或犯有游荡、赌博、吵架、辱骂师长等过错，以及在一年内超假一百天以上者，全部会被勒令退学。

《唐会要》载，仅太和九年（835年）一年间，就有七名新罗留学生受到处分，被遣送回国，当时新罗的留学生名额有时尚不到十人，可见此次处罚手段之严厉。唐文宗开成年间，渤海国的留学生也曾被退回十人。

留学生如果不专注于学业，极有可能空手而回。

唐朝对留学生的课余活动也进行必要的限制，以免其危害大唐百姓。

《唐律疏议》规定："诸化外人，同类自相犯者，各依本俗法；异类相犯者，以法律论。"

意思是说，留学生在大唐犯罪伤人，若双方是同一国籍，可以依生源国的法律论处；若涉及不同国籍，就全部以唐朝法律处置，绝不留情。

因此，留学生入唐，一定要同时遵守唐朝与生源国的法律，不可肆意妄为。

唐朝还有一条规定，留学生不得私为婚姻或携妇还蕃。也就是说，留学生不得勾搭唐朝女子，更不能与其私自结婚，一经发现，将按"与化外人共为婚姻"治罪。有时候出现特殊情况，一些留学生经过有关部门准许可在大唐娶妻，不过，他们结了婚，就不能"携妇还蕃"，只能在唐朝定居。如果学成后私自携带唐朝女子回国，也会受到处罚。

总而言之，外国留学生想娶唐朝妹子，就只能入赘。

07

留学，自然以学业为重。

唐朝时，日本穷得叮当响，可是他们人穷志不短，留学生有机会来到大唐，谁还会去想些不三不四的事情，一个个都很有上进心。

当时，唐朝科举有专门为外国学生准备的宾贡科，外国留学生登科及第被称作"宾贡进士"。这其中有一位传奇人物——晁衡，他是一个日本人，原名阿倍仲麻吕。

晁衡来华时，正逢大唐开元盛世，社会安定，国力昌盛。彼时的长安，是世界上最繁华的城市。

勤奋好学的晁衡，经过在国子监的多年苦学，考中进士，历仕玄宗、肃宗、代宗三代皇帝，政治生涯长达几十年，官至秘书监兼卫尉卿，还曾辅佐太子研习学问。

秘书监掌管国家藏书，晁衡的职务相当于国家图书馆馆长，而卫尉卿职掌武器库藏、仪仗帷幕供应，可见唐皇对他的信任。

一个日本人，担任无数中国士子梦寐以求的职务，可谓无上光荣。晁衡的好友、诗人储光羲就为他写诗赞美："吾生美无度，高驾仕春坊。"

储光羲、李白、王维、赵晔与包佶等唐朝诗人、大臣,都被晁衡过人的才学和豪爽的性格吸引,与他结为至交好友,多次互赠诗文。

晁衡曾将自己的一件日本布裘赠给李白,李白在诗里就写道"身着日本裘,昂藏出风尘",特别强调这身衣服是晁卿送的。

天宝十二年(753年),晁衡入唐已经过了三十七个年头,年近花甲。他想家了,在唐玄宗的默许下,将随遣唐使团起程回国。

晁衡的好友听闻他即将远行,在长安城举行了盛大的告别宴会,只有李白早已离开长安,未能前来参加。

晁衡感激不尽,为前来相送的友人写作一首《衔命还国作》:

衔命将辞国,非才忝侍臣。
天中恋明主,海外忆慈亲。
伏奏违金阙,骖骑去玉津。
蓬莱乡路远,若木故园林。
西望怀恩日,东归感义辰。
平生一宝剑,留赠结交人。

在场的知交中,王维的感情最为炽烈,他依依不舍,不仅为晁衡写了一首送别诗《送秘书晁监还日本国》,还冠以千字长序:"黄雀之风动地,黑蜃之气成云,森不知其所之,何相思之可寄。嘻！去帝乡之故旧，谒本朝之君臣。咏七子之诗，佩两国之印……子其行乎，余赠言者。"

一场告别宴会后，晁衡南下扬州。在起航回国前，他将满腔的怀乡之情，化为一首著名的《望乡》诗："翘首望东天，神驰奈良边。三笠山顶上，想又皎月圆。"这首诗传到日本后，无数人读之潸然泪下。

晁衡本以为自己将顺利回到家乡，过上悠闲的退休生活，不承想日本的木船依旧不给力，遣唐使依旧没有好运气。

天有不测风云，晁衡的船遇上风暴，不幸触礁，他与其他十余人漂流到了今越南境内，所幸保住性命。由于消息闭塞，晁衡也不能发个信息报平安，大唐朝野上下以为他早已遇难，为之叹息。

李白没能前去长安相送，本就觉得遗憾，一听"晁衡已死"的传言，更是悲痛不已，含着泪写了一首《哭晁卿衡》：

日本晁卿辞帝都，征帆一片绕蓬壶。
明月不归沉碧海，白云愁色满苍梧。

我那如同明月一般皎洁的友人啊，沉到了碧海深处。愁色惨淡的白云遮满了苍梧山，悼念逝去的晁卿。

实际上，晁衡没死。木船已沉，归国无路，悲伤的他只好再次回到长安，并在大唐终老。

他将自己毕生在唐朝所学的一切,同自己余生的精力一起奉献给大唐,直到大历五年(770年),在长安病逝。

如今,中国西安与日本奈良分别建有一座"阿倍仲麻吕纪念碑"。

和晁衡一样对中国人民友好的使者,以及优秀的外国留学生,大唐永远热烈欢迎,而不学无术、滥竽充数之徒,我们敬谢不敏。

四、文人的自我炒作——没有互联网的古代，如何把自己打造成爆款？

唐朝有个叫唐球的隐士很喜欢写诗，但山里难找到同好，诗写好了没人看，多郁闷呀。于是他想出了个办法，把诗作藏到葫芦里，让它顺着溪流而下：找你们的读者去吧。

他几乎日夜祈祷："斯文不沉没，方知吾苦心。"

唐球找读者，其实是唐朝诗人遇到的普遍性问题。

一首唐诗要流传出去，必须找到一个关键人。唐球的做法很有创意，但很笨。他这么做，也是在找关键人，只是相当于用诗买了彩票，中奖概率太低太低。

01

唐朝诗人在名声尚未显赫之前，几乎都曾向当权者投诗问路，希望得到援引和点赞。

杜甫困居长安十年间，先后向驸马张垍、广文博士郑虔、左丞丈韦济甚至边庭将领哥舒翰等人进献他写的诗，乞求举荐。

别看他成名后在《丽人行》中对杨国忠颇多微词，但当时，他却在诗中借骂李林甫来讨好杨国忠，希望后者能够救救他这个快要饿死的诗人。

有趣的是，边塞诗人的"扛把子"高适在成名前，像是跟杜甫对着干似的，给李林甫献诗，题目是《奉赠李右相林甫》，把李林甫大肆吹捧了一番。

脑瓜子活络的诗人则会采取一些更深的套路来炒作自己，有点像今天的博取关注。比如陈子昂，他在长安默默写诗，一直没人关注。有一天他突然开窍，花天价去街头买了一把胡琴，一下子就上了"头条"。

他趁热打铁，广发请柬，说明儿就开个音乐会。把社会名流都骗过来之后，他当场把天价琴一摔，来了段说唱：今天来的人不少，我不弹琴写《离骚》，我的诗莫名好，但你们就不知道，不是我心高气傲，陈子昂绝对会爆！

然后，他现场分发资料，推广自己的诗。

经过这场表演，陈子昂"一日之内，声华溢都"。

可见，每一个著名诗人的走红，过程都相当曲折。当然，也有运气特好的，一步到位找到了顶级关键人，想不红都难，比如骆宾王、卢纶、元稹，这几位的诗，都是皇帝点名要读的。

天下人大抵是这样的，皇帝读什么，百姓跟着读什么，就有做一回皇帝的代入感。既然皇帝免费为这几位诗人站台打广告，那么他们的诗自然不愁找不到读者。

以上操作显然都不适合唐球，但不代表唐球就没有比放诗瓢更好的选择。

02

唐诗传播的另一个"关键人"远在天边，近在眼前。这个关键人其实不是人，是"壁"。

李白经过武昌，顺便参观著名景点黄鹤楼。黄鹤楼上面写满了"到此一游"类的诗，作为著名诗人，李白抑制不住文思如泉涌，撸起袖子就想来一首。不巧，他瞄到了崔颢的诗："昔人已乘黄鹤去，此地空余黄鹤楼。黄鹤一去不复返，白云千载空悠悠……"于是，他被这不世出的才气惊出一身冷汗。

李白回去后苦思冥想，终归不敢题写黄鹤楼，后来去南京写出了《金陵凤凰台》，算是给自己挽回了一点颜面。

李白的经历告诉我们，题壁是唐人最喜闻乐见的"发表"诗歌的方式之一，也就是把新创作的诗写在墙壁上。

由于题壁成为诗人获取读者的主要手段，所以，很多公共场所往往刷好粉墙，留待过往诗人题写。前人题满了，还可重新刷过，让后人再题。

据学者罗宗涛统计，唐人题壁诗，除题于墙壁之外，还包括题于石壁、石上、雪地、门、户、扉、窗、轩、楹、柱、梁、屏风、诗板、榜子等。题诗的处所遍及宫、省、院、台、府、郡、县、驿、馆、寺、观、关、城、自宅、亲友宅、陌生人宅、塔坟等。幸好唐代没有城管，不然城管也要愁死。

其中，诗人最爱在各地驿馆题诗。如同现代商业广告抢占车站、机场一样，诗人把新作题于驿馆的粉墙上，就会被流动的旅客传播到四面八方。白居易曾一路在各地驿馆寻找好友元稹的题诗，找到了就很开心地和上一首。

风景名胜是游客汇聚之处，在唐代基本都被诗人们攻陷了。看看这些不算知名的景点：巫山神女庙有各家题诗千余首；吴中虎丘山真娘墓，白居易、李绅、李商隐等大家都题了诗；黄鹤楼、岳阳楼就更不用说了，去晚了肯定找不到题诗的地儿。

按理说，山上寺观的粉壁、随处可见的山石也都是题诗的好地方，唐球不可能不知道，也不可能不近水楼台先得月。他怎么就偏偏选择了流传概率最低的诗瓢呢？

也许只有一种解释说得通。

唐代的好诗人太多，好诗更多。流传到现在的唐诗就有四万八千九百首，诗人有二千二百名。可想而知，在唐朝的街道上随便扔一块砖头，肯定能砸死俩诗人。像陈子昂这样一流的诗人，不搞点行为艺术，几乎都要被埋没了，遑论那些二三流诗人。

所以，唐球，一个不入流的诗人，凭借他那又笨又有行为艺术感的诗瓢，聪明地在唐朝诗歌史上留下了一笔。

事无偶然，一首唐诗在印刷术未盛行的年代，能够广泛传播，甚至流传后世，它的作者多多少少都有一点小心机。

白居易也很鬼精，他知道诗歌在当朝的传颂是有时效的，所以晚年编了自选诗集，抄了五份，分别藏于名寺及托付可靠的后人。

感谢他这点小心机，我们今天才能读到那些流传了一千多年的好诗。

03

唐代诗人的日常炒作方法，一直被后世的文人熟练运用。

清顺治八年（1651年），一个落魄之人到了不惑之年，变成了"三无人员"：一无功名，二无儿子，三无银钱。

这唏嘘境况，跟他那仙之又仙的名字，一点儿也不沾边。一气之下，他决定改名易字。

此人原名李仙侣，"仙之侣，天之徒"，结果现实的残酷让他变得低调，他改名李渔，号湖上笠翁。

改名后，李渔自兰溪北上，沿富春江一路北漂，目的地是杭州。

这一趟杭州行，让他的人生迎来转机。

那一段时间，杭州大街小巷、戏馆书铺，都留下了李渔的足迹和身影。他在不断接触、不断观察中发现，这座复苏的都市里，从豪绅士大夫到一般市民，均对戏剧、小说有着浓厚的兴趣，民间娱乐市场大有可耕耘的空间。

于是，他选择了一条时人所轻贱的"卖文字"之路，开启了"卖赋糊口"的专业作家生涯。

几年间，《怜香伴》《风筝误》《意中缘》《玉搔头》等六部传奇，以及《无声戏》《十二楼》两部白话短篇小说集相继问世。作品一上架，便畅销于市场，顷刻被抢购一空，尤其是他的白话短篇小说集，更是时新抢手货。

"湖上笠翁"的名号一炮打响，家喻户晓。

他的作品火爆到什么程度呢？

在缺少现代交通工具的当时，"车、马、邮件都慢"，然而这些作品却不胫而走，数日之内，三千里外的地方也能看到李渔的新作。牟利的书商，千方百计地私刻翻印，有的干脆拿一个不知谁人的作品，打上"湖上笠翁"的名字蒙骗读者。李渔忙于交涉维权，双拳难敌四手。

当时南京盗版最多，翻刻者最猖狂，李渔鞭长莫及。顺治十四年（1657年），他索性把家搬去南京，以便与不法出版商正面交锋。不料人刚到，就听说苏州的大批书商企图翻刻他的新作。待他赶到苏州，留在杭州的女婿沈心友又来信说，杭州私自翻版的新书已经刻好，不久即将出售。

面对这种防不胜防的盗版现象，李渔曾在《闲情偶寄》中声泪俱下地进行控告：

至于倚富恃强，翻刻湖上笠翁之书者，六合以内，不知凡几。我耕彼食，情何以堪？誓当决一死战，布告当事，即以是集为先声。总之天地生人，各赋以心，即宜各生其智，我未尝塞彼心胸，使之勿生智巧，彼焉能夺吾生计，使不得自食其力哉！

为了防止别人私自翻刻他的著作，忍无可忍的李渔甚至创立了自己的芥子园书铺。写作、印刻、发行、销售一条龙，自给自足，肥水不流外人田，首开文化产业之先河。

移居南京后，为了支付一大家子日常奢华挥霍的开支，李渔不得不过起了亦文、亦商、亦优的奇特生活。

一方面，他仍操旧业，继续卖文刻书。芥子园书铺开张后，认准商机、左右开弓的李渔大规模地从事编辑、出版及销售发行书籍的活动，把芥子园书铺经营得红红火火。

芥子园书铺既出版他自己的作品，也编刊各种畅销的通俗读物，如被称为"四大奇书"的《三国志演义》《水浒全传》《西游记》《金瓶梅》等。此外,他还出版了一大批读者想看而买不到的教科书、工具书等。

另一方面,李渔不但撰写传奇供人阅读,他还以他的姬妾为骨干,组成了"家班女戏"(即全用女演员),自任教习和导演,上演自己创作和改编的剧本。

李渔的传奇很受欢迎,不仅长期霸占"热销榜",且好评如潮,被当时的戏剧界推为"所制词曲,为本朝第一"。

他的传奇代表《笠翁十种曲》,题材全是才子佳人的爱情故事,喜剧色彩极其浓郁。不过,他的喜剧不仅有形形色色的笑料,也令人深思。

李渔一生虽未入仕,是传统社会阶层中的"贱者",但他求名得名,求财得财,最后求子得子。想必他生前会常常吟起李白的一句诗:仰天大笑出门去,我辈岂是蓬蒿人!

五、古人的修仙往事——道友们是如何修仙的？

隋大业七年（611年），周至县楼观道住持岐晖召集观中诸弟子，神秘地告诉大家，他夜观天象，得到一个重要的启示："天道将改，当有老君子孙治世，此后吾教大兴。"

"老君"指的就是道教尊奉的祖师老子，传说出生时指李树为姓，聃为名。

历史的发展，完全符合岐晖的神秘预言：由于隋炀帝几次亲征高句丽的失败，民怨沸腾，早已积蓄到顶点的国内矛盾爆发，各地纷纷起义。李渊在平定天下后，感念岐晖等众道士的帮助，多次封赏并扩建楼观台。从此之后，道教便迎来了历史上前所未有的黄金发展时期。

在当时，当道士对于许多有志青年来说是一份很有前途的工作，甚至可以说是科举之外的一条"终南捷径"。岐晖预言中的"吾教大兴"真正来临了……

01

元林宗从小就有一个梦想，他想当神仙。

这并不是一个难以启齿的想法，在大唐王朝，从皇帝到老百姓，许多人都怀揣着同一个"修仙梦"。所以当别人问你的理想是什么，你说想成仙的时候，就像我们小时候说想当科学家一样，绝不会有太多人嘲笑你。

然而世上想成仙的人千千万，大多数人却是既想长生不老又贪恋富贵权势，既贪图享乐又不肯努力，所以只能算是"表面修仙"。

元林宗却是一个行动派。他虽生于官宦之家，却并不贪恋锦衣玉食的生活。开元初年（约713年），与大唐的许多同龄人一样，十几岁的元林宗便早早辞别亲人，怀揣着他的理想独自踏上了离家游学的旅途。

所谓"道无经不传，经无师不通"，一个靠谱的门派和帅父对于学道者的作用是十分关键的。十五岁的元林宗经过一番波折,选定了当时最负盛名的道门大派——上清派,天资聪颖的他顺利通过了考察,拜入上清派道士胡紫阳门下,就此入道。

既入道门,从此再非俗世中人,有必要与过去的自己做个区别。师父为他取了一个道号,叫作丹丘子。于是世间少了一个俗人元林宗,多了一个道士元丹丘。

说到这里,有必要详细介绍一下上清派,因为之后的许多历史事件和人物都与这个道教组织有着千丝万缕的联系。

对上清派,我们可能没有什么明确的概念,但如果提到茅山派,大家可能就会恍然大悟。实际上,捉鬼驱邪只是上清派道士最下层的手段,这个门派从创立开始,所有人就只有一个终极目标——成仙。

上清派始创于魏晋时期,前几代祖师如魏夫人、杨曦、"四许",不是士族子弟就是自己本身担任官职。他们没有固定的门派驻地,也没有广收门徒,基本都是朋友、同事、亲族之间互相交流传授。早期的上清派与其说是个门派,不如说是一个士族修仙爱好者沙龙。

上清派的主要修行方式以"存神""诵经"为主,通过"服气餐霞"进行日常修炼,平时还要不定时服用多种药材进行补益。

上清派的道士每天都要花大部分时间脱产修炼,同时还要维持自己的生活。毕竟谁也不是一上来就能"餐风饮露"的,在相当长的一段时间内,大家都是要吃喝拉撒的。而且,当大派的道士是有门槛的，不仅要识字，还得正确理解经文中的各种意象和内涵，有志于成为著名道士的还得会写诗作文，与王侯公卿交游。

特别是上清派这种"儒道合一"性质的门派，历代宗师都具有极高的文学素养，这一点在选拔和考察弟子方面都是很被看重的。

我们可以发现，但凡历史上有点名气的上清派道士，如陶弘景、陆修静、司马承祯、吴筠等人，不是文学家就是诗人……凡此种种，都决定了当时的上清派修道人，不是普通老百姓家庭可以供养和承受的。

因其修行方式和理念符合上层人士的口味，上清派这个极具"仙味"的门派，从九代宗师陶弘景开始，便以祖庭茅山为中心快速发展壮大，并在唐代迎来了黄金发展时期，它的历代宗师均得到皇帝尊崇，到了开元年间，一跃而成当时最负盛名的道门大派，风头一时无两。

成为上清弟子的元丹丘，在胡紫阳门下修行数年后，便独自出外云游。因蜀地多名山大川，他在此流连隐居多年，并结识了同样在蜀中青城山修行的女冠持盈法师。持盈法师那个时候还不叫持盈法师，叫作玄玄道人，她还有着另一个广为人知的俗世身份——唐玄宗的亲妹妹玉真公主。

元丹丘的经历是就像小说的主角模板：本身就是"高富帅"，少年时便拜入道门大派，师父胡紫阳是上清派十三代宗师李含光的嫡传弟子，正经的掌门嫡脉；出外云游又结识了出家修道的公主，并成为很好的朋友。许多人可能会以为接下来的剧情是他跟公主结为神仙眷侣，然后挑战各派精英，到处斩妖除魔，最后功德圆满，飞升成仙……

然而，现实和小说总是截然不同的。无论从何种史料来看，元丹丘与玉真公主都是很纯粹的道友关系，他们有空的时候会一起谈玄论道，但是大多数时候都是各自隐居修行。

在结识了玉真公主之后，二十岁左右的元丹丘在蜀中遇到了他一生中最好的朋友与知己，同样崇慕仙道并充满激情的年轻人——李白。

02

李白与元丹丘可以说是一见如故，根据李白暮年所作《秋日炼药院镊白发赠元六兄林宗》的描述，两个人是"弱龄接光景，矫翼攀鸿鸾"。少年时，他与元丹丘相交，就如凡禽之攀附鸿鸾，二人互为对方的学识性格和风姿仪态所吸引，把臂同游数日，如同亲兄弟一般。

元、李二人虽志趣相投，但二人平生抱负其实是有很大差异的，这也导致了日后两个人截然不同的命运。同样作为狂热修仙爱好者的李白，他的理想并不像元丹丘那么纯粹。

李白认为，自己单纯躲起来修炼成仙是比较自私的，他应该出世辅佐君王，平定天下，光宗耀祖，最后像陶朱公和张良一样，功成身退，隐居修行，这样的修仙历程才是圆满的。

元丹丘当然知道李白的志向，相识不久，他便将李白介绍给了玉真公主，希望玉真公主可以将李白举荐给皇帝。

彼时，年轻的李白才名未显，所以玉真公主的反应并不十分热烈。

李白与元丹丘在蜀中共同交游隐居数年，结下了深厚的感情，随后二人相继离蜀。李白开始他"仗剑去国"的游学之路，到处拜访结交名人和政要，提高自己的知名度，元丹丘则继续他的云游修行生活。

大约在开元二十年（732年），元丹丘隐居嵩山。他十分想念好友李白，便写信邀请他来住一阵子。李白在《题嵩山逸人元丹丘山居序》中记录了这件事：

白久在庐、霍，元公近游嵩山，故交深情，出处无间，嚣信频及，许为主人，欣然适会本意。当冀长往不返，欲便举家就之，兼书共游，因有此赠。

从"故交深情，出处无间"就可以看出李白与元丹丘的感情是何等的深厚，甚至于"当冀长往不返，欲便举家就之"，李白甚至想全家都搬来跟元丹丘一起隐居修行。这与当时李白的心态变化也有一定关系，第一次入长安的李白失意而回，事业上的不得志让他有了些许出世的念头。

大约在开元二十二年（734年），李白果真如约来到嵩山，与好朋友元丹丘再度开启了快乐的修行生活。

如果说杜甫是李白的忠实追随者，那么，李白无疑是元丹丘的"老迷弟"了。二人隐居嵩山期间，李白为元丹丘写了很多诗，如《元丹丘歌》《题元丹丘山居》《观元丹丘坐巫山屏风》等，都表达了他对好友逍遥隐居生活的羡慕和向往，还有对元丹丘的人品和修行的欣赏。

二人在嵩山隐居期间，除了喝酒聊天和到处闲逛，更多的时候，元丹丘都在指导李白修行。

但是性格使然，李白是一个坐不住的人，所以元丹丘并不约束他。于是，在嵩山修行的这段时间，李白其实是三天打鱼，两天晒网的，没事常跑去旁边的洛阳玩。

当时的东都洛阳，是仅次于西京长安的繁华之地，娱乐业十分发达。李白在这里认识了元丹丘的族弟元演，两个人是"臭味相投"，天天吃饭喝酒，不亦乐乎。

元演同样也是一个狂热的修仙爱好者，与元丹丘一同受业于胡紫阳门下，但他的性格与李白更像一些，同是豪迈奔放之辈。

李白在《忆旧游寄谯郡元参军》中回忆二人在洛阳的生活：

黄金白璧买歌笑，一醉累月轻王侯。
海内贤豪青云客，就中与君心莫逆。

二人不仅是志同道合的道友，还是十分投契的"酒肉朋友"。

在洛阳待了一段时间，李白有些想家了，遂回到嵩山与元丹丘告别。两个如同亲兄弟一样的挚友再次分别了。

03

李白与元丹丘、元演分别后不久，便又前往随州胡紫阳先生处学道，元丹丘与元演亦相约而来，三人在胡紫阳门下一同聆听教诲，每日谈玄论道，着实是快乐无边。

元丹丘的师父胡紫阳先生，这时候已经是非常有名气的高道，他在老家随州建了一座"餐霞楼"，与弟子们在此修炼和集会。按李白《汉东紫阳先生碑铭》中记载，胡紫阳先生门下弟子规模非常庞大，所谓"于神农之里，南抵朱陵，北越白水，禀训门下者三千余人"。这其实是个夸张的说法，这三千多人大多应该是崇拜者、信徒之流，真正的门下嫡传弟子应该只有元丹丘、元演等几人，不过这也从侧面说明了紫阳先生的影响力。

李白虽与胡紫阳先生没有师徒名分，但胡紫阳先生却把他当成自己的弟子，悉心教授上清派修行要诀，所以李白实际上又成了元丹丘和元演的师弟。

从上清派有名的道士生平事迹可以看出，这个门派中，真正的修道者大多都不喜欢长时间聚众修行，而是愿意独自隐居；即使隐居也不会长时间待在一个地方，隐居一阵就会出外云游。就连司马承祯担任掌门宗师时，大多数时间也没有坐镇大本营茅山，反倒是在天台山隐居的时间比较长。

所以，在胡紫阳先生门下进修了一段时间后，元演先跑去仙城山隐居了一阵，后来又跑回来，拉李白一起回太原探亲去了；元丹丘则去了少年时隐居的蜀中峨眉山转了一圈。

其时已是开元二十四年（736年），从峨眉山归来的元丹丘回到了嵩山，嵩山余脉的颍阳山居已经成为他的一个主要隐居地。他归来不久，便遇到了一个意外的访客——岑勋。

岑勋大约也是官宦子弟，李白说他是"相门子"，朋友们都称他"岑夫子"。元丹丘热情招待了岑勋，两人谈起了共同的朋友李白，突然非常思念他，于是赶紧写信把李白叫来。

开元二十四年的一天夜里，三人置酒高会颍阳山巅。夜风微凉，他们在月下畅谈平生志向，酒到酣处，李白已是醉眼蒙眬，高声吟道：

君不见，黄河之水天上来，奔流到海不复回。
君不见，高堂明镜悲白发，朝如青丝暮成雪。
人生得意须尽欢，莫使金樽空对月。
天生我材必有用，千金散尽还复来。
烹羊宰牛且为乐，会须一饮三百杯。
岑夫子，丹丘生，将进酒，杯莫停。
……

时间在这一刻定格，月光仿佛也失去了万古不变的光辉，而月下的李白是如此夺目，即使在醉酒中也是仪态超然，恍若谪仙临世，天地间唯有他一人而已。

这应该是李白最霸气的一首诗了。

元丹丘和岑夫子呆住了,继而叫好。儒门礼法,道门威仪,在那一天都被抛之脑后,三个中年男人且歌且饮,尽情发泄着往日郁积在心中的愁绪。

那个往日沉静淡然的道士也喝醉了,他不再去想什么修行,慕什么神仙……人生难得一醉。

开元二十九年(741年),由于玉真公主的举荐,元丹丘被任命为西京大昭成观威仪,他再度向这位道友推荐了李白。这时候李白的名声已经不小了,玉真公主便向玄宗举荐了他。

而此时的李白正与司马承祯的师弟吴筠在一起。吴筠是一个典型的"儒道",相比于他的道士身份,他的文名更为人所知,玄宗知道他的名声,召他入宫为待诏翰林。吴筠跟李白互相仰慕对方的才学,他既然受召入京,便也顺便向皇帝大力举荐李白。

于是,在两位"道友"的帮助下,蹉跎半生的李白,终于迎来了他苦盼已久的机会。

04

天宝元年(742年),胡紫阳先生在嵩山为弟子元丹丘传授道箓,元丹丘成为了授箓的高级道士。在道教的概念里,这是有资格"名登天曹"、死后不受幽冥轮回之苦的,可以说实现了超脱的第一步。

那时的元丹丘应该是很开心的,自己修行有成,得到师父的看重，又能与好友同入长安共事，真正是人生得意之时。

然而，长安的生活并不如想象中的那么美好。大昭成观是皇家宫观，元丹丘主要负责不定时为皇家举行相应的斋醮科仪活动，这里没有那么多他想象中的志同道合的道友，多的是钻营奉承的道士、吞刀吐火的异人，以及鼓吹炼丹的方士。

胡紫阳先生也在推辞数次后不得已受召入京，担任西京太微宫使，他看见这种混乱的情况，遂大力整顿，所谓"入宫一革轨仪，大变都邑"，然后每日召集弟子，讲授《道德经》的精义，意图通过这种方式让大家回归自然纯粹的道门修行，而不是追求所谓"神通"和服丹成仙的捷径。

但胡紫阳先生入京不过一年，便"称疾辞帝"，这位上清派的高道已经预见到自己将不久于人世，他为自己写祭文称："神将厌余，余非厌世。"

弟子们陪伴他一路回归故乡，在途经叶县的时候，众人在仙人王乔祠停留休息，胡紫阳先生"目若有睹"，然后便"泊然而化"。根据李白的记载，胡紫阳先生羽化时还伴随有一些异象，所谓"天香引道，尸轻空衣"，当地太守和百姓为他举行了隆重的葬礼，李白亲自为胡紫阳先生撰写碑铭。

志同道合的三名师徒，仿佛天生就不适合生活在长安这个最大的名利场。

天宝三载（744年），皇帝给了李白一笔钱，让他回老家了。从"御手调羹"到"赐金还山"，李白仿佛做了一场大梦，而今梦醒了，他终于没有了任何希冀。

在胡紫阳先生仙逝后，早已看透这世间污浊的元丹丘已先于李白辞职离去，回归了过往的云游隐居生活。他东游蓬莱，西登华山，真正可称得上云游四海，随后便隐居石门山。

天宝九年（750年），李白在石门山中与元丹丘相会，这是他们人生中最后一次见面。数年后安史之乱爆发，李白与元丹丘便失去了联系。

关于元丹丘这位开元年间的著名道士，史书并无太多记载，我们现在所知的绝大部分信息都是来自于李白的诗文。可以说，我们所还原的是一个李白眼中的元丹丘，一个纯粹的修道高人。

六、古代学霸的日常内卷——和一群省状元在一起考试是什么体验?

五十岁那年,欧阳修受命担任科举考试的主考官。正是春寒料峭时,各地士子收拾行囊,满怀希望,进京赶考。

十年寒窗无人问,一举成名天下知,金榜题名,是当时千万读书人的毕生所愿。

1057年,正是宋仁宗嘉祐二年,一个看似平凡、其实并不平凡的一年。

从正月初六,欧阳修权知贡举,到三月初五,他奏名进士,各科共录取八百九十九人,其中进士三百八十八人。

一甲三名:状元章衡、榜眼窦卞、探花罗恺。

都不认识?没关系。同年考中进士的还有:名列唐宋八大家的苏轼、苏辙、曾巩;宋明理学的引路人张载、程颢以及王安石变法的核心干将吕惠卿、曾布、章惇等。

这一年的科举,光辉熠熠,照耀了整个大宋。

01

苏轼与苏辙,是在父亲苏洵的陪同下进京的。

老苏很励志。他年少时读不进书,四处交游,快意任侠。等成了家,有了孩子,他才知道万般皆下品,唯有读书高。自二十七岁始,他发奋求学,曾连续六七年宅在家里,除了学习就是学习,并立志学业未成,绝不提笔写作。

什么时候开始读书,都不算晚,大器晚成的苏洵终于成为远近闻名的大学者,开创蜀学。

嘉祐二年(1057年),二十岁的苏轼和十八岁的苏辙进京参加省试(相当于明清时的会试),一举成功。

以苏轼、苏辙的年纪,考中是什么概念呢?可说是天纵之才。

要知道,清代的才子蒲松龄一生考了许多次乡试,直到七十岁,连个举人都没考上,更别说进士了。当然,也正是因为屡试不第，蒲松龄才有机会为后世留下了一部名著。

苏轼与苏辙的成功，有一定原因是搭了当时古文运动的便车。

宋初曾一度流行西昆体和太学体等文体，其中，西昆体矫揉造作，太学体险怪艰涩，都是文坛毒瘤，却受到广泛推崇。

作为当时古文运动的领袖，欧阳修看不下去了，想趁这次试举好好整治不正文风。评策论的考卷时，欧阳修的好友，同时也是考官之一的梅尧臣，发现一篇《刑赏忠厚之至论》，观点新颖独到，行文不落俗套，让人叹为观止。

欧阳修一看，确实不得了，策论第一舍他其谁？他又转念一想，这该不会是老夫的弟子曾巩所作吧？为了避嫌，欧阳修将这篇文章评为第二，等到名次揭晓后，他才知道，这篇文章竟出自苏轼之手。

欧阳修心悦诚服。只是，苏轼文中有一句"当尧之时，皋陶为士，将杀人。皋陶曰'杀之'三，尧曰'宥之'三"。欧阳修实在想不起出自何处，对此耿耿于怀。

后来，欧阳修当面问起苏轼。苏轼说，那是我编的啊！

无才的人叫瞎编，有才的人那叫创作。欧阳修不住地给苏轼点赞，他在给梅尧臣的信中说：老夫当避路，放他出一头地也。

宋仁宗在读过苏轼兄弟俩的文章后，那叫一个激动，当即表示："今又为吾子孙得太平宰相两人。"后世也都领会苏东坡的旷世才情，直至今天，中小学教材中要求"背诵并默写"的，除了李、杜的诗，最多的就是苏轼的词了。

02

欧阳修会错把苏轼的文章认成是曾巩的,是因为他对曾巩这位得意门生相当看重。在今人眼里,唐宋八大家中最没存在感的,曾巩要算第二,没人敢当第一。但在宋人眼中,曾巩可一点儿都不"打酱油",他主张遵经明道,文道并重、文以经世,是古文运动的中流砥柱。

自打年轻时,曾巩就是欧阳修的追随者,常以欧阳修为表率,"言由公诲,行由公率"。年轻的曾巩鼓起勇气,给偶像写了一封自荐信,并附上自己写的《时务策》。

欧阳修毕竟是位善于发掘人才的伯乐,史书说他"奖引后进,如恐不及,赏识之下,率为闻人"。看到曾巩的文章,欧阳修十分赞赏。

可惜,曾巩这人时运不济,他擅长写文章,但应试能力不强,所以一直被埋没。于是,欧阳修撰文为他叫屈,写了篇《送曾巩秀才序》,赞扬了曾巩一番,还顺便把当时的选官制度批判了一下。

欧阳修说,不是你的错,全是考官的责任。在他的鼓励下,曾巩锲而不舍,终于在嘉祐二年高中。

这一年试举,北宋古文运动旗开得胜。苏轼、苏辙、曾巩等人为文坛注入了新鲜血液。

03

嘉祐二年考中进士的,还有曾巩的弟弟曾布。

曾巩潜心治学，在政治上鲜有成就，而曾布就不一样，他踏入政坛就如鱼得水，日后成为叱咤风云的人物，是新党的得力干将。这人脾气犟，为人刚直，倒是和他上司王安石很像，被梁启超评价为"千古骨鲠之士"。

打虎亲兄弟。嘉祐二年，有好几对兄弟同科及第，除了苏轼兄弟、曾巩兄弟，还有林希、林旦兄弟，王回、王向兄弟等。

不过，在那个时代，对后世思想影响最深的，还属理学家"二程"兄弟，即程颢和程颐。其中，程颢也是嘉祐二年进士，而程颐虽然名声在外，但一生都没考中进士。

兄弟俩师承濂学开创者周敦颐，提出"理"是万物本原、"存天理，去人欲"等主张，开创洛学。后来与程朱理学齐名的陆王心学，实际上也肇始于程颢，兄弟俩可说是引导了以后几百年思想史的发展。

嘉祐二年，榜上有名者，还有另一位理学家张载。

张载是关学的开创者，主张"气本论"，他和二程算亲戚关系，是二程的表叔，叔侄关系很不错。

程颢常和张载在寺庙中坐而论道，谈天说地，无所顾忌。程颢豪言，古往今来，也就咱俩聊天可以聊到这个高度。

人生在世，总得给自己立个小目标。张载为后人留下了万古流芳的四句话：

为天地立心，为生民立命，为往圣继绝学，为万世开太平。

这是历代读书人的崇高理想。可惜,宋代以后,作为官学的理学逐渐变得压抑变态,以至到了"以理杀人"的地步,"二程"和张载等人的理想彻底被曲解了。

04

科举说到底是选官制度,嘉祐二年涌现了这么多文化名人,自然也少不了政坛精英。

从神宗在位时(1067—1085年)的王安石变法,到哲宗在位时(1085—1100年)的元祐更化、绍圣绍述,这些政治改革中都有嘉祐二年进士们的身影,新党中有吕惠卿、章惇、曾布等,中间派及旧党中则有苏轼、苏辙、程颢等,双方在朝堂之上明争暗斗,甚至各自党派内部也矛盾重重。

熙宁二年(1069年),王安石任参知政事,开始执掌政权,主持变法。吕惠卿是变法的二把手,在老王眼里,小吕是位好下属。

王安石比吕惠卿年长十一岁,常一起讨论经义,两人意气相投,结为莫逆之交。

王安石变法,事无巨细,都要与吕惠卿商量,大部分章奏出自吕惠卿之手,青苗、募役、保甲等法都是由他制定。在王安石看来,有我老王吃的,就有你小吕一份。可是,吕惠卿这人不厚道。王安石还在前线振臂高呼:"兄弟们,上啊!"回头一看,自家人却在内斗。

先是吕惠卿和曾布交恶。熙宁三年（1070年），吕惠卿因父丧离职，曾布暂代他改定募役法。等到吕惠卿回朝，发现曾布擅自改动了自己拟定的新法，丝毫不念及自己的劳动成果，吕惠卿一向小家子气，由此和曾布结怨。

熙宁七年（1074年），曾布被卷入市易务案。市易务是市易法的执行机构，而所谓市易法是为抑制兼并、增加财政收入实行的新法之一。市易法的原则就是由市易务出钱，收购滞销货物，等市场短缺时再卖出，以此限制豪商大贾对市场的控制。曾布不得要领，指派市易务的判官吕嘉问派官吏到各地购买货物，禁止商人先交易，这是与民争利，剥削百姓。

吕惠卿趁机打压曾布，诬告他背叛新法，王安石居然信了。此案导致曾布被罢官，这是新党内部第一次分裂。

同年，王安石因朝野舆论，第一次罢相。

吕惠卿接任参知政事，瞬间自我膨胀，完全忘了自己是王安石一手提拔的。执掌朝政后，吕惠卿任人唯亲，专横跋扈，借机收拾政敌。

王安石的弟弟王安国跟吕惠卿早有过节。王安国热衷于吹笛，王安石曾劝他少沉迷玩乐，王安国却反要老哥远离小人，他所指的小人就包括吕惠卿。

吕惠卿上台后，将王安国削职放归乡里，没过多久，王安国就病死了。

这可是恩人的亲弟弟。

吕惠卿垂涎新党领袖之位，不肯让老上司王安石回朝，借用祭祀赦免的旧例，向宋神宗推荐任王安石为节度使。

那点儿小心思，宋神宗当然知道，立刻质问他："老王又不是因罪被罢免，为何要以赦免的方式复官？"

第二年，王安石东山再起，回朝执政，搞了这么多小动作的吕惠卿慌了。王安石很生气，很快将吕惠卿排挤出朝。吕惠卿从此屡遭贬谪，疲于奔命。

尽管吕惠卿是变法的先驱，在边境也忠于职守，却再也难以进入政治中心，被新、旧党共同嫌弃。

05

与此同时，旧党反对新法的火力一点儿也不小，以司马光为首的旧党从熙宁年间就对新党连续炮轰。朝堂之外，至交好友饮酒赋诗；朝堂之上，新旧两派党同伐异。有时候，同样一拨人，在生活中是朋友，到了朝廷，就成为政敌。

苏轼与章惇的恩怨就极具代表性。

章惇是苏轼多年的好友，二人感情深厚。据说有一次，苏轼和章惇一起出游，路过一处独木桥，桥边景色宜人，桥下是万丈深渊。

章惇跟苏轼提议："要不咱俩一起过去，到对面石壁上题个字？"豪放的苏轼难得冷静一回，觉得没必要冒这个险。章惇却不怕，大笑一声，快步走过，在石壁上写下"苏轼、章惇来游"，然后从容不迫地走回来。

苏轼对章惇说:"子厚兄以后能杀人。"

章惇问,何出此言。

苏轼笑道:"你连自己的命都不顾了,还会顾惜别人的生命吗?"

他一语成谶,多年以后,章惇确实差点儿要了苏轼的命。

章惇的科举生涯也有几分传奇色彩。

嘉祐二年,章惇进京,高中进士。可章惇一看,状元居然是自己的族侄章衡,他当场就不高兴了,拒不受敕,打道回府。两年后,重头再来,又一次考中。

章惇就是这么自信。

王安石变法期间,章惇和吕惠卿等人一样,是草拟和制定新法的骨干,而作为旧党的苏轼一向心直口快,好议时政。

元丰二年(1079年),苏轼身陷乌台诗案,被政敌群起而攻之,命悬一线。

章惇不惧被新党同僚排挤,仗义相助。他撰文劝慰苏轼,并上书神宗:"苏轼弱冠之年就擢进士第,二十三岁应直言极谏科,评为第一。仁宗皇帝见过苏轼,将他视为一代之宝。如今反而将他置于牢狱,臣实在担心,后世会借此事说陛下听谗言而恶讦直啊。"

在章惇等人的援助下,宋神宗网开一面,将苏轼贬为黄州团练副使,同时受牵连的还有他弟弟苏辙,被贬为了筠州盐酒税监。

这一年，作为朝臣的苏轼"死"了，作为文人的苏东坡却"活"了。

谪居黄州期间，苏轼过着清贫的日子，能用以度日的，不过是几亩薄田、几壶浊酒。他咏古抒怀，"故国神游，多情应笑我，早生华发"；他豪放洒脱，"竹杖芒鞋轻胜马，谁怕？一蓑烟雨任平生"；他乐观旷达，"谁道人生无再少？门前流水尚能西，休将白发唱黄鸡"；他慨然长叹，"长恨此身非我有，何时忘却营营"。

同时，苏东坡也有哀伤的一面。在黄州的第三年寒食节，苏轼作了两首五言诗，挥笔写下有"天下第三行书"之称的《寒食诗帖》。"何殊病少年，病起须已白"，郁郁不得志的惆怅之情溢于纸上。

06

风水轮流转。宋哲宗即位后，改元为元祐。皇帝年纪尚幼，旧党领袖司马光在宣仁太后的支持下上台执政，力主废除新法，打击新党，史称"元祐更化"。

苏轼被召回朝，这会儿轮到章惇倒霉了。

元祐元年（1086年），司马光等旧党上书要求废除募役法。章惇据理力争，立刻遭到旧党攻击，其中还包括苏辙写的论状。一向自视甚高的章惇心都凉了，不久就被贬知汝州，后来又被贬到岭南，比苏轼当年还惨。

狂傲的人一旦自尊心受到打击，难免会性情大变，章惇正是如此。

元祐八年（1093年），宋哲宗亲政，次年改元绍圣，再次起用章惇、曾布等新党旧臣，恢复变法，史称"绍圣绍述"。

章惇的命运再一次发生转折，而他重新得势之后，便对旧党进行报复，对老友苏轼的最后一丝仁慈也消耗殆尽。

绍圣元年（1094年），苏轼作为旧党分子，遭到清算，被贬至惠阳（今广东惠州）。苏轼继续发扬乐观主义精神，写下诗句"为报诗人春睡足，道人轻打五更钟"，好不逍遥自在。

章惇可没有苏轼的气度，经过大起大落的他，内心早已扭曲，他看不惯苏轼的潇洒，心里满是愤恨。章惇又将苏轼贬到最偏远的儋州（今海南儋州）。

此时，苏轼已年近六十，去了，恐怕就再也回不来了。

元符三年（1100年），年仅二十四岁的哲宗英年早逝，没有子嗣，风头正劲的新党再次诠释了什么叫"生命不息，内斗不止"。

章惇和曾布在立储一事上起了分歧。曾布等人认为，应立哲宗的弟弟端王赵佶，而孤傲的章惇站在众臣对立面，认为赵佶"轻佻无行"，不宜继承大统。

这一回，章惇站错队了。众所周知，赵佶即位称帝，便是宋徽宗。

徽宗即位后，章惇被罢相，贬出京。五年后，病死于湖州团练副使任上。

就在章惇被贬的这一年,远在海南的苏轼遇赦北归。

第二年六月,苏轼途经京口,偶遇章惇之子章援。章援是元祐年间苏轼知贡举时考中的进士,与苏轼有师生之谊。

章援担心,一旦苏轼被起用,会报复章家,因此惴惴不安地与苏轼通信,请他看在往日的情分上,对章惇一家多多关照。

苏轼当即表态:"某与丞相定交四十余年,虽中间出处稍异,交情固无增损也。"

当初,章惇欲置苏轼于死地;如今,苏轼不仅没有怨恨章惇,反而发自内心地表达对友人的关爱。在乌烟瘴气的朝廷,有这样的博大胸襟真是难能可贵,与章惇的心狠手辣形成了鲜明对照。

遗憾的是,苏轼等不到施展抱负的那一天,也等不到与章惇的和解,六十四岁的他,在北归途中病逝于常州。

章惇离京后,曾布本有机会一家独大,偏偏宋徽宗信任的是另一位权臣蔡京。

蔡京先是揪住了曾布的把柄。曾布有意提拔自己的亲家陈佑甫为户部侍郎,蔡京上奏说:"官爵是陛下的赏赐,宰相哪来的权力私自授人呢?"

曾布在朝堂之上与蔡京争辩,没想到越说越激动。

蔡京的亲信尚书右丞温益当面呵斥,甚至直呼其名:"曾布,你怎敢在皇上面前如此失礼?"

宋徽宗对曾布开始有些不耐烦。随后，蔡京又想给曾布加以贪污之罪，命开封知府吕嘉问逮捕曾布诸子，进行威逼利诱，以此来给曾布罗列罪名。这个吕嘉问，正是当年市易务案中被曾布弹劾的那位。曾布这辈子倒了两次霉，都跟他有关。

失去了宋徽宗的信任，曾布被一贬再贬。

大观元年（1107年），七十二岁的曾布在润州知州任上去世，嘉祐二年进士中的最后一位权臣黯然落幕。

在政坛上几经浮沉的曾布，功勋卓著，日后却与章惇、吕惠卿等一起被史官列入《奸臣传》。而他哥哥曾巩一生为官廉洁，一心钻研学问，在《宋史》中被给予了很高评价，其文章与王安石、欧阳修齐名，"卓然自成一家"。

同年考中进士的兄弟俩，评价如此不同。

章惇和曾布先后离京，宋徽宗命蔡京将前两朝参与"党争"的大臣列出来，整理成一份黑名单。于是，蔡京七拼八凑，找出"元祐党人"三百零九名，将这些人定为奸党，苏轼、章惇、曾布等赫然在列。

宋徽宗不许党人子孙留在京师，且列名的人一律"永不录用"，随后由蔡京手书姓名，发至各州县。这些英才，斗争了大半辈子，最后居然什么也没得到。

嘉祐二年初春，士子们踌躇满志，一心为国效力，却在不知不觉间分道扬镳。有的人眼睁睁看着理想破灭，有的人在漫漫长路上迷失,还对同年举起了屠刀。

或许,在封建社会的官场上,从来就只有利益,没有情谊。

07

中国历史上,像嘉祐二年进士榜这样星光熠熠的名录并非孤例。

自科举制开创以来,无数仁人志士寒窗苦读,历经层层筛选,走向帝国官场,他们或鲜为人知,或流芳百世,或碌碌无为,或功高盖世,在不同的人生境遇中迎接各自的命运。

南宋绍兴二十四年(1154年)的科举也是一次文坛盛会,应举考生中有南宋著名诗人陆游。这位爱国诗人是坚定的主战派,自称"学剑四十年""上马能击贼",可在这一年的进士榜中,众望所归的他竟然名落孙山。

按照惯常的说法,陆游是因为得罪了秦桧才科举落第、仕途不畅。当时,秦桧的孙子秦埙与陆游同年考试,本位居陆游名下,秦桧得知后大怒,他早想将这些主战派文人当成不合时宜的刺头进行打击,这下正好逮住机会。于是,他便向考官施压,让秦埙顶替了陆游的名次,甚至要让孙子当状元候选人。

后来秦桧倒台,秦家后人的日子都不好过,包括夺了陆游名额的秦埙,生活一度也很潦倒。陆游为人宽厚,有次路过南京,还专门去看望秦埙,并不记当年之仇怨。

这一年,宋高宗钦点的状元不是秦埙,而是张孝祥。

作为南宋著名的豪放派词人，张孝祥上承苏东坡，下启辛弃疾，以忠愤悲慨的爱国诗词闻名于世。当选新科状元不久，张孝祥拒绝秦桧一党的招亲，冒天下之大不韪上书宋高宗，为岳飞鸣冤："岳飞忠勇天下共闻。一朝被人诽谤，旬日间即死亡。结果敌国庆幸，而将士解体，非国家之福也。"

在张孝祥的同年中，还有一位胆色过人的书生。在进士及第七年后，他的这位好友——虞允文在采石之战中临危受命，以文官的身份指挥宋军大破金兵，迫使金主完颜亮移师渡江，最终被部下所杀。张孝祥得知此事后，当即作了一首《水调歌头·闻采石矶战胜》，词中写道："我欲乘风去，击楫誓中流！"

后来，张孝祥有一次为虞允文送行，在芜湖一艘小船上设宴。席间，二人依旧热切关注国家命运和北伐前程。或许是因为对朝中主和派大臣切齿痛恨，张孝祥喝了太多的酒，本来就身体抱恙，再加上心情郁闷，不久后竟得急病去世，年仅38岁。

与张孝祥、虞允文同榜中进士的还有范成大和杨万里。

范成大与杨万里、陆游、尤袤合称南宋"中兴四大诗人"，他长年在各地任地方官，后来在四川与陆游以文会友，渐成莫逆之交。范成大不仅关心百姓疾苦，还陶醉于四方风土人情。他最有名的作品是田园诗，其代表作《四时田园杂兴》被钱钟书誉为"中国古代田园诗的集大成者"。

另一位大诗人杨万里被誉为南宋"一代诗宗"、文坛领袖。相传他一生写有两万多首诗，现有四千二百多首，其中以小学课本中选入的《小池》流传最广，一句"小荷才露尖尖角，早有蜻蜓立上头"朗朗上口。

明嘉靖二十六年（1547年）的科举考试同样人才辈出，为逐渐走下坡路的大明王朝选拔了力挽狂澜的名臣。

这一年，登进士第的三百多人中，史书留名者有七十多位，其中有日后推行万历改革的内阁首辅张居正，有独领大明文坛二十年的王世贞，有上疏力劾严嵩"五奸十大罪"、以死谏言的直臣杨继盛，有抗倭名将殷正茂，还有疏通河道、治理漕运的凌云翼等。

三百年后，清道光二十七年（1847年），近代中国衰朽不堪，紫禁城的黄昏闪耀着最后荣光。

这一年，李鸿章考中进士，但名次并不拔尖，列二甲第十三名。当时谁也想不到，这个年轻人将会成为晚清最重要的名臣之一。

与李鸿章同年的状元，名叫张之万，是另一位晚清名臣张之洞的堂兄，他中进士的"金榜"现在还藏于中国台北故宫博物院。

据说，张之万差点儿就与状元失之交臂。那一年，大学士卓秉恬想让自己的老乡伍肇龄中状元，就暗地里告诉主考官，让他多认认伍肇龄的字。主考官原本也想帮忙，但考试是糊名制，他只好回去把伍肇龄平时写的作品看了一遍，保证阅卷时一眼就能看出来。可没想到张之万的字体跟伍肇龄非常像，试卷也答得好，主考官误以为是伍肇龄的卷子，就把张之万的卷子评为第一名。

这一年的科举考试并非这一例奇闻逸事。

同年考中进士的，还有林则徐的女婿沈葆桢，他是中国近代造船、航运、海军建设事业的奠基人之一；还有湖南人郭嵩焘（这是他第五次赴京参加会试），他是中国近代外交家的先驱，也是中国首位驻外大使；还有日后成为封疆大吏的马新贻，他在赴任两江总督时遇刺，此案成为晚清四大奇案之一，生平事迹被改编成各种小说戏剧，值得一提的是，会审此案的正是张之万。

科举制在清末走向落幕，这一延续千余年的取士制度，曾经为历朝历代选用了无数安邦定国的人才，改变了无数学子的命运，后期却随近代的腐朽帝国陷入停滞落后的泥潭。

天才总是成群而来。当天下寒士各得其所，无论是治国大才，还是无名之辈，都能找到各自的上进渠道，这才是真正的清平盛世。

第二记：浮生记情

一、美人祸国往事——中国的男人,都被女人毁了?

男权时代总喜欢让女子背黑锅,尤其是当国势衰微时,没有一两个美女来扮演红颜祸水,剧情发展似乎就不合理。

史籍不仅对成功男人背后的女性着墨,还常常把失败帝王背后的女人揪出来批判,安上祸乱朝纲的罪名。所谓"女性让男人堕落""红颜祸水"的说法正是出自于此。

01

先秦历史遥远而模糊,即便是在这段尚待挖掘的历史里,史书都要给亡国之君身边安排一个特定角色——祸乱朝廷的美女。

直到如今,考古学者们还在为证实夏代历史而殚精竭虑,可春秋时期的《国语》,已经先把夏朝灭亡的"锅"甩给了深受末代君主夏桀宠幸的美女妹喜,这也是古代史官第一次将亡国与美色联系起来。

传说妹喜来自有施氏,该部落被夏打败后,将她献给夏桀。妹喜是个拜金美女,平生有三大癖好:一是喜欢泡在酒池里饮酒作乐,二是喜欢听绢帛撕裂的声音,三是喜欢穿戴男人的衣冠。

夏桀一一满足她的要求。据说他为妹喜建造了一个大酒池,池中可以泛舟,他一声令下,三千人同时将头伸入池中饮酒,号称"牛饮"。夏桀又命人运来大量绢帛,当着妹喜的面一匹一匹撕给她听。看着美人笑靥,夏桀心里美滋滋的。

实际上,夏桀与妹喜的荒淫之举多是后世文人的牵强附会,如"撕帛"一事儿出自西晋皇甫谧的《帝王世纪》,这故事一点儿都不靠谱。《国语》《竹书纪年》等先秦史书对妹喜的记载不过寥寥数语。

然而,现在提及夏亡,很多人第一个想到的还是妹喜。

02

无独有偶,商朝的末代君主帝辛身边也有一个美人,那就是大名鼎鼎的妲己。

据记载,帝辛为了讨好妲己,修酒池肉林,让男女裸奔其间,朝夕欢歌。他还花了七年的时间筑鹿台,劳民伤财,更是对反对者施以惨无人道的炮烙酷刑，即堆炭架烧铜柱，令人行走其上，以致其落火被焚而死。

如此，一个和亡国之女寻欢作乐的末代暴君形象跃然纸上。

渭水中游的周，经过多年发展逐渐强盛。在帝辛醉心享乐之时，周武王曾发起伐商的军事演习，各方诸侯群起响应。

牧野之战，武王伐纣，一战功成，帝辛自杀，商朝灭亡，妲己的命运也十分凄惨。周武王在誓师时便曾对她公开谴责："古人有言：'牝鸡无晨；牝鸡之晨，惟家之索。'如今商王只听妲己的逸言，自甘堕落，这问题大了。"

灭商后，周武王将妲己斩首，将她的头悬于小白旗上。史书曰："以为亡纣者，是女也。"

可是，妲己就真的这么不堪么？

在周武王的誓词《牧誓》中，列举了帝辛的六大罪状，可对于后世熟悉的酒池肉林、修鹿台、炮烙等却只字未提。这些罪行是在之后数百年的史书中才逐渐出现，并转嫁到妲己身上的。

西汉刘向的《列女传》将妲己放在《孽嬖传》中，把她当作反面教材。在此前史书的记载中，帝辛是为了知道圣人之心是否有七窍，而剖开忠臣比干的心，但在《列女传》中，变成了妲己在一旁说"吾闻圣人之心有七窍"，于是帝辛下令剖开比干的心来看。这时，丧尽天良的就是妲己了。

而那个将妹喜拜金形象进一步完善的皇甫谧，在《帝王世纪》中又稍稍改变了以往史书描写妲己的一些细节，如帝辛为妲己建造的鹿台，在《列女传》中还是"高千尺"，到这里被提高了十倍，变成了"高千丈"。

明代小说《封神演义》更是把妲己塑造成狐狸精的化身,这一形象深入人心。妲己为殷商灭亡背的这个"锅",是如何也甩不掉了。

03

周伐商的其中一个动机是帝辛宠爱妲己;无独有偶,西周之所以会走向覆灭,很大程度上是因为周幽王宠爱褒姒。

褒姒仅仅凭借年轻貌美,靠着周幽王的宠爱,在生下儿子伯服后便被立为正宫,伯服更是被立为太子,照理说是个人生赢家。

可是,褒姒偏偏是个冷艳美人,平时十分冷淡,不爱笑。周幽王想方设法逗她笑,可是收效甚微。此时,宠臣虢石父献计,导演了一出"烽火戏诸侯"的好戏。

周幽王听从其建议,点燃了烽火台,使各方诸侯以为外敌入寇,前来勤王。各地诸侯风尘仆仆地赶来,发现根本没有敌军入侵,只有周幽王在城头喊:"辛苦了,各位。没啥事儿,你们回去吧。"诸侯们这才知道上当,失望地离去。褒姒看着他们傻里傻气,白忙活一场,这才嫣然一笑。

周幽王大喜,赏虢石父千金,此即"千金一笑"。

而之后的故事,我们也都很熟悉了:等到犬戎真的入寇,幽王举烽火而诸侯未至,被杀于骊山之下,褒姒也被掳走,不知所终,西周在动乱中走向灭亡。

褒姒一直都被视为红颜祸水。可是,烽火是周幽王放的,还是褒姒放的呢?男人犯的错,结果却让女人承担,总归有些不公平。

另有学者根据近年发现的史料考证,西周灭亡的历史原因应是这样:幽王废原太子宜臼后,宜臼感觉到生命危险,于是投靠其舅舅申侯,与其父唱对台戏。在自立门户期间,宜臼先后取得许文公、鲁孝公、晋文侯、卫武公、郑武公等诸侯的支持,一场政变早已在酝酿之中。

申侯本就对幽王不满,于是,在幽王十一年(前771年)联合犬戎一起攻打幽王,才有了周幽王命丧骊山的悲剧。

可见,烽火戏诸侯是虢石父为周幽王出的馊主意,是幽王自己主演的闹剧,而褒姒的主要戏份无非是笑一笑。至于之后西周的动乱,更多是因为周幽王与废太子的政治对立。

对于三代都将亡国原因强加于美女身上的做法,早有人为之鸣不平。鲁迅的《且介亭杂文》中,有一篇文章如此写道:

> 我不相信妲己亡殷、西施亡吴、杨贵妃乱唐那些古老话。我以为在男权社会里,女性是不会有这么大的力量的,兴亡的责任,都应该由男的负。但向来男性作者,大抵将败亡的大罪,推在女性身上,这真是一钱不值的、没有出息的男人。

04

然而,这样的故事却总是不断上演。

589年,隋灭南陈,为南北朝的乱世彻底画上了句号。在此期间,又有一个女子的祸水名号出世,她便是陈后主的宠妃张丽华。

张丽华出身贫穷，她的父、兄都以织席谋生。她10岁便被选入宫当宫女，本来默默无闻，偶然间得到陈后主的宠幸。

陈后主不理朝政，沉溺于温柔乡中，还创作了《玉树后庭花》这首被后世视为亡国之音的艳曲，赞美张丽华的绝世美貌。

张丽华虽身世卑微，但也有几分才情，史书说她受宠，其中有一句是"性聪慧，甚被宠遇"。天资聪颖的张丽华素有辩才，能说会道，善于察言观色。得宠后的她为人大度，从不横行霸道，十分受宫女们尊敬，后宫上下都对她感恩戴德，争着说她的好处。

可是，当时南陈面临内忧外患，陈后主昏庸无能，处理政事更是荒唐。面对百官启奏，陈后主自己倚在靠枕上，让张丽华坐在膝上，参与决策，早已将国家危亡抛至九霄云外。

当隋军攻入南陈都城建康后，陈后主惊慌失措，为了逃命，情急之下和张丽华一起藏到井里，隋军发现后，用绳索将这亡国之君和他的宠妃拉了上来。

在灭陈战役中领衔统帅的，是后来的隋炀帝杨广，他本想将张丽华纳入府中，可是真正掌握兵权的名臣高颎却劝谏道："周武王灭殷商，将妖女妲己处死。张丽华蛊惑人心，祸乱朝政，如今平陈，如何能留？"

于是，张丽华被下令处死，命丧青溪之中，她的罪名正是红颜祸水。

晚唐杜牧有一句诗"商女不知亡国恨，隔江犹唱后庭花"，借陈后主与张丽华寻欢作乐的典故，暗讽时人忘了亡国之恨、黍离之悲。他在《台城曲二首》中，又写"门外韩擒虎，楼头张丽华。谁怜容足地，却羡井中蛙"，再次提及南陈旧事。

事实上，冰冻三尺，非一日之寒。南陈灭亡是大势所趋，不是一两个人能促成的，即便没有张丽华，也会有其他人，这改变不了结局。

05

另一个背黑锅的著名美女当数杨贵妃了。

千百年来，杨贵妃因唐玄宗的独宠，而被很多人视为安史之乱的元凶，也被认为是唐朝衰落的祸乱之源。更何况，她的族兄杨国忠因她而官拜宰相，这个人生性贪婪、能力低下，是唐玄宗后期乱政的祸首之一。

但是，就这样把杨贵妃和安史之乱挂钩未免有失偏颇。

历朝历代都有后妃弄权，唐代的后宫尤其不缺强势的女子。武则天临朝称制，自立为帝；韦皇后阴谋夺权，毒害亲夫。而杨贵妃，自始至终只是一个深受皇帝宠爱的小女子，从史料中看不到她对权力有丝毫欲望。

杨贵妃对权力无欲无求，只是喜安逸享乐。在史书中，她与唐玄宗的宫廷生活，更多展现的是她出身官宦世家，与生俱来的"小资情调"。

唐玄宗为讨杨贵妃欢心，也是费尽心思。杨贵妃喜欢吃荔枝，唐玄宗就在荔枝丰收的季节，专门派人从四川等地加急运送入京。新鲜荔枝被送进宫时还带着露水，让人食欲大动。

"一骑红尘妃子笑,无人知是荔枝来",杨贵妃品尝荔枝的曼妙姿态我们已无从想象。白居易的诗说"回眸一笑百媚生,六宫粉黛无颜色",杨贵妃能让从年轻时就投身政治旋涡的唐玄宗如此宠爱,应当是风华绝代的女子,更是大唐鼎盛的一个象征。

可是,当安史之乱爆发,人们却要这个小女子承担责任。756年,唐玄宗在安史叛军的步步紧逼下,一路向西奔逃,途经马嵬坡,士兵哗变。他们在乱刀砍死杨国忠后,又将屠刀伸向了杨贵妃。他们说:"贼本尚在。"

士兵们将杨贵妃视为杨国忠乱政的根本和安史之乱的起源,这本就是蛮不讲理的事情,如今杀了杨国忠,更怕她日后报复,只能一不做二不休。那一刻,唐玄宗才明白,兵荒马乱之下,他连心爱的女人都保护不了。

在马嵬坡,杨贵妃得到唐玄宗的最后赏赐——一条白绫,随后,她在梨树下香消玉殒。

杨贵妃对政治一无所知,可她身边有一个晚年昏聩不靠谱的皇帝,有一个专权误国不着调的族兄,远处还有一个野心勃勃、图谋不轨,比杨贵妃大十几岁,还曾厚着面皮,请求当她养儿的安禄山。

这就是她一生悲剧的症结所在。

757年10月,唐军收复长安,身在成都,被迫当了太上皇的唐玄宗终于起驾回京。

他命人找到了杨贵妃的坟墓。当坟墓被掘开时,杨贵妃的肉身早已消逝,只有一个随身香囊依旧完好。负责此事的宦官回去后，将香囊呈给唐玄宗，垂垂老矣的玄宗只能手捧香囊，在风中叹息。

一个弱女子，为当政男人们主导的王朝危机承担错误，落得这样凄凉的结局。是她让大唐走向堕落，还是大唐欠她一个公道呢？

06

杨贵妃当然不会是最后一个为男人背黑锅的美女。

明末清初，又有吴三桂"冲冠一怒为红颜"，引清军入关的传闻。在这其中，吴三桂的宠妾陈圆圆名留史册，好像没有她的存在，吴三桂就不会降清，清军就找不到机会入关似的。

在鲁迅的小说《阿Q正传》中，阿Q让假洋鬼子打了后，去调戏小尼姑，捏了小尼姑的脸，之后大半天都飘飘然，整夜都在想女人。

鲁迅借阿Q的经历，又一次批判了"红颜祸水"论：

中国的男人，本来大半都可以做圣贤，可惜全被女人毁掉了。商是妲己闹亡的，周是褒姒弄坏的，秦虽然史无明文，我们也假定他因为女人，大约未必十分错，而董卓可是的确给貂蝉害死了。阿Q被小尼姑害得飘飘然了。

所以女人真可恶，假使小尼姑的脸上不滑腻，阿Q便不至于被蛊，又假使小尼姑的脸上盖一层布，阿Q便也不至于被蛊了。

"红颜祸水论"将一个国家的兴亡与帝王是否堕落紧密联系在一起,如果亡国之君身边恰好有个倾国倾城的美女,而这个女人又恰巧有一些小毛病,那么历史就把祸国殃民的罪名给这美女安排上了。

"红颜祸水",这是一种很不负责任的说法,让女人来做替罪羊,往往掩盖了更深层的罪恶。这么多年来,有多少人因为女人而落马,可即便没有美女,腐败依旧会以其他方式存在。所谓生活作风问题,可能也只是腐败的副产品而已。

二、文人的情书——我有一首诗想读给你听

现代人的生活和情感,比起古人,表达方式大为不同。

我们表达单相思无非是"我爱的人她却不爱我"。古人却说"蒹葭苍苍,白露为霜,所谓伊人,在水一方";我们描述爱的发生时说"莫名我就喜欢你,深深地爱上你"。古人却说"情

不知所起,一往而深;生者可以死,死可以生";我们连"你知不知道,我等到花儿也谢了"都奉为经典。古人却说"衣带渐宽终不悔,为伊消得人憔悴";我们说分手离别,唱着"十年之前,我不认识你,你不属于我……十年之后,我们是朋友,还可以问候"。古人却说"昔我往矣,杨柳依依,今我来思,雨雪霏霏"。

关于爱情,人世间最美的表达,在我们声嘶力竭之前,或许真的已被说完道尽了?

01

有学者说,宋代以前,爱情诗的创作出现过三个高潮,即先秦的《诗经》《楚辞》时期、汉末至魏晋南北朝时期、中晚唐及五代时期。

其中,较为人熟知的爱情诗出现在唐朝中期。

张籍是韩愈的大弟子,在群星璀璨的唐代诗坛里顶多算二流诗人。

史书说他非常迷恋杜甫的诗,把杜甫的名诗一首一首烧成灰,拌上蜂蜜,每天早晨吃三匙。好友不解,张籍自己解释,说吃了杜甫的诗,便能写出杜甫那样的好诗了。

不知道是不是吃纸灰真奏效了,他的《节妇吟》在历史上很有名,评价甚高。

君知妾有夫,赠妾双明珠。

感君缠绵意,系在红罗襦。
妾家高楼连苑起,良人执戟明光里。
知君用心如日月,事夫誓拟同生死。
还君明珠双泪垂,恨不相逢未嫁时。

这首诗有双层意思。表面上,它描写了一位忠于丈夫的妻子,经过思想斗争后,终于拒绝了多情男子的追求,守住了妇道;底子里,则表达了诗人拒绝藩镇高官李师道的拉拢,以及忠于朝廷的决心。

胡适在《白话文学史》中说:"这种诗有一底一面:底是却聘,面是一首哀情诗,丢开了谜底,仍不失为一首好的情诗。"

诗最后写女子的内心挣扎,"恨不相逢未嫁时",这种欲望萌动的假想,实在真实得有点儿可爱了。

而有的人笔下可以山盟海誓,心中却是妻妾成群,比如下面出场的元稹。

曾经沧海难为水,除却巫山不是云。
取次花丛懒回顾,半缘修道半缘君。

这首《离思》大概是爱情诗(悼亡诗)里最悲壮深情的一首,只因为曾经拥有,所以不愿意将就。

但是,读诗就好,不要问太多诗人的事儿,否则好诗造就的形象也会坍塌的。

唐贞元十八年(802年),二十岁的韦丛下嫁元稹(779—

831年），当时元稹尚无功名，而韦丛出身京兆韦氏，是唐代最有名望的士族之一。韦丛婚后，一度饱尝贫困之苦，但她没有半分怨言，是典型的贤妻良母。

不料仅过了七年，韦丛就病逝了。元稹一连写了三十多首诗悼念亡妻，为自己博得深情的好名声，同时继续享受着韦家的政治资源。

实际上，元稹此后根本没有恪守誓言，而是取次花丛，频频回顾，不停地恋爱和纳妾。

元稹因他的这些所作所为，后来受到人们极大的鄙夷。清代王闿运在"半缘修道半缘君"一句下面批注："所谓盗亦有道！"

最美的悼亡诗，成了最尖酸的反讽。

02

王国维说过，一切景语皆情语，这句话用来形容崔护的这首《题都城南庄》再贴切不过。

去年今日此门中，人面桃花相映红。
人面不知何处去，桃花依旧笑春风。

中唐诗人崔护生平事迹不详，是靠一首诗青史留名的诗人代表。

因为这首诗的镜头感太强了，惹得很多古代编剧手痒，纷纷编出一段"长安爱情故事"搬到舞台上。这个剧本在明朝叫《桃花人面》,到清朝则叫《人面桃花》,长演不衰。

木心有首现代诗叫《从前慢》,其中说:

从前的锁也好看,
钥匙精美有样子,
你锁了,人家就懂了。

其实崔护的《题都城南庄》写到这种程度就够了,朦朦胧胧就是最美的状态。若一定要附会出故事来,那种蕴藉的美感恐怕反而荡然无存了。

诗的语言点到为止,最怕去阐述背后的故事。很多人爱解读李商隐的无题诗,同样是焚琴煮鹤。

锦瑟无端五十弦,一弦一柱思华年。
庄生晓梦迷蝴蝶,望帝春心托杜鹃。
沧海月明珠有泪,蓝田日暖玉生烟。
此情可待成追忆,只是当时已惘然。

也有很多人想去解开李商隐无题诗的谜底,最后却都变成了自说自话。

《锦瑟》(按惯例取篇首二字为题,实是一首无题诗)是李商隐诗中最难索解的一首,诗评家素有"一篇《锦瑟》解人难"

的慨叹。

李商隐一生的经历是很有悲剧性的。他的悲剧在于摊上了牛李党争：牛党令狐楚父子赏识他，提拔他，而李党王茂元也赏识他，并把小女儿嫁给了他。

政治斗争没有中间派，两边的赏识反而让他在仕途上处处受排挤，郁郁不得志。

另一重打击则来自于妻子的早逝。在他三十九岁的时候，妻子不幸去世，令他痛苦不堪。

这些人生经历，让他成为一个感伤而内向的人，写起诗来，带有明显的主观化倾向。

他十分注重内心体验，诗中几乎略去了一切具体的情事。生活的原料在他笔下，被提炼浓缩到只剩下一杯浓郁的感情琼浆。这使得他的诗超越了具体情境，而获得了古今的共情。

直到今日，我们吟诵他的诗，仍有一种人人心中都有，却又说不清道不明的惆怅感，而这正是《锦瑟》能够经典永流传的原因所在。

03

时间来到了晚唐五代之际。这时，词强势崛起，大有超越诗的势头。

五代时期，词有两个创作中心，一是西蜀花间词，以温庭筠、韦庄为代表；二是南唐词，以李煜、冯延巳为代表。

这些词人的创作，很大一部分是以爱情和相思为题材，反映了当时文人的趋向变化：不在马上，而在闺房；不在世间，而在心境。

  春日游，杏花吹满头。
  陌上谁家年少，足风流。
  妾拟将身嫁与，一生休。
  纵被无情弃，不能羞。

  韦庄的这首《思帝乡·春日游》词，写了一个女追男的故事。
  词中的主人公或许是个少女，她不懂得人性的凉薄与无情，决绝地采取了飞蛾扑火的姿态，向偶遇的男子示爱，有一种"我拟将心向明月，哪管明月照沟渠"的不计成败的豁达与坚决。
  人世间的痴男怨女，莫过于此。

  延续五代"词为艳科"的传统，北宋前期词坛全是卿卿我我的低唱。
  在酒宴之上，让歌女浅斟低唱的小调，虽然显不出多少个性，但那朦胧的意境、婉约的风格和优雅的品位确实让人痴迷。而第一个放开歌喉、用市井语言唱出世俗爱情的人，势必会轰动整个词坛。
  此人非柳永莫属。

  寒蝉凄切，对长亭晚，骤雨初歇。都门帐饮无绪，留恋处，兰舟催发。执手相看泪眼,竟无语凝噎。念去去,千里烟波,暮霭沉沉楚天阔。

多情自古伤离别,更那堪,冷落清秋节!今宵酒醒何处?杨柳岸,晓风残月。此去经年,应是良辰好景虚设。便纵有千种风情,更与何人说?

柳永笔下的歌妓,美丽善良,本质纯洁。由于长期的交往,柳永与歌妓们的感情日益深厚,以至于幻想与意中的她恩恩爱爱过日子。

这首《雨霖铃》写他要离开汴京时,与佳人分别的痛苦之情,凄婉缠绵,感伤惆怅,写尽人间别离之苦,不愧是"宋朝最流行的金曲"之一。

04

众所周知,欧阳修不仅是大文豪,还是刚正不阿、雷厉风行的政治家,做到了参知政事(宰相)的高位。

此外,他还有"千古伯乐"之美誉,发现并提携了苏轼、曾巩、程颢等一大批青年才俊。但是,这样一个一本正经的政治家,写起词来却很开放。

欧阳修在《玉楼春·尊前拟把归期说》中写道:

尊前拟把归期说,未语春容先惨咽。人生自是有情痴,此恨不关风与月。

离歌且莫翻新阕，一曲能教肠寸结。直须看尽洛城花，始共春风容易别。

换一个角度看，欧阳修其实是仕途成功版的柳永。

宋人笔记记载，一次，欧阳修参加一个饭局，席间为活跃气氛，规定每人作诗两句，诗意必须是犯徒刑以上的罪才行。

一人说："持刀哄寡妇，下海劫人船。"另一人说："月黑杀人夜，风高放火天。"轮到欧阳修时，他说："酒粘衫袖重，花压帽檐偏。"

众人感到诧异，纷纷说这怎么能算徒刑以上的罪呢？欧阳修呵呵一笑，回答道："喝酒都喝到这种程度了，还有什么徒刑以上的坏事做不出来呢？"

到了这首《玉楼春》里，欧阳修写离别之情，没了嬉笑玩闹，只有愁情哀怨，催泪效果不亚于柳永的《雨霖铃》。

当然，如果只能选一首最催泪的情诗，很多人会选苏轼的《江城子·乙卯正月二十日夜记梦》：

十年生死两茫茫，不思量，自难忘。千里孤坟，无处话凄凉。纵使相逢应不识，尘满面，鬓如霜。

夜来幽梦忽还乡，小轩窗，正梳妆。相顾无言，惟有泪千行。料得年年肠断处，明月夜，短松冈。

一般人都会觉得，苏轼词豪放，柳永词婉约。

事实上,苏轼婉约起来,基本上就没婉约派什么事儿了。像这首悼念亡妻的词,就是关西大汉读了也会心酸掉泪啊。

05

宋代词人中,晏几道的人生落差应该是最大的。

他是晏殊的幼子,在父亲官至太平宰相时,是个锦衣玉食、奴仆簇拥的风流贵公子,不知世道艰难,除了写词,一无所长。父亲去世后,晏家家道迅速中落,他从此落拓一生。世态炎凉,人情冷暖,他看得很透彻。

朋友黄庭坚说,晏几道平生有"四大痴":"仕宦连蹇,而不能一傍贵人之门,是一痴也;论文自有体,不肯作一新进士语,此又一痴也;费资千百万,家人寒饥,而面有孺子之色,此又一痴也;人百负之而不恨,己信人,终不疑其欺己,此又一痴也。"

这样一个纯粹、孤傲的人,在现实中注定是失落的,所以他用一生去编织一个词的梦境,在梦里,他写的十之八九都是男女悲欢的恋情。

他的《临江仙·梦后楼台高锁》写道:

梦后楼台高锁,酒醒帘幕低垂。去年春恨却来时,落花人独立,微雨燕双飞。

记得小蘋初见,两重心字罗衣。琵琶弦上说相思,当时明月在,曾照彩云归。

他在词作中，屡屡提到苹、莲、鸿、云四名歌女。她们曾经与他交往情深，后来都流落民间，其中的悲欢离合，如露如电，如春梦秋云，"聚散真容易"。

晚清人冯煦说，两宋词坛有两个"伤心人"，一个是晏几道，另一个是秦观。

秦观的《鹊桥仙·纤云弄巧》写道：

纤云弄巧，飞星传恨，银汉迢迢暗度。金风玉露一相逢，便胜却人间无数。

柔情似水，佳期如梦，忍顾鹊桥归路。两情若是久长时，又岂在朝朝暮暮。

如今，苏轼、陆游、辛弃疾的名声很响，但在宋代，词坛最受大众欢迎的三大词人没有他们，而是柳永、秦观和周邦彦。

秦观少有大志，虽然很早就崭露头角，但科举之路十分不顺，屡遭挫折。

时运不济，仕途坎坷，这对秦观的爱情词影响很大。冯煦说，别人写词靠"词才"，秦观写词靠的是一颗"词心"。意思是，秦观的词较之其他词人更出于真情。

他这首《鹊桥仙·纤云弄巧》，句句经典，在七夕词中的地位，相当于苏轼《水调歌头·明月几时有》在中秋词中的地位，即此词一出，余词尽废。

清初文坛领袖王士禛对秦观评价非常高,说他"风流不见秦淮海,寂寞人间五百年"。

从秦观去世,到王士禛生活的年代,大概隔了五百多年。这五百多年是寂寞的,因为世间再无秦少游。

06

李之仪的《卜算子·我住长江头》写道:

我住长江头,君住长江尾。
日日思君不见君,共饮长江水。
此水几时休,此恨何时已。
只愿君心似我心,定不负相思意。

跟秦观一样,李之仪也是苏轼门人。在苏轼被政敌围攻的时候,这些曾与其密切交往的人,均受到了不同程度的牵连。

尤为难得的是,李之仪是在苏轼遭受政治打击时才与他建立师友关系的,这让苏轼深感不安和愧疚。而李之仪觉得无所谓,自己的仕途风险,他愿意自己承担。

苏轼去世后,李之仪写挽词,第一句就是"从来忧患许追随"。

李之仪果然付出了极大的代价,一生三次仕途挫折,两次被投入狱。这些经历,简直比苏轼还惨,但他的心态,也像苏轼一样豁达。

评论家说李之仪的词,隽美俏丽,另具一种独特的风调。他的这首《卜算子·我住长江头》,写得极质朴精美,千年后再读仍十分感人。

07

前面那些唯美的情诗,十之八九都是男性作家写出来的,相较之下,就显出李清照的可贵了。

她确实是不可多得的爱情诗人。作为女人,她抒写自己的爱情体验,比起男性作家写怨妇诗、闺阁诗显然成功得多。她的笔触抵达了更深层次的女性内心世界,其纤细的情感把握,是以往的男性作家完全做不到的。

明代大才子杨慎说,读了李清照这首《一剪梅·红藕香残玉簟秋》,才知道高则诚、关汉卿这些大家,原来不过是东施效颦罢了。

红藕香残玉簟秋,轻解罗裳,独上兰舟。云中谁寄锦书来?雁字回时,月满西楼。

花自飘零水自流,一种相思,两处闲愁。此情无计可消除,才下眉头,却上心头。

爱情,可以说是李清照的生命全书。

"爱,之于我,不是一饭一蔬,不是肌肤之亲;是平凡生活中的英雄梦想,是一种不老不死的欲望。"或许如此吧。

元好问的《摸鱼儿·雁丘词》写道：

问世间，情为何物，直教生死相许？天南地北双飞客，老翅几回寒暑。欢乐趣，离别苦，就中更有痴儿女。君应有语：渺万里层云，千山暮雪，只影向谁去？

横汾路，寂寞当年箫鼓，荒烟依旧平楚。招魂楚些何嗟及，山鬼暗啼风雨。天也妒，未信与，莺儿燕子俱黄土。千秋万古，为留待骚人，狂歌痛饮，来访雁丘处。

这首词一起笔，就有千古流传的潜质。当时，元好问才十六岁，是一名赶考的少年。

据元好问自述，在应试途中，他听到一名捕雁者说，天空中有一对大雁，其中一只被捕杀后，另一只从天上一头栽下来，殉情而死。

元好问被深深震撼，便买下这对大雁，把它们合葬在汾水旁，建了一个小小的坟墓，叫"雁丘"，并写了这阙词。

读完这首词你会恍惚，他到底在写雁还是在写人？现代词学大师夏承焘解读说，"悲雁即所以悲人。通过雁之同死，为天下痴儿女一哭"。

元曲来自民间，最大的特点是世俗化，带有浓郁的生活气息和真实活泼的风情。而徐再思这首《折桂令·春情》，竟然把相思病写得形象生动，仿佛伸手就能摸到，让人一读就印象深刻，真不愧是此中高手。

平生不会相思，才会相思，便害相思。身似浮云，心如飞絮，气若游丝。空一缕余香在此，盼千金游子何之。证候来时，正是何时？灯半昏时，月半明时。

纳兰性德（1655—1685年）只活了三十岁，却足以不朽。他被王国维称为"北宋以来，一人而已"，就是说宋代以后写词的高峰，有且仅有这一座。

他出身名门，风流多情，写起爱情自然情真意切，往往能催人落泪。这首《山花子·风絮飘残已化萍》，是他在莲花盛开的时节，触景伤情回忆亡妻时写的。

风絮飘残已化萍，泥莲刚倩藕丝萦。珍重别拈香一瓣，记前生。

人到情多情转薄，而今真个悔多情。又到断肠回首处，泪偷零。

三、古代第一情圣——慧极必伤，情深不寿

时值暮春，京城刚刚泛绿的林中，几株红杏盛开着花儿。大清权臣纳兰明珠的府上来了位杭州的女客。

舒穆禄雪梅小姐芳龄十四，她的母亲纳兰氏是纳兰明珠的胞妹，日前刚刚病故，而父亲舒穆禄庆吉也在不久前赴任南京途

中遇难去世。父母双亡、孤苦伶仃的她，应舅家邀请，到京城寄居。

舒穆禄小姐下了轿进门，一路上不动声色地打量着金碧辉煌的偌大相府。

来到一处上房门口，几位艳妆丽服的丫鬟笑着迎出来："瞧！这不来了么？夫人正惦记着姑娘呢。"

舒穆禄雪梅与觉罗氏夫人，也就是她的舅母说过好一番家常话后，房门外间忽然传来一声传报："冬郎公子来了。"

大步跨进来的贵公子，正是纳兰明珠的长子——纳兰性德，小名冬郎。

四目相对，舒穆禄小姐却又迅疾垂下了双眸，终还是忍不住不时偷眼瞧着。纳兰性德在母亲的引见下，笑着向舒穆禄雪梅说："这位妹妹，我曾见过的。"

01

啊，不，上面那句话自然是宝玉初见黛玉时所说的，纳兰性德对他表妹讲的是另一番话。

正是辘轳金井，满砌落花红冷，蓦地一相逢，心事眼波难定。谁省？谁省？从此簟纹灯影。

——纳兰性德《如梦令·正是辘轳金井》

高大的庭院里，围着栏杆的金井边，寂然无人。石阶上满是飘落的杏花,一层又一层。随风吹来杏色的裙摆,她蓦地出现,意外相逢。乍然相见间,初见的印象在纳兰性德的脑海中便永不磨灭了。

从此,两人在同一片天空下,同一座府邸里,同窗共读,同游书海。一个是翩翩少年郎,写得一手好文章;一个是绝色佳人女,弹得一手好弦琴。只可惜,未等情窦初开的二人回味过来,这段爱恋就如昙花一现,匆匆而逝了。

因为,他的表妹要去参加选秀。

选秀是清代独有的一个制度。清军入关后规定,凡是满族八旗人家中十三至十六周岁的女子,必须参加每三年一次的选秀,选中者将成为皇帝的妃嫔或皇室子孙的福晋。清代后宫中,无论是皇后还是宫女,无一例外都是从旗人女子中选出。若有八旗子女未参加选秀,将终生不得嫁人。

最终,才貌出挑的表妹作为秀女被选入了皇宫,两人顿成陌路。

雪梅入宫后不久,便传来吞金自尽的消息,纳兰性德且惊且哀,写下一阕词,语气清冷地控诉一段无望的爱恋。

人生若只如初见,何事秋风悲画扇。
等闲变却故人心,却道故人心易变。
骊山语罢清宵半,夜雨霖铃终不怨。
何如薄幸锦衣郎,比翼连枝当日愿。

——纳兰性德《木兰花令·拟古决绝词》

这段情感经历过于跌宕离奇,后世人大多觉得不真实,但由于传说非常盛行,以至于几十年后,乾隆皇帝在读了和珅呈献的《红楼梦》后,沉默良久,感叹直言:"此盖为明珠家事作也。"

02

日子还在向前走。

康熙十一年(1672年),十七岁的纳兰性德进入国子监学习,成为了一名贡生。他饱读诗书,文武兼修,很快就引起了国子监祭酒徐元文的注意。徐元文曾在别人面前称赞他:"司马大人之贤公子,绝非常人!"

司马大人指的是纳兰性德的父亲纳兰明珠,因当时明珠任兵部尚书,相当于古代的大司马。

不过,徐元文夸赞纳兰性德也不是为了讨好明珠,而是从文学的角度,认为纳兰性德确实是一个不可多得的人才。

在徐元文和明珠的鼓励下,纳兰性德参加了顺天府的乡试,一一通过了武试和文试,年纪轻轻金榜题名,获得了举人的头衔,可谓意气风发。中举后,徐元文把纳兰性德推荐给了他的兄长,当时的内阁学士徐乾学,接受更高一层的名师教育。

康熙十二年(1673年),纳兰性德凭借着自己深厚的学识,参加会试中第,成为贡士,他的试卷还被作为优秀试卷推荐给了朝廷。

就在纳兰性德志得意满，为殿试的到来摩拳擦掌时，他却突然感染风寒，病倒了。许是由于心中焦虑，纵使寻医问药，病情也依然一天比一天严重，竟到了卧床不起的地步，最后还是错过了殿试的时间。

病好了以后，颇有些意难平的纳兰性德铆足了一股劲儿，畅游于无涯的书海中。每周三次骑马到老师徐乾学处请教学问，从天破晓到鸦归巢，孜孜不倦。两年后，一部由纳兰性德出资主持的儒学汇编《通志堂经解》面世。作为主持人的纳兰性德瞬间名满天下，为世人所重，康熙皇帝也对他称赞有加。

与此同时，纳兰家又为纳兰性德物色了一位门当户对的媳妇。

这位姑娘是担任过第一届两广总督加兵部尚书、都察院右副都御使衔卢兴祖的女儿——卢雨蝉。

两家人对这桩婚配十分满意，但是不得不遵循"父母之命，媒妁之言"的当事人脸上却没有多少喜色。

卢氏生于北京，长于广州，快成年之时又随父回到了北京，和林黛玉一样，受南北文化交叉濡染熏陶，才藻艳逸。她虽是个女流之辈，素未工诗，没有留下传世作品，但"生而婉娈，性本端庄，贞气天情，恭容礼典"，是个温婉知礼的好姑娘。

他们曾在荷香水榭边牵着手一起漫步，看着灰蒙蒙的天空，那下过一整天冷雨的黄昏总叫人易生惆怅。雨稍停了，他们互道了些解愁知己话，嬉戏着将莲蓊抛进莲花池，希望种出的莲花都如同人一样成双成对。

陪伴的力量让他们在婚后逐渐尝出了一丝爱恋的甜蜜。

不知不觉中,纳兰性德那颗原本冰冷的心开始变暖,卢氏俨然成了他心上的朱砂痣,同白月光一样,是不可或缺的存在。

康熙十五年(1976年),又是一个殿试之年,二十二岁的纳兰性德自然不会再错过这次机会,他一举获得了此次殿试录取进士中的第十名。

满心欢喜的纳兰性德料想自己必定会被授予翰林院庶吉士,但最后却被康熙授三等侍卫,级别为正五品官员,后来又晋升为一等侍卫。御前侍卫一直被认为是美差,但得到美差的纳兰性德却长叹了一口气。他心中追求的是继续攻读经史,著书立说,干出一番实际的事业,并最终出将入相,而不是现在的宿卫站岗和执事当差——这样简单乏味、循环反复的工作。

他一贯是多情而浪漫的,在理想落空后,便将更多的情绪转投在家庭和爱情中。

03

康熙十六年(1677年)的春天,是纳兰性德生命中最难忘记的一个春天。

乍暖还寒的暮春时节,卢氏为他生下了一个儿子,他高兴极了,为儿子取小名海亮。虽然卢氏生产时一度难产,性命攸关,但最终还是顺利生下来了。

本以为好日子要来了，谁料命运再度向他开了个玩笑，一个月后，卢氏因产后感染风寒，香消玉殒。

那天是农历五月三十日。

卢氏死后，纳兰性德陷入无比悲痛之中。他将妻子的灵柩在寺庙里停放了一年多，超过了当时亲王贝勒的停灵时间。他一有空就去寺里陪伴妻子，眼前经常出现妻子的幻影，听见妻子的耳语，梦中也时常出现妻子的芳容。

岁月在流逝，而他对卢氏的爱情未曾衰减，纳兰词中悼亡之哀吟没有停止过。无论是花前、月下，还是清明、七夕，抑或是重阳、忌日，每念及和卢氏生前的恩爱，纳兰性德就有泪如雨，一生如此。

> 谁念西风独自凉，萧萧黄叶闭疏窗。沉思往事立残阳。
> 被酒莫惊春睡重，赌书消得泼茶香。当时只道是寻常。
> ——纳兰性德《浣溪沙》

那些过往"只道是寻常"的日子不再有了。

康熙二十四年（1685年）的冬天似乎格外的冷，纳兰性德病倒了，像十九岁那年一样，寒疾发作。同年去世，年仅三十岁。

纳兰性德与原配卢氏一起合葬到了北京西郊纳兰家族的墓地中，他与卢氏分别八年后又相聚到了一起。

出殡的那天，京城乃至全国各地的文人士子纷纷前来送行，全都痛哭流涕，其中为纳兰性德写了悼词的达上百人。

纳兰性德去世十年后的秋天，他的同事兼好友曹寅在江宁织造任上也曾写诗悼念说："家家争唱饮水词，纳兰心事几曾知？"

又过了很多很多年，曹寅的孙子曹雪芹写了一部《红楼梦》，人们透过宝玉似乎又看到了那个京城里一生注定富贵荣华、繁花似锦的少年，以及他身上永不磨灭的痴情印记。

04

跟纳兰性德一样，曹雪芹也是清朝难得一见的"情种"。只是，纳兰性德把深情赋予了所爱的女人，而曹雪芹却将深情注入了一生的小说创作。

曹雪芹生在江南，就在那有着"烈火烹油、鲜花着锦之盛"的曹府。曹府的全盛时期，与康熙一朝相始终。曹雪芹的曾祖母孙氏，是康熙幼时的奶妈；而曾祖父曹玺，则是内廷二等侍卫，后来被康熙派往江南地区担任江宁织造的肥缺。

由于这层特殊关系，曹雪芹的祖父曹寅十六岁时就开始担任康熙的御前侍卫，跟纳兰性德做过同事，并在曹玺死后"子承父业"，也做起了江宁织造。

康熙五十一年（1712年），曹寅病逝，曹寅的独子曹颙接任江宁织造。然而两年后，曹颙奉旨入京觐见，不幸染上疾病，医治无效去世，年仅二十四岁。此时，曹颙在江宁的妻子马氏已有身孕，这个遗腹子便是曹雪芹。

曹雪芹幼年跟随家人在南京江宁织造府及扬州等地，度过一段锦衣玉食的生活。可好日子没有持续多久，祸变很快就在雍正登基之后发生，夹杂在"接二连三、牵五挂四"的政治事件当中。

雍正死后，乾隆即位，曹家的命运有所好转，曹雪芹也在宫里谋着了一份差事。但这个逐渐复苏的态势，并没能维持多久，这个家族就又经历了另一场变故。这场变故的详情如何，文献中并未记载。据传，十数年间，曹雪芹从小康人家而坠入困顿，感受着人生的冷暖百味，最艰难的时刻，还曾沦落到住在某王府的马厩里，极为穷困窘迫。

乾隆十六年（1751年），曹雪芹来到西山黄叶村，开始了他的另一阶段的生活。在那里，他经历了更艰苦的生计磨折，但也更集中精力进行他的小说创作。

05

《红楼梦》的创作大概是从乾隆八年（1743年）开始的，此后，曹雪芹"在悼红轩中披阅十载，增删五次，纂成目录，分出章回"，整整十年都在不断地写作、丰富和提高。

对此，曹雪芹本人是这样讲的：

浮生着甚苦奔忙？盛席华筵终散场。
悲喜千般同幻渺，古今一梦尽荒唐。

漫言红袖啼痕重,更有痴情抱恨长。
字字看来皆是血,十年辛苦不寻常。

民间传闻曹雪芹写作《红楼梦》时,没有钱买纸,就把旧年的黄历拆开,把书页反过来折上,订成本子,字就写在黄历的背面。

乾隆二十八年(1763年),住在北京西郊的曹雪芹收到了一封书信,信上是一首小诗:

东风吹杏雨,又早落花辰。
好枉故人驾,来看小院春。
诗才忆曹植,酒盏愧陈遵。
上巳前三日,相劳醉碧茵。

——敦敏《小诗代简寄曹雪芹》

这一年是好友敦诚的三十岁生日,他和他的兄弟敦敏热情邀请曹雪芹三月初一小聚,像从前一样赏花聚饮,快意论人生,"相劳醉碧茵"。

然而,今年的敦敏、敦诚兄弟俩并没有如愿等来曹雪芹的赴约,因为曹雪芹的独子病了,不久夭亡。

而曹雪芹在悲痛交加中也病倒了,死于这一年的除夕。

曹雪芹一生遍历苦楚,早年无父、中年丧妻、晚年丧子,人生三苦他都一一体味了。

曹雪芹死后,脂砚斋悲痛万分,屡次在批语中感伤悼念:"书未成,芹为泪尽而逝;余尝哭芹,泪亦待尽!""读五件事未完,余不禁失声大哭,三十年前作书人在何处耶?""今而后,惟愿造化主再出一芹一脂,是书何幸!余二人亦大快遂心于九泉矣!"……

慧极必伤,情深不寿。当纳兰性德的《饮水词》和曹雪芹的《红楼梦》流传天下时,我们是否还会记起它们的背后,曾经站着两个"情种"?

他们将一生所爱,献祭给了时代,如梦如幻,如真如假。

第三记：浮生记奇

一、中国西医往事——康熙为它点赞,孙中山靠它创业

康熙三十一年(1692年),康熙皇帝病了。经过御医诊治,仍高热不退,情况不容乐观。

康熙正值壮年,如果此时病逝,历史恐怕就要改写。

太医院一筹莫展,朝廷只好遍访名医。这时,医师洪若翰、

刘应求见,这两人用的是汉名,其实都是从法国远道而来的传教士。

他们得知康熙得的是疟疾,表态说:问题不大,我们能治。

01

疟疾一般是通过蚊虫叮咬传染,在医疗条件落后的古代常形成疟疾瘟疫,后来,西医发明了医治这种病的特效药——金鸡纳霜(奎宁)。

金鸡纳霜用产于南美洲秘鲁的金鸡纳树树皮研磨制成,被传教的耶稣会士发现,并带到世界各地。洪、刘二人,此时正好收到一包从印度寄来的金鸡纳霜。

自从康熙生病后,和尚、道士等各路神仙大显身手,但都没医好皇上。这时突然来了两个金发碧眼的洋人,朝廷自然信不过,但情势逼人,只得冒险一试。

四名大臣自告奋勇,亲自尝药,为以防万一,他们还找来一些患疟疾的病人服用。患者用药后,果然康复,四名大臣也没有出现不良反应。

康熙这才服下金鸡纳霜,没过多久病就好了。他龙颜大悦,赏赐传教士一间豪宅,允许他们在京传教,还将金鸡纳霜称为"圣药",亲自做药品首席代言人。

这已经不是康熙第一次为西医点赞了。

康熙年间,鲍仲义、罗德先、罗怀忠等西方传教士曾任职于太医院，他们除了为皇帝、王公大臣看病外，还在民间为穷人行医治病。

其中，德国人罗德先医术最为精湛，"精外科，尤善配药，并谙脉理。尝以不治之症验之，无不立愈"。

罗德先曾两次挽救康熙的性命。一次是康熙废太子后，心脏病发作，罗德先为其诊治；一次是康熙上唇生疮，罗德先为他进行手术。

康熙十次出巡，罗德先都随侍左右，康熙还赏赐他价值二十万法郎的金锭，作为酬谢。不过，康熙对西医，只是一种玩乐的心态。从近代西医传入中国，到被老百姓普遍接受，是一个漫长的过程。

02

康熙被称为最懂科学的皇帝。在多次得到西医治疗后，他对西药产生了浓厚的兴趣，下令在宫中开设一间化学实验室，命传教士进行研究。相传，他在听说西方的人体解剖学后，还在传教士的指导下，亲自解剖过一头冬眠的熊。

一个皇帝，整天捣鼓这些玩意儿，是因为明白科技是第一生产力吗？

恰恰相反，康熙学习科技，只是为了炫耀，为了满足私欲。正因为他垄断新知，严重阻碍了先进文明传入中国，才使得西医没有得到广泛传播。

传教士用满文翻译的人体解剖学著作被束之高阁，他分抄三部藏在北京文渊阁、畅春园和承德避暑山庄，近代以后流失海外。

康熙认为，自己有责任让其臣民免受"精神污染"，他传谕："此书不可示诸青年，故书中图形除尔等分任诸员外，不可示诸他人。"意思就是，这部书只有朕能看，小青年别玩这些高端的东西。

康熙也不尊医重卫，相反，他对待这些"洋御医"，仍是一种天朝上国的傲慢态度。

有一次，康熙还取笑跟随传教士入华的医生乌尔达："你治死了多少人？想是尔治死的人，比我杀的人还多了。"说完，康熙自己"大笑甚欢"。

这也不怪康熙对西医有偏见，西医也曾有过野蛮落后的面貌。

中世纪以来，在外科手术还没有成为一门真正的科学时，诸如放血、截肢、伤口包扎等手术，都是理发师做的。他们所用的工具还都是刀、锯、烙铁等，着实让人胆战心惊。

西方医学史上，有一个著名的"死亡率300%的手术"，犯下这一失误的是苏格兰外科手术的先驱——罗伯特·李斯顿。

在科技落后的时代，评价手术的好坏，最重要的标准是"快"。罗伯特·李斯顿，人称"飞刀"，天生一副急性子，据说截一条腿只要二十八秒。

有一次，李斯顿做手术，下手速度太快，失手切断了助手的两根手指，导致对方感染死去，而他的患者也因当时手术消毒尚未普及，在翌日感染去世。更想不到的是，在场观摩的一个同行，因为受到惊吓，也给吓死了。

近代以后，西医通过不断改进，逐渐居于世界领先地位。麻醉学、消毒学等学科迅速发展，外科手术在十九世纪突破了疼痛、感染、失血三大难题，孕妇如果难产，还能安全地进行剖腹产。

医学家刻苦专研，发明了治疗各种疑难杂症的西药与技术，有了缓解破伤风的石碳酸法、解热镇痛的阿司匹林，以及治疗各种皮肤病的碘化钾溶液。中国却未能及时掌握这些先进技术，医学水平仍止步不前。

03

十八世纪末，广州有天花流行，洋商来华贸易，颇感不便。

1803年，在中国贩卖鸦片的英国东印度公司发出一份急电，希望公司送一份牛痘苗到中国。羊城悄悄为西医打开窗口，来华洋商的专聘医生往来于澳门、广州，为中国带来了牛痘接种法。

当时，牛痘接种法已经在西方逐渐普及，天花这一人类史上的噩梦即将走向终结。而牛痘的发明，其实曾从中国的人痘接种法得到启发。

英国医生皮尔逊和葡萄牙医生巴尔米斯到华种痘，在广州大受欢迎。东印度公司的船员发现："中国之人民，平常皆恨我等……只有医学乃系中国之人颇肯信。……中国人亦颇信欧罗巴医道之妙手,即已稍肯就医。"

嘉庆二十二年(1817年),广东人邱熺作《引痘略》,详细介绍皮尔逊等人所传牛痘法,并亲自为数万人接种。

此后,学种痘术的中国人与日俱增,在两广与福建、湖南等省传播,就连力主禁烟的两广总督阮元也对西医颇感兴趣,请邱熺为自己的孙子种痘。

西风呼啸着吹向古老的东方,西方近代医学随风而来。

04

1834年,一个叫伯驾(Peter Parker)的美国传教医师到达广州。伯驾出生于马萨诸塞州一个贫农家庭,在来华那一年取得耶鲁大学医学博士学位。

他来中国,纯粹是因为内心的宗教狂热,可万万没想到,来到中国后他的生活只剩下医学。

伯驾是近代第一名来华的传教医师,他雇用的助手关韬在其指导下,成为第一位掌握西医外科技术的中国人,甚至能独立做肿瘤的临床切除手术。

伯驾不是一个称职的传教士,却是一个优秀的医生,整日被医院繁忙的事务所淹没,乐此不疲。

1839年,伯驾接待过一个特殊的病人——正在广东禁烟的林则徐，病历卡编号6565。

林则徐看一次西医可不容易。

第一次，林则徐托人拜访伯驾，是为了请他帮忙翻译《各国律例》中的若干段落，同时也是为了索取治疗疝气的绑疝带。绑疝带需要外科医生亲自为病人操作，林则徐正在广州焚烧鸦片，不愿意与外国人私自接触，就没有亲自上门，出于医生的职责，伯驾也就没有应命。

第二次，林则徐的病情拖到秋季，越发严重，只好通过一位北京的老朋友，再次向伯驾要一副绑疝带，伯驾还是没有同意。

第三次，一位自称是林则徐弟弟的人登门拜访伯驾，询问医院的情况。据伯驾回忆，此人身材、样貌与林则徐一模一样，还说："凡他适合的托带，必然适合其兄。"伯驾不知来者是不是林则徐本人，但还是将疝气带奉上了。

据说，疝气带送给林则徐后，他身体状况好转，还为伯驾送去水果表示感谢。在鸦片战争前夕，他还曾转托伯驾寻找戒烟之法，帮助中国烟民戒除鸦片瘾。

林则徐对西医的青睐，让伯驾倍感自信，他几次请求登门拜见林则徐，希望能同这位特殊的患者深入交流，却都遭到拒绝。

这对传奇医患究竟是否见过面，成了一个永远的谜。

05

两次鸦片战争后，商人、传教士接踵而至，踏上通商口岸。

与之同时到来的,还有医生。西医学作为一门完整的科学在华传播,一间间近现代医院和诊所在中国拔地而起。

鸦片让中国陷入战争的泥潭和近代百年的屈辱,给中国带来了无穷的灾难。来到中国的西医,却始终没有忘记医学的本质,将社会的医疗保健视为第一责任。

鸦片战争后,流毒还在中国弥漫,中外西医师致力于帮助中国百姓戒烟,在各地设立鸦片治疗所,寻求根治鸦片烟瘾的方法。

十九世纪七十至八十年代,在华传教医师掀起一场"鸦片烟之罪"的讨论,英籍医生向英国政府提出中止鸦片贸易的建议,并就鸦片烟给中国社会带来的灾害进行讨论,从生理、病理和药物学等角度痛斥鸦片贸易的毒害。

英籍传教医师德贞深入中国社会进行研究,发表了长达三万字的论文《论使用鸦片的危害》,他指出:"近代中国人吸鸦片,是欧洲人为了与印度、马六甲及中国进行贸易,而将鸦片作为药物介绍到中国,它导致了吸烟罪恶的扩散……但这一责任是在英国,毋庸置疑,我们是有责任的。"

后来,德贞在北京创办了第一所近代化医院——双旗杆医院,即今天协和医院的前身。

1846年,容闳、黄宽等中国少年成为近代第一批出洋留学的学生。

容闳被誉为"中国留学生之父",活跃于近代中国的政治舞台。而与他同时出国的黄宽却鲜为人知,甚至几无著述遗世,二人境遇截然不同。

实际上，这与二人学习的专业不无关系。容闳学的是法律，而黄宽是一名精通病理学和解剖学的医学博士，曾就读于爱丁堡大学。

留学十三年后，黄宽回到中国，以精湛的医术服务国人。容闳在谈到他这位同学时曾说："以黄宽之才之学，遂成为好望角以东最负盛名之良外科。"

作为第一位全面掌握西医学科的中国人，黄宽倾尽全力于医疗事业，开设诊所，建设医院，沉浸于繁忙的诊疗、教学和研究之中，在广州、天津等地留下足迹，终日默默无闻。

经过长年累月的工作，黄宽积劳成疾，颈项患有痈疽。

一个孕妇难产，请黄宽出急诊，家人再三劝阻，让他为自己身体着想，黄宽却坚持出诊。他对家人说："吾疽纵剧，只损一命；妇人难产，必戕二命。讵能以爱惜一命而弃二命于不顾耶？"

孕妇产后平安，黄宽回家后项疽恶化，不久就病故了，年仅四十九岁。

事了拂衣去，深藏身与名，尽管中国医学的先驱黄宽被历史遗忘了，但近代医学的精神却从此不断流传，直至今日。

据统计，1859年中国仅有西医师二十八人，到1876年，已有教会医院六所、诊所二十四所。1897年有教会医院五十所，到1905年更是发展到有教会医院一百六十六所、诊所二百四十一所、医师三百零一人，分布全国二十余省。

06

1879年,李鸿章的夫人患病,他遍访天津名医,请来十七个医生,都毫无把握,不能对症下药,导致夫人病情加重。

李鸿章一度以为,只能尽人事、听天命了。这时,美国驻津副领事建议李鸿章请西医诊治,于是他请来了当地一个英国医生。

这个英国医生"只先用犀利银刀,就夫人臂上剔皮挖肉,穴一小孔,视种洋豆略为深钜,穴上插一玻璃管,灌以药水,水性下注如泉,未几已挟髓沦肌,药性由外达内"。

之后,医生为她开药方,"用西国平肝散气之剂,药水每用不过一两匙,药末不过一刀圭三两"。经过治疗,李夫人转危为安,一天后饮食如常,身体迅速康复。整个过程其实一点儿都不复杂,就是现在西医常见的治疗方式,只不过中西医各有所长,这名医生找对了诊治李夫人的方法。

李鸿章信任西医,可当1894年,一个学医的青年向其提出救国之法时,他却视而不见。

这名青年在《上李鸿章书》中,建议清政府仿照西方资本主义制度,指出:"欧洲富强之本,不尽在船坚炮利、垒固兵强,而在于人能尽其才,地能尽其利,物能尽其用,货能畅其流——此四事者,富强之大经,治国之大本也。"

遗憾的是,当时正值甲午战争前夕,李鸿章忙于军务,并没有时间接见这个小医生。这个青年医生此后走上了另一条救国之路，他就是孙中山。

1886年，孙中山进入博济医院附设的南华医学堂学西医，后来还曾在澳门开设医馆。在1893年7月的《镜海丛报》上，还曾刊载有孙中山行医的六个病例，可见他也算是当地小有名气的医生。

一个叫武泌的牙患病人，四处求医皆无果，经过孙中山医治后药到病除，且孙医生还不收费用，拒受礼物，可谓医德高尚。这位患者为了报恩，就在广州《中西日报》上登了一则鸣谢启事：

> 复荷先生济世为怀，轻财重义，药金不受，礼物仍辞，耿耿私心，无以图报。谨将颠末，爰录报端，永志不忘，聊摅微悃，不特见先生医学之良，亦以表先生人品之雅云耳。

如此看来，孙中山就是不干革命，当医生也是个好医生，真离不开那条定律：优秀的人做什么都优秀。

二、赘婿的逆袭——靠老婆不丢人

赘婿,旧中国俗称"倒插门"。

所谓倒插门,即男子嫁入女方家中,成为女方家族中的一员,并从此与原生家族毫无瓜葛。

中国的入赘传统由来已久,既有说起源于财产抵押的,也有说是因先秦时期齐国风俗流传的,但更大的可能应该是源于母系社会的残存。

母系社会以女性为主导,男子嫁入女方家中,相妻教子,组建家庭。这种婚姻制度在一定程度上解决了所谓男婚女嫁的问题。但自从进入父系社会后,男嫁女,逐渐变得不那么寻常了。特别是在"三纲五常""三从四德"等儒家思想出现后,更是沉重打击了过去女子为尊的地位。在这种背景下,下嫁给女子的赘婿,社会地位之卑微,可想而知。

01

作为中国历史上千千万万个赘婿中的一员,战国时期齐国的淳于髡绝对算得上其中的先驱。据《史记》记载:"淳于髡者,齐之赘婿也。"

他的初始人生,怎一个"惨"字了得。

淳于髡长不满七尺,在古代,七尺男儿往往代指有能力顶天立地的男子汉,不满七尺,其外形可想而知。

除此之外,淳于髡的"髡",源自古代的髡刑。所谓髡刑,就是将罪犯两鬓的头发剃掉。这种事情,在现代人看来不算什么,不过就是剪个头发。但在古代,身体发肤受之父母,剃头,岂不是要命?

好在经受了多重打击的淳于髡,最终练就了幽默风趣且极富才学的好本领。凭借一身好本领,淳于髡被招入了当时齐国最高学府——稷下学宫,当起了稷下先生。

彼时,齐威王刚刚上位。这位君主一开始做事就特别有个性——他不理朝政,纵情享乐,跟大臣说话,也老是打哑谜,让大家伙儿头疼不已。但在已成为齐国著名教授的淳于髡看来,新王不过是耍小孩子脾气,只要引导得当,成就一番事业,不成问题。

于是,淳于髡投其所好,以鸟不飞不鸣,比喻齐威王无所作为,刺激其奋发图强,最终成就了战国中期"徐州相王"的齐国霸业。

不过,与淳于髡同一时期的其他赘婿们,可就没有这么好命了。

根据湖北云梦睡虎地秦墓中出土的竹简记载,战国时期,魏安釐王曾经下令严禁授予赘婿田地和宅基地,这意味着赘婿一辈子只能乖乖地在魏国境内,听老婆的话,连自立门户都不可以,更别说步入仕途、改变人生了。

即便到了秦国统一天下,赘婿地位依旧低下。据《汉书·贾谊传》记载,"秦俗日败,故秦人家富子壮则出分,家贫子壮则出赘"。意思是说,在秦朝时,有钱人家的男子长大后,家里都会划出财产份额,让其娶妻生子,开枝散叶。只有那些家中壮劳力多且穷苦的人家,才会将自己的孩子抵押给有钱人家,省一笔婚嫁费用,甚至还可换得女方家部分经济补偿,可谓是不亏的生意。

因此,入赘起源于财产抵押倒也说得通了。既然是抵押品,自然也不需要有什么地位了，故这一时期的"倒插门"女婿多半成了老丈人家里免费的劳工。

而在老丈人家受尽磨难的赘婿们，到了社会上同样被鄙视。在当时，人分三六九等，秦始皇就曾颁布诏令，将赘婿、商人、罪犯等列为同一级。遇到战争时，他们将是第一批被发配到边疆服劳役的。《史记·秦始皇本纪》中就有记载："三十三年，发诸尝逋亡人、赘婿、贾人略取陆梁地。"由此可见，在秦始皇眼中，这些入赘男子和犯人没啥区别。

即便到了汉文帝时期，尽管朝廷一再下令禁止对犯人使用黥（刺面）、劓（割掉鼻子）、刖（砍断脚）、腐（去势）等先秦残忍刑罚，但在赘婿问题上，开明的汉文帝却依旧满是鄙夷。据《汉书》记载："孝文皇帝时，贵廉洁，贱贪污，贾人赘婿及吏坐赃者，皆禁锢不得为吏。"说白了，赘婿和商人、犯人等地位相近，禁止进入仕途，改变命运。

而到了汉武帝时期，随着对外征伐战争的不断延续，汉朝国力损耗严重，为了扩充兵员和维持战争运转，赘婿及囚徒们又通通被征召到前线，成了保护汉朝士兵生命的"炮灰"。

总而言之，生活在这一时期的赘婿，就如草芥，卑贱如泥。

02

在魏晋南北朝时期，赘婿不用再上前线送死，但大众对赘婿的蔑视并没有减轻。直到盛唐的出现，赘婿才总算能松了一口气。

由于盛唐处于中国古代封建社会的繁荣上升期，因此，无论是在国家政策层面，还是在民间风俗习惯上，禁锢人性的封建礼教都不像后世朝代那样严格。男子大胆择偶、女子离婚再嫁是常有的事儿，与其他朝代相比，在唐朝上层社会中还实行着多重形态的"多偶制"。如皇帝三宫六院七十二妃，王侯贵族、富商巨贾，多则妻妾成群，少亦三妻四妾，就连与妻子感情甚笃的白居易，在正室之外，也有樊素、小蛮等姬妾。

唐朝贵族男女都较为开放。武则天在当唐太宗才人时，私通皇子李治，成为皇帝后又公开收养面首；高阳公主私通辨机和尚；上官婉儿风流成性；作为皇家驸马爷的郭暖，则胆敢借着酒劲"家暴"公主。

隶属于唐朝婚姻制度的入赘制度，也得到了最大程度的解放。根据《旧唐书》记载："婚嫁之法，男先就女舍，三年役力，因得亲迎其归。役日已满，女家分财物，夫妻同车而载，鼓舞共归。"也就是说，从唐朝开始，赘婚不再是完全没有人身自由的"质押品"，而是与岳父家存在一种契约关系，男方只需要在岳父家卖力干活，以三年为期限，时间一到，就能拿到岳父分给自己的财产，拉着自己的媳妇，大大方方地回到生身父母身边或者另立门户，组成自己的小家庭。

随着社会对赘婚的态度发生转变，"倒插门"的联姻也逐渐为人们所接受，并盛行一时。

03

作为唐代最伟大的浪漫主义诗人,"诗仙"李白也是赘婿。史载,李白一辈子与四个女人同居过,其中一前一后两任夫人都是宰相家的小姐:一个是宰相许圉师的孙女许氏,一个是宰相宗楚客的孙女宗氏。

虽然大唐时期的赘婿地位有所上升,但入赘始终是低人一等的。作为"安能摧眉折腰事权贵"的有骨气的诗人,这种自降身份的事情,李白做起来怎么又如此心甘情愿呢?

其实这句诗,不过是他在长安受冷遇后,发牢骚所作。毕竟在此事发生以前,他还曾留下了"仰天大笑出门去,我辈岂是蓬蒿人"的豪言壮语,说明他打心眼儿里还是觉得自己是当官的好材料。只不过他到京城走了一遭,发现自己只能混个翰林供奉的名号,未能接触实际政务,因此心情相当失落。

按唐朝科举制度的设定,凡从事工商活动的人一律不准参加考试,很不幸,李白就是这类人。为了早日实现自己为国效力的愿望,李白意识到人脉是个关键因素,于是,在"天府之国"生活了二十四年的李白,踏上了远游的征途。

在此次长达三年的旅途中,他沿长江自西向东,游览了三峡、荆门、扬州等地,在路上结识了一批如孟浩然、杜甫等与自己志同道合的文人。在新的人脉关系下,孟浩然为李白牵来了人生中的第一根"红线"——已故宰相许圉师的孙女许氏。

许氏的曾祖父许绍,与唐高祖李渊是同学,自小认识。大唐建立后,许绍凭着这层关系及军功,进爵大唐国公之列。因此,许氏家族在当时的唐朝也算得上是百年豪门。

按说在古代,有"父母之命,媒妁之言",男女双方的婚姻基本就尘埃落定了。可这也得看男方家是否与女方门当户对,很显然,李白还差得远。

为了不错过好姻缘,李白只能选择入赘。

正式入赘后的李白,也重新燃起了入仕当官的热情。经过一番深思熟虑后,开元二十二年(734年),李白向时任荆州长史的韩朝宗递交了一封信,即《与韩荆州书》。在信中,李白赞美韩朝宗礼贤下士,并趁机附上了自己的简历:"白,陇西布衣,流落楚、汉。十五好剑术,遍干诸侯。三十成文章,历抵卿相。虽长不满七尺,而心雄万夫。皆王公大人许与气义。此畴曩心迹,安敢不尽于君侯哉!"

这封信递出去后,犹如石沉大海,没有下文。李白的入仕之梦,就此泡汤。但好在孟浩然这个媒人当得还算可以,许氏也走进了李白的心中。没能收获功名的李白,反倒收获了爱情,与许氏育有一子一女,子曰李伯禽,女曰李平阳。

不过,美好的时光总是短暂的。没过多久,李白的第一任夫人许氏因病去世,李白也因此离开了岳父家。

当李白遇到宗氏并再次入赘时,已是四十多岁的中年男人。这些年没了许氏的他,又先后与两个女人生活过,并诞下一子。尽管如此,这位出身宰相家族的宗氏夫人却没有冷落李白,反而与之感情颇深。当时李白卷入永王谋反案,按罪当斩,宗氏为了救他，不惜动用家族关系，才使李白有机会改判流放，留下名篇《早发白帝城》。

04

自从出了李白这种名闻天下的赘婿之后，到了宋代，入赘已经不是什么丑事了。

那些想一朝鲤跃龙门的穷苦汉子，更是大有人在。若能入赘到女方家中，好歹算岳丈大人的"半个儿子"，即便不能得偿所愿，至少不会太穷。宋人范致明在《岳阳风土记》中记载，"生男往往作赘，生女反招赘舍居"，说明那个时候，在今天湖南一带，男人入赘已经成了一种正常现象，不入赘反而不正常。

在宋代诸多赘婿的身影中，有一个身影比较特别，他就是宋太祖、宋太宗兄弟俩的父亲——宋宣祖赵弘殷。尽管拥有庙号，但他一天皇帝也没当过。

关于宋宣祖的入赘事宜，在北宋范镇的《东斋记事》中可以查阅到：赵父自何朔来，至杜家庄院，当时大雪，不得前行，避于门下。久之，看庄院的人私下给他送饭，见其状貌奇伟，又十分勤谨，于是告诉主人。主人出见，爱之，遂留下赵父，并让他成为女儿舍居婿。

凭借自己的才能和岳父的帮衬，赵弘殷步步高升，成为后周世宗柴荣的部将，并为赵匡胤兄弟打下坚实的物质基础。赵匡胤后来才得以成为后周世宗的托孤大臣，并以"黄袍加身"换来了一番帝业。

　　正因全民喜行赘婚，所以立法之人不得不对这个群体做出较为明确的法律规定：在婚书制度上，此时的赘婚与明媒正娶者相同，朝廷会要求在问名和纳吉两个阶段中男女双方各签一份婚书，并注明男子入赘身份。同时，朝廷也对赘婿的同居时间进一步放松，从唐代的三年变成了没有时间限制。但为防止心怀叵测的赘婿侵吞岳父家财产，除丧葬费用外，赘婿所能继承的财产也从原来的三分之二，锐减到十分之三。

　　尽管宋朝时期的赘婚现象普遍，且受法律保护，但在传统婚姻家庭中，赘婿始终是婚姻的被支配者。用来束缚宋代女性的"七出"之规，到了赘婿这儿，也同样适用。

05

　　元朝是中国历史上一段十分特殊的历史时期。作为中国首个以少数民族——蒙古族为统治主体的王朝，蒙古族旧制和汉人文化相互交融，在赘婚现象上也产生了诸多特殊的要求。

　　赘婚形式在蒙古族内部早已有之，且十分流行。蒙古人将赘婚称为"库儿坚"，意即将男子送入女方家。作为赘婿，大蒙古国的开创者成吉思汗早年间就曾入老丈人德·薛禅家住过一段时间。但鉴于汉人内部始终对入赘一事"耿耿于怀"，元代统治者决定取消元以前赘婚服役三年分财产的制度，改将赘婚划分为养老、年限、出舍、归宗四种方式。

所谓养老型赘婿,就是终身服侍老丈人;而年限制,就是原来的三年服役分家产;至于出舍,则是服役期满后,允许赘婿自立门户;而归宗型,就是赘婿服役期满后,可以选择离婚,回家认祖归宗去。

以往朝代对赘婿虽然有这些形式上的划分,却从没有订立制度,对于赘婿,元朝的统治者算是给予了前朝未曾有过的宽松政策。

元朝曾一度废除科举制度,仅在元仁宗时期实行"以儒治国"时短暂恢复过。但元代官方始终没有禁止赘婿入仕当官,甚至有不少人是中举之后再入赘。这在元杂剧创作中,有较为明显的记录:如《破窑记》中,吕蒙正为穷酸秀才时,与刘月娥相爱,但直到中举后,刘员外才让吕蒙正入赘,当自己的上门女婿。而在另一出元杂剧《东墙记》中,也有书生马文辅高中后入赘董家、成就美好姻缘的故事。

或许是出于同情,元代统治者废除了赘婿只能继承岳父十分之三财产的规定,改为赘婿继承十分之七,岳父家传十分之三,并规定养老送终型赘婿必须有岳父财产的继承权。而元代《通制条格》中还规定:"只有一子者不许出赘,若贫家只有一子,立年限出舍者,听。"总之,元代的入赘不再是强行的,成为赘婿之后,发展方向也是多种多样,任君选择。

06

元朝灭亡后,中国进入了封建时期的最后两个王朝。明清时期是中国皇权专制的最后岁月,无论是中央集权的官僚政治,还是社会经济的恢复发展,都达到了前所未有的水平。

赘婿发展到此,也产生了史上最牛的"倒插门"女婿——左宗棠。

作为晚清湘军著名统帅之一,左宗棠在成名前是湖湘周家的上门女婿。前文提到,湖湘人士在宋代时就有招婿入赘的传统,所以左宗棠的入赘多半与地方习俗有着一定的关系。

左宗棠出生在一个书香世家,祖上七代皆是秀才,左家传承到他这一代已经家道中落。按照传统,左宗棠十五岁那年就在"父母之命"中完成了古代婚姻的第一个流程——问名,算是正式进入订婚阶段。然而,接下来左家发生的一切出乎所有人的意料,先是左宗棠的母亲因病去世,随后左宗棠的父亲也撒手人寰。短短几年间,左宗棠从一个待娶少年成了无人问津的孤儿。更雪上加霜的是,这些年左宗棠曾多次参加科举考试,每每名落孙山。

眼见婚期将近,周家决定敦促左宗棠早做决定。此时接连遭遇双亲去世、科举不第的打击,左宗棠的日常生活都有问题了,哪还有精力完成接下来的婚礼安排,于是婚姻之事一拖再拖。

而周家面对这桩婚姻更是着急,思来想去,左宗棠的准岳父周系舆向左宗棠提出招婿入赘的要求。这既可以解决女儿的出嫁问题，又可以解决左宗棠的生活问题。心中略有愧疚之意的左宗棠，最终答应了岳父的要求，在湖湘周家当了十多年的上门女婿。

由于此时的赘婿已经可以自立门户了，因此"嫁入"周家的左宗棠并不着急。作为赘婿的他，除了继续参加科举考试外，也应湖南巡抚吴荣光的邀请，去湖南渌江书院主持教学，同时在家研究中国地理，绘制中国地图。

对于左宗棠，周家二老并没有半分轻视，再加上周家向来开明，左宗棠的夫人周诒端更是贤惠，在岳父全家的鼎力支持下，左宗棠终于凭借推动洋务运动、收复新疆等多项功绩，成为名垂青史的民族英雄。

三、武状元简史——历史上的"武林盟主"

清光绪二十四年(1898年),直隶开州(今河南濮阳)人张三甲,来到戊戌政变后的京城。

张三甲此行的目的,是参加武举会试。此前一年,他参加乡试,不负众望,以精湛的武功,考取了武举人,现在是进一步获取功名的时候。

张三甲是当年武状元的热门人选。他出身武术世家，自小习武，据说十四五岁时，曾将邻家门前两个数百斤重的石狮子举过头顶，玩耍一阵后放回原地，面不改色气不喘。

他拜在武林名师杨国昌门下，"弓、剑、刀、石，色色冠群"，是杨门的希望所在。

参加会试的武举人，大多出身豪门富户。张三甲家境一般，朝中又无人，心灰意冷了一大半，只想着耍耍武功露露脸，然后就打道回府了，没想到会试竟拿了个头名。

武进士已经到手，还可以更进一步。

殿试中，张三甲手提一把一百八十斤重的大刀，威风凛凛。他摆定架势，挥起大刀，前后左右寒光闪闪，只见刀光，不见人影，如蛟龙潜水，似鲲鹏展翅，令人目不暇接，望而生畏。

突然"哐啷"一声，大刀落地，全场愕然。

张三甲处变不惊，用脚尖一挑，大刀顺势飞起，正落在手中，他接着连耍数招，全程如行云流水。

凭借这次出色的"救场"，张三甲一举夺得武状元，钦命御前头等侍卫。

春风得意马蹄疾，张三甲匆忙回乡省亲。

直隶省城、开州等地方官员和名流，络绎不绝地登门拜访，赠匾道喜。张三甲天天忙于应酬，迎来送往，回乡十几天便患了重病，卧床不起，经多方诊治无效而死，年仅二十二岁。

一切加诸于身的功名荣耀,戛然而止。

张三甲衣锦还乡的时候,废除武举的呼声已经响彻晚清。他这个极具悲剧色彩的人物,最终成为中国最后一个武状元。

悲剧沾染了传奇,如此而已。

光绪二十七年(1901年),清政府宣布永久废除武举考试制度。

张三甲之死,成为中国一千二百年武举制度的一个隐喻:当一项制度制造出来的顶级精英,命运竟然孱弱如此,这项制度本身的命运也就到头了。

01

中国的武举制度,创始于武则天长安二年(702年),此后,尽管历朝历代不时有废除或停止武举的政策,比如元代不搞武举,明代前期也不搞武举,但就历史大势而言,武人终于像文人考科举一样,有了一条常设的晋升通道,可以实现阶层流动。

直到清末永久废除武举,这项考试制度前后存在了一千二百年。

然而,迄今为止发现的有名可查的武状元,不过二百八十人左右。算下来,平均每四年多,才有一个武状元。

武状元如此少,一个原因是确实难考,另一个原因则是中国文人对武人的鄙视。

我们都知道,武状元、武进士的名字和生平等要流传下来,靠一双拳头打遍天下是没用的,终归还是得靠文人的一支笔,尤其是历代修史者的那支笔。

很不幸,那支掌握话语权的笔,不仅文人相轻,文武更相轻。北宋修史的欧阳修,就直接撂下一句话,说武举毫无价值,史书无须浪费纸墨。

完了,有了这句话,唐代的武状元状况,后人基本就无从得知了。

按照唐朝的武举制度,一年一考,少说也诞生了一两百名武状元。但我们现在知道的唐代的武状元(含武进士)只有四十一人。

这四十一人中,有十九人籍贯不详。剩下二十二人,山西一省就拿下十一人,占了一半。可见在唐代,山西人的武功是最硬的,打遍天下无敌手。第二是陕西,国都所在,出了四个武状元。第三是河北,占了两个。

天下武功,半出河东(唐代河东,主要指山西一带),山西人凭什么撑起了武举制度的半壁江山?

山西是大唐的发家之地。唐高祖李渊起兵反隋,虽然依仗关陇集团的支持,但其发兵的武力支撑来自山西。晋阳(今太原)首次起兵,对于李唐王朝的意义可想而知。

此外,唐代的山西,经济地位类似今天的广东,实力雄厚,无疑也是催生武状元的适宜土壤。其他地方连饭都吃不饱,还有力气习武吗?

山西人能打,恰好唐代的武举,是百分之百纯武举,只考武不考文。这样的制度简直是为山西人量身定制的，想不赢都难。

唐朝武举的科目，大致分为三类：

一是考射箭，分为马射和步射；

二是考体力，有翘关和负重。"关"是过去城门用的长门栓，所谓"翘关"，即要求武人单手握门栓的一端，用力把门栓平端起来。负重一科，则要求武人背着五石（约三百千克）米往前走，走的步数越多，成绩越好；

三是考身材和言语，就是看你是否高大、威猛，以及回答问题的表述是好是坏。

到了宋代，武举的考试重点变了，山西"武状元省"的宝座也就不保了。

02

武举制度的设立，是为国家选拔靠谱的武将。武将的素质肯定要全面，武功、谋略、战术、大局观、忠诚度，都非常重要，只有一身蛮力是远远不够的。

宋代对整个武举制度进行了完善，其中最主要的是对考试科目重划重点。

具体来说，宋代武举分为比试（资格考试）、解试、省试和殿试四级，考试科目既考武艺，又考程文。

武艺科目包括弓步射、弓马射、弩踏、抡使刀枪等器械，仍以步射、马射为主，即主要看射箭成绩。

科目的变更是根据当时的战争需求设立的。唐代的翘关、负重等科目，到宋代，被挽弓开弩取代，通过拉弓弩的幅度，测试武人的力量。

宋代比唐代增设了程文（一般称为"内场"）考试，包括策问和兵书墨义。也就是说，宋代的"术科"要考文化课，既要根据时务边防进行答对，类似于现在的申论，也要讲解兵书的主要意思，相当于现在的默写原文加阅读理解。

而且，文化课的难度和占比还挺大。

当时的武学（类似公办武校），对那些文化课很好但武艺一般的学生，都会格外开恩，列为优等生，尤其照顾那些知阵法、懂谋略的考生，武艺不及格也不要紧。

宋仁宗天圣八年（1030年），仁宗"亲试武举十二人"，主要考骑射和策问，以策问为主，即"以策为去留，弓马为高下"。这说明，宋代皇帝确实重文轻武，选武进士，文化课还是排第一位。

这些改革，有利于促使武人从四肢发达头脑简单，向有智慧的方向发展。但随之而来的，是"武状元省"的转移。

唐代武功独步天下的山西，此时被浙江取而代之。两宋共产生武状元七十四人，除去籍贯不详者二十四人（大部分为北宋武状元），剩下五十人中，浙江一省二十四人，几乎占了一半。福建这一时期有十五名武状元，也相当厉害，仅次于浙江。

可以看出，两宋武状元的地域分布，与文状元的分布基本一致。

浙江省内，平阳县两宋时期出了十四名武状元，由此被誉为"武状元之乡"。同时期，东阳县也将六顶武状元桂冠收入囊中。

这不难理解，因为经过宋代的武举改革，武举名为考武，实为考文，哪些地方文风盛，文武状元也就更多。

还有一点必须说明，南宋的地盘被局限在南方，北方很多省份无缘参加南宋武举，这也使这一时期的武举成为南方各省的专属舞台。

北宋继承和改革武举的初衷，是要通过"海选"求得将帅之才，但实际与这一目标相去甚远。武举人、武进士，不是被安置在京城负责捉贼、当骑兵教练，就是被派往边疆一线，充当士卒，离将帅的距离差得不止一点两点。

原因，当然出在制度上。只要是考试，就会存在应试教育，宋代也不例外。所以当时的情况，朝廷归结为"所取非所用，所用非所学"，就是考试跟实战脱钩了，武进士到了实战中，大多不堪大用。

因此，唐代武举还有郭子仪撑门面，宋代名将却基本不是武举出身，被人津津乐道的，竟然是一个九岁的武状元朱虎臣，这不能不说是一种讽刺与悲哀。

03

相比南宋偏安一隅的政治局面，明代版图扩张，让武状元的地域分布更加广泛，遍布全国。那么，大一统的明代，哪个地方最出武状元呢？

答案得从武举的考试重点去找。

朱元璋曾说，武举"是析文武为二途，自轻天下无全才矣"。武学、武举遂被打入冷宫，直到明朝立国百年后，武举才恢复正常化。

就考试内容和侧重点而言，明代几乎是宋代的翻版，相当重视文化课成绩。

以乡试（省考）为例，明代规定要考三场：第一场考骑马射箭，以三十五步为准；第二场考跑步射箭，以八十步为准；第三场笔试，或问古兵法，或问时务。

这些考试内容，尤其是射箭一项，从唐到清，整个冷兵器时代都未被淘汰，说明它有很实用的一面。

古代作战，弓射最具杀伤力，也最难防备。八十步以外，一箭射去，效果和现在用枪差不多。所以当时武举考射箭，道理跟现在的士兵练射击打靶是一样的。

至于徒手搏击这一类的传统武术，在战场上几乎是不可能出现的，所以从未被列为考试重点。

万历末年曾有过一次关于武举改革的讨论，有朝臣主张设"将材武科"，初场试武艺，内容包括马、步箭及枪、刀、剑、戟、拳搏、击刺等法；二场试营阵、地雷、火药、战车等项；三场各就其兵法、天文、地理所熟悉者言之。

显而易见，这是一个具有远见卓识的提议，可惜并未引起朝廷重视，只是说说罢了。

由于文化科目的比重仍然很大，明代出文状元的地方，也盛产武状元。

整个明代有武状元五十二人，其中籍贯可考者四十五人。

这四十五名武状元中，江浙两省分掉一半。其中，江苏十三人，浙江十人。接下来，安徽四人，排第三。全国前七名的省份里，除了陕西，都位于南方，这与文状元前五名的省份高度重叠。

按南北来分，明代武状元三十九人出自南方，占87%；仅有六人出自北方，占13%。

南方人武举厉害，除了前面讲到的文化课占优势，还有一个重要原因：明中期沿海倭患严重，促使当地居民重视武艺，形成习武的氛围。

在倭患最严重的嘉靖朝，十二名籍贯可考的武状元中，就有九人来自江浙地区。可见，倭寇侵扰对武状元地理分布的影响还是很大的。

到了崇祯时代，面对内忧外患，崇祯帝锐意重武，力图改革武举重文轻武的旧习。

崇祯四年（1631年），参加武会试的举子中，能使用百斤大刀舞刀花的，只有王来聘、徐彦琦两人。发榜后，徐彦琦榜上无名，崇祯帝认为有人作弊，将考官、监试御史等一大批官员下狱、撤职，再命人重新主持复试。

此后，直到明朝灭亡前一年，每隔三年，崇祯帝都会亲自主持殿试，钦点武状元，封官许愿赐战袍，在特殊年代，给予了武状元无上的荣耀。

尽管这一切并不能挽回大明的落日余晖。

04

清代的武举比以往任何时代都更受重视，武状元授官也比前代优厚许多。一旦钦点武状元，立马从平头百姓成为正三品将领，不是授予参将就是紫禁城中的头等侍卫。

清朝皇帝个个精明得很，武举一方面是精选将才，另一方面是"别有用心"。怎么个"别有用心"法？社会上的武艺精英，即使什么也不干，只是通过选拔将这些人豢养起来，也总比留在社会上谋反生事强。

清代武举一改宋明两代重文轻武的趋向，在沿袭明代考试制度的基础上，将录用标准逐步恢复到注重武艺的本质上。

让北方武人屡屡吃亏的文化科目，在清代渐渐往容易的方向改革：考策、论文章，"策"相当于问答题，"论"是按试题写一篇议论文。

顺治时定为策二篇、论二篇，题目选自"四书"和兵书。康熙年间改为策一篇、论二篇，策题出自《孙子》《吴子》《司马法》三部兵书，论题只从《论语》《孟子》中出，考试难度有所降低。乾隆时,进一步缩小命题范围,规定题目都选自《武经七书》。

到嘉庆年间,朝廷考虑到武人多不能文,所考策、论多不合格,而不少外场成绩突出者又往往败于内场,于是干脆废除策、论,改为按要求默写《武经七书》中的一段,通常只要默写一百字左右。

这已经把文化科目考试的难度降低了很多,内场考试的水平越来越低,最后差不多只是走形式了。

文化科目在武举中沦为陪衬,结果是北方省份终于压过南方省份,在武状元数量上包揽了前两名。

清代共有一百零九名武状元,直隶(今河北、北京、天津全部以及河南一小部分)占了四十一名,山东占了十四名。这两个典型的北方省份,一举拿下全国武状元的一半名额。

明代武状元人数最多的江浙两省,此时并列第三名,分别有七名武状元。

全国武状元人数前七名的省份,除江浙两省外,都是北方省份,与明代的情况,形成了有趣的反差。

河北人突然发力,碾压全国,与该省武风素盛分不开。但还有一个主要的原因,河北拱卫京师,清代给的乡试名额比其他省份多,享受政策性的照顾。

自唐代以来,武功最高、武状元最多的省份,兜了一圈,终于又回到北方。

晚清西方列强的坚船利炮，进一步突显了传统武举弓矢刀石的可笑。

1901年7月，两江总督刘坤一、湖广总督张之洞联合上奏，请求与时俱进，废除武举，理由是"硬弓刀石之拙，固无益于战征；弧矢之利，亦远逊于火器"。武举选拔出来的人才，武功再高，也敌不过枪炮，这是赤裸裸、血淋淋的事实。

一个多月后，清廷下旨，宣布永远停止武举考试，河北人作为武举制度最后的赢家，黯然散入江湖。

四、明清海盗简史——中国古代的大海贼王

当自称"净海王"的大海商汪直被处死的时候,明朝嘉靖皇帝以为,帝国的海疆终于安宁了。

这是嘉靖三十八年,即1559年。

在此前的三十多年里,这名以权力制衡出名的皇帝,厉行了

明朝最严酷的海禁政策,由此导致东南沿海"倭患"不断。

汪直是继许栋、李光头之后,垄断帝国东南沿海与东南亚、日本走私贸易的大海商。他的大本营设在双屿岛(今浙江舟山),最鼎盛时拥众十万余,大小船只无数,过往的商船都要打着"五峰"(汪直,号五峰)的旗号方能通行。不过,在明朝官方看来,他们都是帝国"倭患"的根源。

为了抗倭,浙直总督胡宗宪与汪直的海商集团斗智斗勇多年,最终在1559年将汪直诱骗入杭州,并进行抓捕。

汪直被朝廷处死后,双屿岛作为官方认定的大贼窝,也被捣毁了。然而,出乎明朝君臣意料的是,一个新的"双屿岛"迅速形成。

被朝廷军队击散的倭寇和海盗沿着海岸线南下,一直到了闽粤交界的海面上。在那里,一个三不管的小海岛及本土的海盗团伙接纳了这股逃窜的海上力量,随后野蛮成长,很快就发展成为让帝国官员头痛不已的海盗巢穴。

这就是南澳岛(今广东汕头南澳县),面积仅为一百一十三平方公里左右,约等于三个半澳门。

在此后一百多年的时间里,明清帝国针对以南澳岛为中心的海盗势力的斗争与博弈,深刻改变了闽粤两省乃至整个中国的历史走向。

01

准确地说,在汪直集团被摧毁之前,闽粤交界的潮州府,包括南澳岛一带,海盗势力已经颇有声势,只是尚未引起官方的重点关注。

这整片地方,今天统称为潮汕地区,涵盖潮州、汕头、揭阳三市,是一个三不管的海岛。

南澳岛早在南宋时期就成为海盗巢穴。

史载,宋孝宗淳熙七年(1180年),一个名为沈师的大海盗"啸聚甚众,犯南澳,岭东震动三月"。时任广东常平提举的杨万里集合数郡兵力,总算平定了沈师之乱,沈师因此在史书中被称为"海上剧寇"。

到了明朝,南澳岛上原本有民户居住,但在海禁的基本国策下,官方担心岛民作乱,将他们迁往大陆,"遂虚其地,粮因空悬"。

在朝廷看来,一座无人荒岛是最安全的,但在另外一些人眼里,这就是啸聚的天然据点。

嘉靖时人陈天资在《东里志》中记载:

(南澳岛)惟深澳内宽外险,有腊屿、青屿环抱于外,仅一门可入,而中可容千艘。番舶、海寇之舟,多泊于此,以肆抢掠……长沙尾,西跨南洋,近于莱芜澳,为船艘往来门户,海寇亦常泊焉。

也就是说，在嘉靖时期，南澳岛上的深澳、长沙尾等港湾，早已成为海盗聚众泊船的据点。

当时活跃于漳州、潮州地区的重要海盗集团，几乎都在南澳岛有根据地。日本商人也循声而来，每年五月定期在岛上搭棚贸易，当时人说"刀枪之类，悉在舟中"，看得一清二楚，然而贸易各方都习以为常。

双屿岛被摧毁后，海上武装势力盘踞的南澳岛才彻底暴露在朝廷的视野之内。

02

提到南澳岛最早崛起的大海盗，最有名的是许朝光和吴平。

许朝光是广东饶平人，本姓谢。传说他幼年时，父亲被大海盗许栋掳杀，母亲则被许栋霸占。因许栋无子，遂收其为子，并改姓。

传说中，许朝光长大后，听其母讲述身世，怒不可遏，遂趁许栋从日本贸易返回南澳岛途中，伏兵刺杀了这名纵横四海的养父。而在历史记载中，许栋则死于嘉靖"禁海名臣"朱纨之手。

1550年左右，包括许栋、李光头在内的九十六名"倭寇"和"海盗"，被朱纨下令处死（一说许栋成功逃逸，不知所终）。同时，朱纨指责闽浙两省的世家豪族勾结倭寇，这引起了两省豪门大族的恐慌，他们纷纷动用关系，弹劾朱纨越权擅杀。

在巨大的压力下，朱纨最终喝毒药自杀，临死前，他颇为无奈地说："纵天子不欲死我，闽浙人必杀我。"

总之，许栋死于养子的刺杀或许只是许朝光发迹前后自我宣传的虚构事迹。但因为这个故事体现了维护伦理、崇尚复仇至上与胜者为王的原则，所以得到了海盗群体和潮汕民间的广泛传播。

可以确定的是，许朝光崛起后，自立为"澳长"。他将今南澳岛后宅镇一带作为根据地，在那里修宫室、建敌楼、筑城寨，同时将势力扩张到牛田洋、鮀浦诸海口。

史载，许朝光控制的海港，但凡商贾往来，都要交保护费买平安，名曰"买水"。这种开创性做法，随即被其他海盗帮派学去，与官府争夺商税，成为各大海盗集团的稳定收入来源。

嘉靖四十年（1561年）前后，许朝光多次联合倭寇劫掠潮汕沿海村寨，引起很大的震动。

地方官府兵力松散，防备吃力，只得对许朝光采取招安政策。许朝光同意招安，但提出了一系列苛刻的条件：

本人入城招安，入城后不能关闭城门，不能斥去左右随从，不能解除随从所持兵器。各城门都要兼备本人手下人员守护。入城时应当用特殊礼宴请，县佐首领官必陪在身旁，宴毕后必立即出城，不能命令我等拜见府道大人。

官府最终任凭许朝光的大队人马进城，名为招安，实际上对其毫无约束力。乾隆版《潮州府志》载："（许）朝光居大舶中，击断自恣，或严兵设卫，出入城市，忘其为盗也。"

许朝光后来被手下头目莫应夫刺杀，当时已是嘉靖朝的最后一年——1566年，此时，朝廷针对潮州府海盗的剿杀也进入了尾声。

03

许朝光曾经的对手、闽粤海盗巨魁吴平，因为势力太大，最终震动朝廷，引发闽粤两省联合剿杀。

吴平是福建诏安人，自幼聪慧好兵，曾在有钱人家做家奴，遭到女主人虐待，遂入山为寇，后又出海为盗。传言吴平得势后，掳掠了原先虐待他的女主人进行了残酷的报复。

史载，吴平颇有谋略，抗倭名将戚继光"犹惮（吴）平，平所设奇，皆与相当，号为劲敌"。这个有头脑的大海盗，得到同时期海盗头目如许朝光、林道乾、曾一本等人的推崇，吴平也当仁不让，以闽粤海盗的总首领自居。

当时，活跃于南澳岛海域的大海盗之间形成了一张错综复杂的关系网，不过，海盗之间往往只有利益，没有情义。

当吴平在南澳岛东北角筑寨之时，手下"战舰数百，聚众万余"。许朝光担心吴平会蚕食自己的势力，设计挑拨吴平父子关系。吴平中计，在醉酒之后怒杀了自己的儿子，待到酒醒，后悔莫及，举兵与许朝光火拼。双方大战于南澳岛中部的牛头岭，战斗激烈，人头滚地，迄今牛头岭仍有"人头岭"的别称。

许朝光战败，退守自己的据点，而吴平则进一步奠定了自己海盗霸主的地位。

但南澳岛一带海上巨寇的养成，已经引起了朝廷的重视。

潮汕地区人多地少，民众大多以海为生。即便是在明朝的海禁国策下，潮汕人也未停止与东南亚、日本等地的海外走私贸易。待到嘉靖后期执行明朝史上最严厉的海禁政策时，潮汕人为了生存，只能游走在亦商亦盗的边缘，身份模糊。

时任潮州知府的江西人郭春震指出，潮州海患严重的主要原因，是本土海盗具有广泛的社会基础，当地人驾船挟货，往来东西洋，将"通番"贸易视为家常便饭。

嘉靖皇帝却不认为是他的海禁政策催生了海盗集团，他认为是地方官府的纵容私通、武力不济，才养成了一个个海上大盗。

嘉靖四十二年（1563年），潮州府增设澄海县，与南澳岛隔海相望，以加强对地方的行政控制。新设的县取名"澄海"，表明那里海宇未靖，朝廷希望此后能够剿灭海寇，"澄清海宇"。在此前后，潮州府下饶平、惠来、普宁等县的设置，也大致出于同样的原因，县名均取同样的寓意。

当吴平的声名传到帝都，朝廷将他视为"广东巨寇"的时候，嘉靖皇帝震怒了。他要求闽粤两省"严督兵将，协心夹剿，以靖地方"。于是，两广提督吴桂芳与福建巡抚汪道昆协同部署，督令总兵俞大猷、戚继光率军水陆并进，直取南澳岛。

经过数场恶战，嘉靖四十四年（1565年），吴平的海盗集团在福建海域被戚继光部击沉战船百余艘之后，退据南澳岛，筑土堡木城，准备作最后的反抗。

与此同时，戚继光的军队也登上南澳岛，而俞大猷则统率三百余艘战船与戚继光会师。在人称"俞龙戚虎"的朝廷两大抗倭名将发动最后总攻之前，朝廷的战船已将整个南澳岛团团围住，防止吴平的人马逃窜。

此战，吴平的海盗集团被杀、被擒一千五百余人，烧死、淹死五千余人，主力被消灭殆尽。

尽管如此，在明军水陆兵的强大攻势下，吴平还是率残部逃出了包围圈。

史载，吴平辗转逃到了安南（今越南）万桥山。嘉靖四十五年（1566年）四月，俞大猷的部将汤克宽在万桥山之战中最终剿灭了吴平的残余势力。

吴平投水身死，一代海盗传奇落幕。

04

吴平不是明朝盘踞南澳岛的最后一代海贼王，但他的死预示着潮州海盗的鼎盛时期逐渐成为过去式。"俞龙戚虎"在南澳岛的胜利，成为明朝平定潮州"海患"的一个转折点。

隆庆元年（1567年），新即位的隆庆皇帝听从福建巡抚涂泽民的建议，有限度地开放海禁，一时间"寇转为商"，"漳潮之间，旋即晏然"。

万历三年（1575年）起，明朝在南澳岛设副总兵，以水兵三千人专守此地。尽管南澳的官方守备很快就松懈下来，但这一标志性事件，表明一直处于权力真空状态的南澳岛被纳入了军事管理。这个嘉靖后期海盗集团的孕育之地，终于相对平静了数十年。

吴平死后，林凤、林道乾等常年活动于南澳岛的潮州海盗集团，纷纷起兵攻打沿海城镇，寻求新的据点。在朝廷军事镇压下，这些海盗战败，率船队和人员流散于东南亚，有的还在东南亚建立了自己的政权。东南亚因此成了潮州海盗最后的退身之地，而他们演变成为潮汕人移居海外的先驱，也为海外潮商奠定了基础。

这或许就是历史的奇诡之处。

明末，福建南安人郑芝龙的海商集团崛起后，整个闽粤海域，涵盖东南亚、日本的航线，基本属于他的势力范围。他拥有无可匹敌的制海权，还仿照许朝光收取"买水"钱的做法，给过往商船发通行证，获得了巨额收入。

崇祯元年（1628年），在击溃了福建的官军之后，郑芝龙却意外地选择投入朝廷的怀抱，出任明朝一个名为"防海游击"的低级职位。

事后的结果证明，郑芝龙做出了精明的选择。他虽然投靠朝廷，却依然拥有自己的船队与地盘，不仅自身利益丝毫未受损，还可以打着官方的名号去剿杀其他海盗集团，扩大郑氏集团的势力。

五年后，1633年10月，明朝水师与荷兰东印度公司的舰队在金门岛附近的料罗湾展开了一场海战，这是中国与欧洲列强在海上的一次重要较量。结果，明朝取得了这次海战的胜利，而鲜为人知的是，明朝的主力舰队其实都是郑芝龙的船队。

这可以算是二十八年后其子郑成功击溃荷兰人、收复台湾的一次预演。

料罗湾海战后，明朝在福建和广东东部的海防力量都被郑氏集团控制。

崇祯十三年（1640年），郑芝龙就任南澳副总兵。尽管他在四年后就升任福建都督，离开南澳，但此后的三四十年，明清朝代更替，南澳一直是郑氏集团军事与贸易的重要基地，完全脱离了中央王朝的控制。

清顺治三年（1646年），郑芝龙降清，但其子郑成功"止南澳，招兵制械，得数千人"，扛起了反清复明的旗帜。

康熙元年（1662年），由于郑氏集团内部矛盾，时任南澳副总兵的陈豹降清。同年，清政府在潮州沿海实行大规模的迁海政策，南澳岛和大陆沿海数十里居民全部内迁，民不聊生，哀鸿遍野。

南澳岛——这个持续了两百余年的海盗巢穴，又回到明初的蛮荒状态。

05

邱辉是明清两代潮州最后一个有影响力的大海盗。

他是今汕头达濠人，有个绰号叫"臭红肉"，如今誉满天下的达濠鱼丸，相传就是邱辉孝敬其母而首创的。

邱辉活跃的时候，清朝已实行"迁海"政策，南澳岛荒蛮，所以他的据点建在了南澳岛西南方向的达濠半岛上。他在达濠建寨固守，控制粤东沿海的盐业和渔业，成为当时潮州沿海唯一驻守"界外"的海盗头目。

当时，退守台湾的郑氏集团已经传到第三代郑经。邱辉奉郑经为正统，支持其反清复明大业，被封为"忠勇伯"。

连横在《台湾通史》中称，邱辉"踞达濠……布帛无缺，凡货入界者以价购之，妇孺无欺。自是内外相安，转运毋遏，物价愈平"，颇有义盗之风。

邱辉占据达濠十多年，并在达濠设置"大明潮州府"，其战船经常在沿海出没，"清兵莫能御"。

康熙八年（1669年），潮州各地"复界"，但慑于邱辉的势力，清政府特别规定达濠仍为"界外"。

清政府平定三藩之乱后，移师南澳，准备收拾邱辉。在清军水陆并进的攻势下，邱辉的达濠寨被攻破，他本人撤退到台湾。后来，在与清军发起的收复台湾的海战中，邱辉战败，引爆火药桶自杀。

邱辉之死，宣告了潮州最后一段海盗传奇的落幕。

康熙二十三年（1684年），清政府统一台湾后，宣布取消海禁。潮州沿海的海盗活动终于告一段落。

只是南澳岛的过往"污点"，依然让清政府忧心忡忡。清政府为了防止南澳岛形成割据势力，在设置总兵的同时，分别由广东、福建各出一营军队驻扎该岛，形成了由两省分治共管的局面。时人蓝鼎元鉴于明朝晚期以来南澳海盗集团风起云涌的历史，特别提出："南澳一镇为天南第一重地，是闽粤两省门户也，镇南之法以搜捕贼艘为先。"

他希望清政府务必不要放过任何一艘海盗船，以免南澳岛再次发展为大贼窝。

有意思的是，当乾隆年间东南沿海的缺粮问题越来越严重之时，朝廷最终允许潮汕海商从暹罗（今泰国）进口大米。这样，曾经流落东南亚的潮州海盗后代，纷纷以商人的身份率领船队回来贸易。所有人似乎都忘记了，仅仅半个世纪以前，他们的前辈还是帝国的敌人，是朝廷必欲除之而后快的海贼。

海盗与海商的身份转换，完全取决于帝国的对外政策调整，这是多么吊诡的事情。

一直到今天，受明清官方意识形态反复多变的影响，潮汕人对于历史上喧嚣一时的本土海盗传奇人物的评价，亦处于一种矛盾的心态之中：

一方面，海盗大帮的血腥劫掠，深刻影响了潮汕历史，是催生数百年间潮汕乡村军事化、宗族抱团、械斗等地域文化的原因；另一方面，海盗集团织就的海上贸易网络，也深刻影响了潮汕经济的结构，是潮汕本土藏富于民、海湾港口繁荣发展、潮汕商帮称雄海内外的原动力。

五、史官的变迁——从地位崇高到毫无节操

记者这个行当,在中国,到晚清才出现。古代并没有记者,但是有一群人,他们铁肩担道义,妙手著文章;他们为了记录真相,秉笔直书,不惜冒着生命危险;他们向往公平正义,哪里有黑暗,哪里有不公,都会被他们原原本本地书写下来。

后人称他们写下来的文字为"信史",内容确实可信,没有

掩恶溢美，能够取信于当代，流传于后世。

这群人就是史家（史官），古代版的"调查记者"。

01

当上皇帝后，宋太祖赵匡胤有段时间迷上一项休闲运动：弹弓打鸟。有个御史见了，认为赵匡胤有玩物丧志之嫌，于是，在某次皇帝玩得正起劲的时候，谎称有要事禀奏。

赵匡胤无奈放下弹弓，接见御史，脸色不太好看。等御史奏完事，赵匡胤更郁闷了，因为奏的是件芝麻绿豆的平常事，哪里来的十万火急！

他质问御史，你什么意思？御史不怕，答道：臣以为此事再小，也比打鸟的事大。

赵匡胤怒不可遏，当场"以柱斧柄撞其口，堕两齿"。御史没有跪地求饶，他缓缓俯下身子，捡起被打落的牙齿，藏到怀里。

赵匡胤纳闷了，你捡起牙齿，莫非还想当物证，到哪里去告我不成？御史回答：臣到哪儿都告不了陛下，不过，自然有史官记下这个事儿。

这可把赵匡胤吓坏了，他赶紧道歉，给御史赐金帛，然而历史还是都记录下来了。

论监督，没有人监督得了皇帝。御史敢监督皇帝，不是因为他们不怕死，而是因为他们有靠山——史官，一群随时处在事发现场且坚守如实记录的人。

赵匡胤怕自己的不当言行上史书，已经不是一次两次了。还有一次，早朝后，他很不高兴，原因是思及一件事情处理不当，怕史官记录："早来前殿指挥一事，偶有误失，史官必书之，故不乐也。"

宋代宫中还有女史，专事内起居注的写作，时刻不离皇帝，记录其行动，当晚交给史馆。她们的住处外面钉有金字大牌，上书"皇帝过此罚金百两"。

按照传统，皇帝不能翻看当代史，包括本朝、本人的一切记录，这是为了防止皇帝利用权力篡改历史。

唐太宗李世民在位期间，多次提出要调看关于其日常言行的历史记录——起居注。他给出的理由很正能量："朕看了，才能'知得失以自警戒'，不然自己做错了都不知道。"

第一次被谏议大夫朱子奢制止了，他认为皇帝亲览起居注的做法传示后代，必然使史官不能秉笔直书，信史就无从谈起。

第二次是七年后，李世民还是不死心，死皮赖脸要看起居注。当时的谏议大夫兼起居注官褚遂良同样明确拒绝，说起居注记录人君言行，善恶毕书，自古迄今，从来没有哪个皇帝躬自观史。

言下之意，皇帝您不要开这个恶例，要是开了，那也是要上史书的。

李世民问，朕有不善的言行，你真的都记下来了？尽管听出李世民语带威胁，褚遂良还是一字一顿地回答：不记下来，那就是我的失职!

黄门侍郎刘洎站出来为褚遂良打圆场,劝皇帝说,人君有过失,就算褚遂良不记下来,天下人也会记下来的。

多数皇帝怕史官,是因为真相悬在天地之间,而古往今来的史官,为了捍卫真相,不惜以生命为代价。这,是中国古代史官的一项传统。

02

凡是有修养、有责任感的史家,都会把"信以传信、疑以传疑"奉为职业圭臬。你的职业精神到哪里,你的作品可信度就到哪里。

早在春秋时期,史官就有这种自觉性及职业荣誉感。

最著名的故事是"崔杼弑其君",为了写下这几个字,当时齐国一个史官家族兄弟四人被杀了仨,杀得崔杼没脾气,只好放弃,最后四兄弟中的小弟幸存下来。

与此同时,齐国另一个史官家族南史氏,听说崔杼在杀史官,立马举家抱着竹简赶赴现场:你如果把太史一家杀光了,我们接着写,接着用头颅来捍卫真相,捍卫历史的尊严。

当时的史官是世袭的,史官秉笔直书,为了天下,也为了捍卫家族荣誉。从此,史官和青史的权威就奠定下来了。

司马迁写《史记》,不仅写"古代史",也写"当代史",

写到他生活的年代——汉武帝时期为止。武帝连年对匈奴作战，是当时一个尖锐而敏感的现实问题，司马迁在史书中客观记述了征战造成的恶果：不仅民众困苦不堪，连文景时期韬光养晦积累下来的财富也被耗尽了。

司马迁自述心迹，说他写这些"负面"东西，是要留下一部信史，藏之名山，传之其人，"虽万被戮，岂有悔哉"？

不过，记录真相的阻力之大，时常超乎想象。这种阻力，不仅来自专权残酷的上层，还来自盲目自信的精英。

当时很多社会精英，恰恰认为武帝时期是大汉崛起的关键点，司马迁秉笔直书的这些东西，是他们所不愿看到的。一直到东汉时期，还有人说司马迁专写大汉的污点，《史记》是一部"谤书"，以武帝不杀司马迁为恨。

还好，史官的价值观还是一致的。他们互相抱团取暖，推崇司马迁的史书为"实录"，并将他作为太史、南史之后秉笔直书的新榜样。

到了魏晋南北朝时期，朝代更替与皇帝轮换，跟走马灯似的。乱世中，无道之事更多，对史家的考验更大。

这时候，一些史家已经被异化，开始堕落。有的畏惧权势，谁当权就替谁粉饰太平；有的把手中笔当成个人求取富贵的工具，谁给好处，就把谁及其祖先捧上天。

最没节操的是，负责修北魏国史的魏收，公然放言：什么东西敢和我过不去？我举之则使之上天，按之则使之入地。

什么职业操守，什么信史良史，在他那里，都是没有的事儿。

当然，整体而言，史官这个群体还是守住了传统。魏收的《魏书》一出来，就遭到群嘲，被称为"秽史"。这至少说明，史官好坏、史书良莠的标准没有坍塌。

这时候，出了不少有骨气的史家，气概直追春秋史家。比如，写晋代历史的孙盛，面对权臣桓温的灭门威胁，仍然坚持不删改桓温在枋头吃败仗这段不光彩的历史。

孙盛算幸运的，崔浩就真的遭到灭门夷族，堪称当时影响最大的史官血案。

崔浩深得北魏太武帝拓跋焘器重，奉命修撰当朝史书。拓跋焘特意叮嘱他，要"务存实录"，崔浩没揣摩出皇帝这四个字是故作姿态还是真心实意，就把拓跋氏不光彩的历史一五一十地写了出来。书成之后，他还好大喜功，命人将这部史书刻石立碑，任人观看。

拓跋焘大怒，命人将崔浩收监，让数十个卫士轮流在他头上大小便。备受羞辱之后，崔浩惨死狱中。不仅如此，崔浩家族，及其联姻的大族，都被灭门，这起史官惨案牵连受戮的人数以千计。

这件事给史官群体留下了一道深刻的心理阴影。

03

史官的另外一道阴影，是李世民造成的。李世民几次要求调看起居注，装作是一个历史"小白"，实际上，他对历史的功用和控制，精通得很。

历史上，权臣监修史书的制度，正是从李世民执政时期开始的。由皇帝安排一个亲信大官，作为官方修史活动的总负责人，这样有利于当局对国史修撰进行控制。

这个恶例一开，以后正直史官求取真相的空间就缩小了。国史监修作为总把关人，第一要务是把不利于当朝的记录，全部删削干净。

真相不能当饭吃，所以不是监修们首先要考虑的，安全才是。

李世民最终还是通过宰相、国史监修房玄龄看到了自己的起居注。这么多年来，他执着地要看起居注，其实是惦记着历史会怎么阐述他发动的玄武门之变。

史官对此心知肚明，经过紧急删改后，呈给李世民。李世民看到自己最关心的玄武门之变写得很隐晦，语焉不详，就对房玄龄说，我当年发动玄武门事变是为了安社稷、利百姓，史官为什么要隐讳呢？

房玄龄是聪明人，不会傻到跟崔浩一样听不出皇帝的弦外之音。他立马心领神会，安排人按照皇帝定下来的基调——玄武门事变是安社稷、利百姓的好事——重写这段历史。

大约两百年后，到了唐文宗时期，皇帝向起居舍人魏谟索要起居注观看。魏谟拒绝并上奏，说："陛下但为善事，勿冀臣不书；如陛下所行错误，臣不书之，天下之人皆书之。"又说："臣以陛下为太宗皇帝，请陛下许臣比职褚遂良。"

魏谟表示，自己将向褚遂良学习，希望唐文宗也以唐太宗为楷模。

魏谟竟然不知道李世民后来得逞了，不但看了起居注，而且亲自指导了对关键历史事件的重写。可见，唐代对真实国史的遮蔽到了何其严重的地步。

听到魏谟的话后，唐文宗淡淡地说了句：你以前的史臣是让看的。

这句话，足以让这个坚守史家职责的魏徵五代孙崩溃。曾经抱团取暖，以守护真相为荣的那些同行，他们都到哪儿去了？

魏谟的孤独，想想都让人悲哀。

但事实就是如此残酷，在魏谟之前，史官行业早已彻底沦陷。韩愈曾经跟朋友说，他原来想做一名史官，但怕自己因为秉笔直书而丢了性命，还是放弃了。

在韩愈之前，刘知几已经深切感到"近古良直（史官），却如披沙拣金"，所以一再感叹实录难遇。他说，"古之书事也，令贼臣逆子惧；今之书事也，使忠臣义士羞。若使南（南史氏）、董（董弧）有灵，必切齿于九泉之下矣"。

总之一句话，当时史官的节操都"掉一地"了。

04

史官秉笔直书的精神，越往后世越弱。唐朝开的恶例，很坏，但还不是最坏的。

史官最坏的时光，在清朝。

以前的朝代，官修史书修完了，再给皇帝看；清代帝王则要求，一些重要史籍每修若干卷就要进呈御览，随时审阅。康熙曾要求明史馆将《明史》写好的部分"以次进呈"，实际上就是审查。

清朝官修的各类史书中，只有起居注号称皇帝不能看。实际则不然。乾隆曾经出来辟谣，说他没有阅览起居注，真是欲盖弥彰。

更可怕的是，从雍正开始，起居注已经失去了它的本意和价值，只是抄录一些皇帝的谕旨而已，像赵匡胤打落御史两颗门牙这种事，写都不敢写。起居注变成了领导语录，阅与不阅，皇帝其实也无所谓了。

清代史官多是知识精英，原本有着修史以经世的情怀，但修史处处要体现官方意志，他们其实心里憋屈得很，备尝人格分裂之苦。

一旦禁不住良心诱惑而越轨，史官们就可能惨遭横祸。嘉庆年间设馆编纂《明鉴》，涉及清朝开国之事，其中按语被认定"多有悖谬之处"，嘉庆阅后大为光火，斥责该馆总裁等人"率行纂辑，实属冒昧"。结果《明鉴》馆总裁、总纂、纂修等官均被罢免，交部议处，原稿一律作废。

这些内心扭曲的史官，写出来的作品，后来被形象地称为"哈巴狗史学"。

到了晚清，梁启超以历史的笔调开始怀念传统史官：

从前人喜欢讲史官独立……这种史官是何等精神！不怕你奸臣炙手可热，他单要捋虎须！这自然是国家法律尊重史官独立，或社会意识维持史官尊严，所以好的政治家不愿侵犯，坏的政治家不敢侵犯，侵犯也侵犯不了。

手中有笔，就要写出世间的真。可是，梁启超没有说出来的话是，这种人，这种精神，从什么时候起变得只可追忆了？

六、古代替身简史——历史上的"影"

历史上有关替身的故事比比皆是。

早在春秋时期,齐国国君就发掘出替身的妙用。

齐桓公的哥哥齐襄公昏庸无能,荒淫无度。此人平生一大"壮举",就是与同父异母的妹妹文姜乱伦,并为此派人杀了妹夫鲁桓公。

有一次，齐襄公外出打猎，一头野猪窜出来，把他吓得不轻，当场从车上摔下来，受了重伤，被抬到行宫里躺了好几天。

齐襄公的堂弟公孙无知图谋不轨，便伙同奸臣发动政变，闯入行宫，来到齐襄公床前，将床上的人干掉。

但是，被杀的这个人并非齐襄公，而是他常年培养的替身孟阳。

公孙无知仔细一看这尸体，有些纳闷："这人不是国君，长得不像啊。"

齐襄公没来得及跑远，躲在门后面，脚都露出来了。公孙无知虽然名叫"无知"，人却很机智，一会儿就发现了门后的齐襄公，派人将他拖出来，乱刀砍死。

01

在齐晋两国的鞌之战，也有一个替身忠心护主。

据《左传》记载，这场战役的起源很无厘头。齐顷公六年（前593年）春，晋国派遣大臣郤克出使齐国，齐顷公也不知哪根筋搭错了，让母亲藏在帷后观看晋国来使。

郤克是晋国的名臣良将，偏偏生得跛足驼背。齐顷公母亲见他登台阶的样子很滑稽，竟然放声大笑，笑声传到郤克耳中。

郤克大怒，发誓："如果我不报此仇，今生不再过黄河！"回国后，郤克请求晋景公出兵伐齐。晋景公不同意，只让他消消气。郤克就是咽不下这口气，后来齐国使者进入晋国，他在河内将四名使者拘捕，并下令处死。

四年后，又是一个春天，齐攻鲁、卫。

鲁、卫两国向晋国求援，晋景公当机立断，派大军前往，领兵的正是郤克。两军在鞌地交战，郤克先是中了对方一箭，鲜血直流到脚。郤克疼痛难忍，几欲退军，车夫看出主将的心思，直言："小人从开战到现在，已经受了两次伤，不敢言痛，担心士气受挫，将军您也应该忍着点儿。"

于是，郤克振臂一呼，继续与齐军鏖战，将士们见主帅身先士卒，也都奋力杀敌。

齐顷公则在阵前豪言："冲啊！攻破晋军后回来办宴会！"此君开玩笑在行，打仗不太行，面对晋军的猛攻，齐军的形势不容乐观。

眼见齐军将败，齐顷公侍臣逢丑父急中生智，与齐顷公交换了衣服和位置。齐顷公假装为车右（驾车人右边的武士），逢丑父改穿齐顷公的甲胄。

随后，晋将韩厥杀到齐顷公车前，将车上人俘虏，他以为自己将要立下大功，喜不自胜，特意戏弄齐顷公，拜伏在车前，说："敝国国君派遣在下援救鲁、卫两国。"

齐顷公怒不可遏，但又不能暴露自己。韩厥将齐顷公和逢丑父押解回营，路上，假装齐顷公的逢丑父称自己口渴，取出一瓢对身边的齐顷公说："我渴了，去取水来。"

韩厥不疑，于是齐顷公以打水为由，偷偷逃走，又在沿途齐军将士的帮助下安全撤离。

韩厥带着逢丑父回到晋军大营，郤克见过齐顷公，当然知道中计了，当即要杀逢丑父泄愤。逢丑父反驳道："今日我若代国君而死，今后恐怕为人臣者就没有人敢忠于国君了！"

郤克毕竟还是正人君子，转念一想，杀了忠臣，不吉利，就把逢丑父放了。逢丑父的"替身"任务圆满完成，毫发未损地回到齐国。

02

值得一提的是，鞌之战中立下战功的晋将韩厥，日后被拔擢为晋国八卿之一，三家分晋的韩国正是出自这一家族。

春秋诸侯纷争，战国七雄争霸，犹如弹指一挥间，一统天下的大秦没有传承千秋万代，而是很快淹没在起义浪潮之中。在此之后，新的主角是刘邦与项羽。

楚汉战争时，在荥阳，这个曾属于战国时韩国的土地上，又上演了一出李代桃僵的好戏。

公元前204年夏，汉军被楚军围困于荥阳，城中缺粮断水，全军筋疲力尽。刘邦很慌，他手下有一名将领却很淡定。这手下名叫纪信。

纪信和刘邦长得极像，乍一看像一个模子刻出来的，可能就只有刘邦传说中的"左股七十二黑子"无法复制。

忠心护主的纪信对刘邦说："现在情况紧急，臣有办法，可保汉王安全。"

听完纪信置生死于度外的建议,刘邦只好同意。他让陈平写一封降书,送给项羽,声称今晚就出东门投降。

深夜,刘邦大开东城门,两千妇女相拥而出。楚军一脸迷惑,不是要投降吗?怎么尽是妇女?刘邦在哪儿?

此时,刘邦已经在众将士的保护下,从西门逃出。等到东门的妇女们走完,天都亮了,刘邦早已跑远。

就在楚军茫然四顾之际,身着汉王服饰的纪信坐在黄屋车上,用一边衣袖挡住脸,慢悠悠地驶出城来。

"刘邦"终于来降,项羽大喜过望,楚军高声欢呼。等到走近一看,咦,这家伙不是刘邦啊。

项羽傲然问道:"你是谁,竟然冒充刘邦?"

纪信毫不退让,高喊:"吾乃大汉将军纪信!"

项羽被惹怒了,马上又问:"快说,刘邦在哪里?!"

纪信回答:"汉王早已离开。"

项羽被骗,气急败坏地将纪信活活烧死。纪信用自己的生命换得刘邦安全,解了荥阳之困局,历代对其推崇备至,奉为忠臣楷模。西晋陆机曾赞道:"纪信诳项,韬轩是乘。摄齐赴节,用死孰惩。身与烟消,名与风兴。"

03

刘邦善用人,正是有纪信等人才各显神通,才得以打败项羽,开创大汉王朝。两汉国祚四百年,分久必合,合久必分,到东汉末年,豪杰并起,此时,又见替身的身影。

有人用替身是为了脱险。

190年，各方牧守兴兵讨伐董卓，大部分在隔岸观火，真正出力的不多。其中，长沙太守孙坚率领少量的先头部队，跟董卓军交手数次。历史上，华雄就是孙坚部所斩的，并不是关羽的功劳。

之后，孙坚率军与董卓麾下的徐荣在梁县交兵，奈何寡不敌众，打不过，只能跑了。

徐荣军紧追不舍，孙坚一时难以脱身，幸亏部将祖茂出手相救。孙坚平时爱戴红头巾，在战场上很显眼，后来他征讨荆州，孤军入岘山，被黄祖军轻而易举射杀，可能也与此有关。

在危急时刻，孙坚将红头巾戴到祖茂头上。徐荣部下众骑果然将祖茂当成孙坚，趋马追赶，孙坚则趁机从小路逃脱。

祖茂势单力薄，眼看对方就要追上，情急之下，飞身下马，将红头巾挂在路边一根烧过的柱子上，自己躲到草丛里。孙坚与祖茂的这招替身之计默契无间，徐荣军围着柱子转了半天，定睛一看，知道自己被耍了，方才各自散去。

也有人用替身是为了避嫌。

有一回，曹操要接见匈奴使臣。曹操虽是一代英主，但其貌不扬，觉得自己的相貌不足以威慑匈奴人，于是请崔琰充当替身，代替他接见使臣。

崔琰出身名门望族，长相英俊，气质威严，让他代表大汉，颇有面子。曹操自己则站在坐榻之侧，手握宝刀，假装侍卫。

匈奴使臣来了，双方就汉匈关系进行了友好磋商和深入探讨，气氛十分融洽。事后，曹操偷偷派人问匈奴使臣："你觉得曹丞相这人怎么样？"

匈奴使臣似乎早已看穿一切，答道："丞相仪容风采非常人可比，风雅高尚让人向往，但是，他那床头捉刀人才是真正的英雄。"

匈奴使臣若是慧眼识珠，必有过人之能，不可放虎归山，更不可让他妄议汉相。曹操是典型的多重人格，他听说后，立马派人把这个匈奴人杀了。

04

明清时，有替人出家的替身。

《红楼梦》第二十九回写清虚观打醮，提到有一位荣国公的"替身道士"——"这张道士虽然是当日荣国公的替身儿，后又倒做道录司的正堂……现今王公、藩镇都称他为'神仙'，所以不敢轻慢"。

在明清史料中，常见"替身出家"的事例。据明末沈德符的《万历野获编》记载，明代皇子降生，都要剃度其他幼童作为其替身出家，以表虔诚祈福。这风俗不仅限于皇室，在达官显贵中也十分常见。

到后来，替身不再是帝王将相的专属，而是逐渐发展为职业，甚至走进千家万户。

还有专门代人受刑的替身。

清人余怀在《板桥杂记》里曾记载这样一个故事：明代开国功臣徐达的十一世孙徐青君，本来靠着祖上的积蓄，"家赀钜万，广蓄姬妾"，过着富二代的潇洒生活，却不幸遇上改朝换代，田产被没收，住所也被改为江宁道衙门。

徐青君净身出户，身无分文，他突发奇想，想靠"为人代杖"过活。若有人因罪需受杖刑，在方便的情况下，都可出钱由徐青君代为受刑。

一次，他与受刑人约定好杖数，没想到受刑时，杖数是原定的数倍。徐青君原是富家子弟，身体也没多健壮，实在承受不住，嗷嗷大叫，赶紧自报家门，称自己乃徐达的后代，衙门还是原来自己的住宅。

江宁道台林天擎听到这年轻人诉说，方知其中内情，顿时心软，将他释放，又把一些家产退还给他。后来徐青君靠卖花石自力更生，也算有了个好结局，这替身没白当。

归根到底，这世上始终没有最好的"影子"，只有更好的自我。假如能够踏踏实实地做人，也不用整天跟自己演戏。

第四记：浮生记趣

一、古人的相亲——无论在哪朝哪代，都躲不过相亲"鄙视链"

你经历过相亲吗？

现代人相亲，很多时候都呈现出一条赤裸裸的"鄙视链"：没房的不行、收入低的不行……

基于此，一份中国式相亲价目表被整合出炉：不同地段的房产和不同层级的学历对应着不同的身价，男性和女性则奉行不同的标准。

其实,不仅是当代,有史以来,中国人的择偶观都很现实。现实往往是残酷的,越残酷越真实。

01

大家都知道魏晋南北朝时期,上品无寒门,下品无士族。但寒门与士族之间的区隔,严重到了什么程度,估计很多人没有概念。

用婚姻来解释最直观。

出身于太原王氏的王元规,幼年丧父,家道中落,兄弟三人随同母亲寄居舅父家里。当地有个叫刘瑱的土豪为攀上名门亲戚,想以巨资陪嫁,把女儿嫁给王元规。母亲准备答应,王元规却哭着说:"我们正是因为一直保持婚姻门第,才受人敬重,怎么能够家贫就非贵而婚呢?"

于是婚事未成,土豪就这样被无情鄙视了。据说当时王元规才十二岁,觉悟比身体早熟啊。

南朝齐时,出身东海王氏的士族王源家世显赫,但在联姻方面,王源却唯利是图。王源经常将媒人唤到府上探问,媒人说吴郡的满璋之是高平旧族、宠臣后代,家财雄厚,正在托人为自己的儿子找对象,王源遂决定将女儿嫁给满家。

御史中丞沈约知道这事后,觉得其中有蹊跷,便考察了一下满璋之的家谱,结果发现满璋之并非真正的士族。于是他上表弹劾王源，指出王满连姻无视相亲"鄙视链"，实在骇人听闻，玷污了名门，要求革去王源官职，踢出士族，禁锢终身。

北魏时，崔巨伦出身博陵崔氏，是北方士族中首屈一指的家族，但他有一个姐姐因为一只眼失明，大家子弟没有肯娶的，家里没有办法，准备将她下嫁庶族。

崔巨伦的姑母（夫家李氏也是当时的名门望族）听说了这事儿，悲痛地说，怎么能让侄女"屈事卑族"？于是让自己的儿子娶了她。

你看，这不是赤裸裸的相亲"鄙视链"是什么？有钱没用，残疾不怕，我们看中的是家族门户。

02

到了隋唐时期，由于士族力量的存在不利于皇权巩固，两个朝代的皇帝都曾对世家大族的势力进行抑制。此时，山东（指崤山以东）地区的崔、卢、王、郑等大族虽然逐渐衰落，跟南北朝时期的高光时刻没法比了，但这些家族仍然凭借着祖宗的门第，站在婚姻"鄙视链"的顶端，不与庶族通婚。

唐太宗无法容忍山东士族的风头盖过他出身的关陇士族，因而命令高士廉修撰《氏族志》，重新评定门第的高低。然而，高士廉似乎无法理解唐太宗的深意，在修成的《氏族志》中，仍把南北朝的大族列为第一等。唐太宗看后，大发雷霆，只能对高士廉把话挑明了。

唐太宗指点高士廉说，山东士族已经衰微了，北齐和南朝的梁、陈亦不过是偏安一隅的下国，没必要把崔、卢、王、谢这些家族捧得很高。最终，重新出炉的《氏族志》将大唐皇族列为第一等，唐太宗这才满意。

不仅如此，为了打击士族门阀，唐太宗还专门下诏，不准崔、卢、李、郑等世家大族互相通婚。

诡异的是，这些打压士族门阀的举措，反而成就了被打压家族的高贵之名。他们被称为"禁婚家"，皇帝钦定的不允许通婚之家。你越是禁止，我就越显高贵。

唐文宗时期，宰相郑覃有一个孙女，当时的权贵都来为子孙求婚，但一概被拒绝。最后，郑覃选中了一个九品芝麻官崔皋。原因很简单，崔皋虽然官职低，但门第高，也属于"禁婚家"，两家门当户对。

而身为皇帝的唐文宗曾想把公主嫁给世家大族，遭到对方拒绝后，唐文宗悲叹说："民间修婚姻，不计官品而尚阀阅。我家二百年天子，反不若崔、卢耶？"

03

基于门阀大族的婚姻"鄙视链"，是随着唐朝的覆灭而终结的，正所谓"旧时王谢堂前燕，飞入寻常百姓家"。五代以后，士族飘零，寒门崛起。尤其是宋代，朝廷推行文治，注重科举考试的公平与正义，虽为寒门子弟，一旦登科，便身价百倍，人们的价值观也发生变化:"万般皆下品,唯有读书高。"

这时,旧的婚姻"鄙视链"瓦解,但新的婚姻"鄙视链"也建立了:科举功名成为新的相亲门槛,主宰了宋代及以后近一千年的中国婚姻社会。

在宋代,父母最向往的婚事,就是为女儿找一个有才华的青年男子,进士、状元成为佳婿首选。许多达官贵人便从科举及第者中物色快婿,或选婿于白身之中,或论婚于中第之后。

这种现象风靡一时,被称为"榜下捉婿"。

南宋绍兴八年(1138年),福州人陈修考中了探花(殿试第三名)。这一年,陈修已经七十三岁,终生未娶,宋高宗得知此事,当场就从宫中选了个三十岁的宫人赐给他。事后,有人开陈修的玩笑,编了两句打油诗:"新人若问郎年几?五十年前二十三。"

没有功名就无人问津,而一旦拥有功名,哪怕七老八十都有可能被皇帝赐婚,这真正诠释了什么是"书中自有颜如玉"。

那些拥有科举功名的人,不管出身、年龄、相貌、贫富,此时都站在了婚姻"鄙视链"的顶端。这也不难理解,当科举成为衡量世俗成功的标准时,中举者就相当于那个时代的潜力股,等待他的是权力、地位与财富。

04

与此同时,财富也逐渐获得了与科举功名同等的地位。甚至在明清时期，财富跟功名是可以互相兑换的。所谓"捐官""捐监"都是由此而来，有钱人家自然就取得了婚姻主动权。

古代倡导"士农工商"四大等级，商人虽衣食无忧，但政治地位极为低下，婚姻也受到限制。唐代有个富商叫杨万贞，但他只能娶一个妓女为妻，要想娶官员之女门儿都没有。进入宋代，随着市民经济的发展。以及婚姻观念的变化，庶民、士人与商人联姻日益普遍。宋人笔记有载："近岁富商庸俗与厚藏者嫁女，亦于榜下捉婿，厚捉钱，以饵士人，使之俯就，一婿至千余缗。"可见，有实力参与"榜下捉婿"的家族，除了朝廷中的权贵，就是当时的富商了。

北宋大书法家蔡襄曾说："观今之俗，娶其妻不顾门户，直求资财。"在当时人的婚姻观念中，有没有钱非常重要。宋代的富人嫁女儿，陪嫁通常多达六七十亩地。明清也是如此，明朝人说："婚姻之家，惟论财势耳。有起自奴隶，骤得富贵，无不结姻高门，缔眷华胄者。"可见，财富已经成为重要的择偶标准，"古人重嘉偶，今人重财婚"。

嫁娶双方重钱财的风尚，也造成了许多社会弊端，以至于出现溺婴、弃婴及贫女难嫁、富人多招赘婿等现象。很多地方都出现高陪嫁、高彩礼的习俗，"有一女方嫁而家产荡然，致使贫穷之家，或溺女不举，或女老不嫁"，这是古代版"天价彩礼"的悲剧。

05

值得研究的是，近代以来，欧风东渐，中国式的相亲"鄙视链"被瓦解了吗？

1899年，蔡元培的夫人王昭去世，为其做媒续弦的人很多。蔡元培干脆公开提出了他的征婚条件，包括女子须不缠足者、须识字者、夫妇不相合可离婚等。

章太炎在其原配去世后的第二年，在《顺天时报》上刊登了续弦广告，条件包括：一、须文理通顺，能作短篇文字者；二、系出名家闺秀，举止大方者；三、有服从性质，不染习气者。

这是名人开出的相亲条件，非名人的征婚条件也大抵类似。

1902年，有个署名"南清志士"的人在报纸上征婚，内容如下："访求天下有志女子，其主义如下：一要天足；二要通晓中西学术门径；三聘娶仪节悉照文明通例，尽除中国旧有之陋俗。如能合以上诸格及自愿出嫁，又有完全自主权者，勿论满汉新旧，贫富贵贱，长幼妍媸，均可。"

你要是觉得这些条件很稀疏平常，不要求房产户口，不要求年龄相貌，哪还存在鄙视不鄙视？那你就过于天真了。

对女性两只脚的要求，这门槛就很高了。清朝晚期，裹足之风在城市里流行，比起现在的隆胸隆鼻还要盛，凡是有地位或有钱人家的小姐，很少不缠足。

随着新知识分子倡导天足运动，曾经流行的小脚一下子就过时了，缠足女子变成了一个受歧视的群体。天足甚至成为评判一位女性是不是"近代女性"的基本标准。甚至有人说，二十世纪第一个十年，女人的美丽标准就是会说洋文的大脚女人。

不管是蔡元培还是"南清志士"，都把"天足"作为征婚的

第一个条件,这就把多少缠足女子及其家庭鄙视下去了。

对女性学识的要求,这门槛就更高了。要知道,在民国以前,大城市女性的文盲率超过70%,轻轻一句"识字""文理通顺",就跟现在来一句"京籍京户"一样,"杀人不见血"。

这是清末民初知识男性的择偶"鄙视链":年龄容貌不限,户籍房产不限,但我们看中的是天足、识字及思想开明程度。

正如我们所见,每一个时代都有属于那个时代的相亲"鄙视链",只是有的标榜门第,有的标榜学识,有的标榜出身,有的标榜身体某个部位。

德国社会学家穆勒里尔认为,婚姻具有经济、子女、爱情三大动机。

爱情谁都向往,但它真的只是婚姻的一条腿而已,没有相亲"鄙视链"中的另两条腿支撑,它注定是要塌的。

二、皇帝"作死"全记录——为什么中国皇帝多短命?

自公元前221年秦始皇确立帝制,到1912年宣统帝退位,皇帝制度在中国存在了两千一百三十二年。

在这两千多年间,一共有三百七十六人(一说是四百多人)做过真正的皇帝。其中,有生卒年记载的皇帝大约三百人。

有学者专门统计过这些皇帝的平均寿命。他们得出的结论不算一致，但差得不多：有的说是三十九岁，有的说是三十九点六岁，还有的说是四十一岁。

总之，皇帝们的平均寿命在四十岁左右，仅为历史上有年寿记录的名医、名僧平均寿命的二分之一。

皇帝都被称为"万岁"，却没想到连四十岁的坎儿，都很难活过去。

那么，拥有当时最好的物质条件和医疗服务的皇帝们为什么普遍不能长寿呢？

01

物质生活条件太好，有时反而不利于养生。

皇帝们富有四海，举天下以奉一人，使他们有条件养尊处优，享受肥甘厚味，从而容易患膏粱之疾，也就是我们所说的"富贵病"。

一般来说，肥甘厚味食物胆固醇含量高，易使动脉粥样硬化而发生高血压、心脑血管疾病、肥胖症等。

史书记载，有许多皇帝"无疾而终"。著名医学家范行准认为，古代"无疾而终"者并非"无疾"，其死因除了心脏病外，大多和脑血管疾病有关。

例如十六国时，前秦的苻健、南燕的慕容德、大夏的赫连勃勃、前凉的张轨、成汉的李寿、后凉的吕光、北凉的沮渠蒙逊等帝王,都因"寝疾"去世。所谓"寝疾",就是在睡梦中死掉了,其实他们极有可能都死于脑血管疾病。

和其他朝代相比,宋代皇帝是脑血管疾病发病率最高的群体。

北宋九帝中,有四位——真宗、仁宗、英宗和神宗——都患有脑血管疾病。他们脑血管疾病发作时具有若干共同特征,如言语塞涩或不语、行动不便等症状。

嘉祐八年(1063年)三月,五十四岁的宋仁宗赵祯夜里突发急性脑血管疾病,发病后出现失语。御医第一时间赶到开药,但已无济于事,仅两个时辰宋仁宗就去世了。

肥胖症也是古代皇帝的致命杀手。

最出名的应该是南朝宋明帝刘彧。刘彧以贪吃肥胖著称,尤其喜欢吃河豚、腊肉。史载,刘彧"以蜜渍逐夷(河豚肉),一食数升,啖腊肉尝至二百脔"。

由于暴饮暴食,他后来肥胖到了不能行房事的地步。没有继承人怎么办呢?那就把他那些已经怀孕的弟媳们强行拖入宫中,生男孩就把其母杀掉,视为己出。

刘彧死时不过三十四岁。

明仁宗朱高炽也相当胖。

《明史》上说,朱高炽体态肥胖,行动不便,总要两个内侍搀扶才能行动,而且总是跌跌撞撞。他虽然是明成祖朱棣的长子，但因为肥胖，朱棣不喜欢他，差点儿登不了皇位。

不过，朱高炽虽然如愿登基，但仅仅十个月后就去世了，享年四十七岁。

02

对于坐拥天下的皇帝来说，面对众多后宫佳丽，明知纵欲无益健康，明知克制情欲、节制房事可以养生，但就是控制不住自己。

北齐武成帝高湛的宠臣和士开曾劝高湛及时享乐，说：自古帝王，尽为灰烬，尧、舜、桀、纣，竟复何异。陛下宜及少壮，恣意作乐，纵横行之，即是一日快活敌千年。

这种"好话"，高湛执行起来毫不费力，当皇帝不过四年，就因酒色过度而死，年仅三十二岁。

宋哲宗赵煦少年纵欲，患上了"腰疼，便旋中下白物""又多滑泄"的慢性前列腺炎症状。他因房事过度，身体虚弱，抵抗力降低，结核病加重，二十四岁便撒手人寰。

宋哲宗去世后，因无子嗣，徽宗赵佶得以继位。

史载，宋徽宗"五、七日必御一处女，得御一次即畀位号，续幸一次进一阶"。

他的儿子宋钦宗继位后，"放宫女六千余人于外"。宋人据此估计，徽宗时期的宫女至少有万余人。

他的另一个儿子宋高宗赵构，史载其"好色如父，侍婢多死者"。

这位患有严重"恐金症"的逃跑皇帝,很精明地在五十多岁时主动禅位,结果以退位续命,竟然活到了八十岁出头,在宋代皇帝中活出了一个寿命高峰。

中国最后一个纵欲而死的皇帝,应该是年纪轻轻的同治帝。

据说,同治帝小小年龄,耽溺男宠,常常在恭亲王之子载澂、翰林院侍读王庆祺的陪伴下溜出皇宫,微服冶游,整夜在南城琉璃厂、八大胡同等处盘桓,狎邪淫乐。直至第二天早朝时,才神不知鬼不觉地潜回宫中。

结果,同治帝十九岁就英年早逝,虽然官方公布的病情是天花,但民间一直传言是梅毒。

03

服食丹药,也是很多皇帝的死因。

有些皇帝纵欲过度,急需壮阳补肾;有些皇帝追求长生不老,希望成为真正的万岁……他们共同的做法,就是炼丹吃药,结果往往适得其反,导致很多皇帝速死。

东晋哀帝司马丕"雅好黄老,断谷,饵长生药",最终服食过量,中毒而死,时年不到二十五岁。

北魏道武帝拓跋珪则表现出典型的寒食散中毒症状,要么数日不食,要么通宵不睡,喜怒无常。大臣、皇子们人人自危,怀恨在心，最后，他被自己的儿子刺死了。

但要论服食丹药，当数唐代和明代皇帝最疯狂。

据王永平先生统计，唐朝二十一帝中，迷恋金丹者至少有十一帝，即唐太宗、唐高宗、武则天、唐玄宗、唐宪宗、唐穆宗、唐敬宗、唐文宗、唐武宗、唐宣宗、唐僖宗。

其中，多位皇帝因此丧命。如唐太宗因服食胡僧配制的长生药，遂致暴疾不救；唐穆宗李恒因方士进金石之药，吃后中毒暴亡；唐武宗李炎"重方士，颇服食修摄，亲受法箓，至是药躁，喜怒失常"，中毒身亡。

明代十六帝中，有九人服食丹药。他们服药的原因，除了求长生，还有治疗疾病、纵欲与求嗣等。

朱高炽很可能因纵欲过度得了不治之症，服用丹药想求医治，反而中毒身亡；嘉靖帝服用丹药后，经常折磨后宫少女，以致激起宫闱叛变，差点儿被十几个宫女勒死；他的儿子隆庆帝更加荒唐，服用丹药后，"阳物昼夜不仆，遂不能视朝"。他们长期服食含有砒霜、水银、朱砂的丹药，最后不免纵欲而亡。

这份中毒而亡的名单中，最后还迎来了一个重量级帝王——雍正帝。

来自朝鲜的史料记载，雍正晚年贪图女色，病入膏肓，自腰以下长期不能行动，常年要服食丹药。

结果，雍正迷恋丹药的神奇功效，却因此送了性命，享年五十八岁，比起康熙、乾隆，甚至嘉庆、道光都算短命。

04

总体而言，在相对和平稳定的朝代，皇帝们多死于疾病，如西汉、北宋、南宋；当战乱纷争、皇权旁落或者一个王朝即将终结时，皇帝们多死于非命，如魏晋南北朝、五代时期皇帝，多死于各种自杀、他杀。

中国的皇帝，接近三分之一死于自杀或他杀。只有那些明智、运气好，同时帝国处于上升期的皇帝，才能长寿。

比如活了六十九岁的康熙，他曾说：

吾人年老而经事多，则自轻易不为人所诱，每见道士自夸修养得法，大言不惭。但多试几年，究竟如常人，齿落鬓白，渐至老惫。观此，凡世上之术士，俱欺诳人而已矣。神仙岂降临人世哉？

这，才是活得明白的过来人。他儿子雍正不信，不到六十就死了；他孙子乾隆信了，活了八十九岁，创下中国皇帝的最长寿纪录。

三、大宋美食指南——有钱和有权的人都吃什么？

有一天半夜,宋仁宗肚子饿了。

他想吃烧羊肉,可又不愿命令御厨料理,以免此事成为贻害后世的常制,宁愿饥肠辘辘直至天明。

宋仁宗是个美食爱好者,却厉行节约,宫中生活精打细算,就连宋仁宗的皇后曹氏想要做一道皇帝爱吃的糟制淮白鱼,还得亲自向大臣夫人讨要食材。

一次宫廷宴会上,御厨准备了二十八只蟹,宋仁宗还未动筷,说:"这蟹一只多少钱?"

左右答道,一千钱。

宋仁宗颇为不悦,说:"我多次告诫你们,不要奢侈浪费,一下筷就是三十多千钱,吾不忍也。"他将此菜放置一旁不吃,作为警示。

宋代是一个美食盛世,中国饮食的发展至此已进入"鼎盛时代"。上至庙堂,下至市井,煎、烹、煮、炒、烧、烤、炖、熘、煸、蒸、泡等几十种烹饪方式争奇斗艳,大放异彩。

我们熟悉的俗语"柴米油盐酱醋茶",就出自宋代的《梦粱录》。在堪称宋代生活指南的《东京梦华录》中,更是描写了东京汴梁"集四海之珍奇,皆归市易;会寰区之异味,悉在庖厨"的盛景。

01

宋代的文人墨客颇有当大厨的潜质。北宋的梅尧臣、欧阳修、黄庭坚与南宋的陆游、范成大、杨万里等都是有名的"吃货",常将饮食生活写入诗词中。

还有一位勇于承认自己是"老饕"的美食家苏轼,他在一篇《老饕赋》中点评杏仁浆、蛤蜊、蟹、葡萄酒等美食精粹,最后"一笑而起,渺海阔而天高",说起吃的就来劲。

《东坡志林》中,留下了不少其研究美食的记载。

这位宋仁宗年间的进士,一生足迹遍及各地,不仅擅长发掘美食,还为美食代言。以苏东坡名号命名的菜有多种,如东坡肘子、东坡墨鱼、东坡饼、东坡肉等。

若说宋词中写饮食美学的极致,更不得不提苏轼的这一首《浣溪沙·细雨斜风作晓寒》:

细雨斜风作晓寒,淡烟疏柳媚晴滩。入淮清洛渐漫漫。
雪沫乳花浮午盏,蓼茸蒿笋试春盘。人间有味是清欢。

那是元丰七年(1084年),春寒料峭,苏轼与好友同游南山,在山林间野餐。在宋代,立春有馈送春盘的习俗,即以蔬菜、水果、饼食等装盘赠送亲友。春盘中的蓼茸与蒿笋等果蔬鲜脆可口,滚烫的水在茶具中冲起雪花一般的乳白色泡沫,待浮沫退去,就是一杯沁人心脾的春茶。

一句"人间有味是清欢",更是道出了诗人清旷淡泊的人生境界。

苏轼常以品茶、饮酒为乐,自称"酒困路长惟欲睡,日高人渴漫思茶"。他认为,煮茶的关键在于水,以雨雪之水为最佳,井泉甘冷者为其次,而关键在于温度,精妙在于器皿。

他还有一首记咏采茶、制茶、点茶、品茶过程的《水调歌头·尝问大冶乞桃花茶》,颇有一番闲趣:

已过几番雨，前夜一声雷。旗枪争战建溪，春色占先魁。采取枝头雀舌，带露和烟捣碎，结就紫云堆。轻就黄金碾，飞起绿尘埃。

老龙团，真凤髓，点将来。兔毫盏里，霎时滋味舌头回。唤起青州从事，战退睡魔百万，梦不到阳台。两腋清风起，我欲上蓬莱。

纵使人间万苦，一句"吃茶去"亦可自得其乐。苏轼大半生都在贬谪中，尝尽了漂泊的苦楚，却始终怀着一腔乐观向上的人生态度，其中一大原因或许是有美食相伴。

政敌看不惯苏轼苦中作乐，不断将他贬谪，从黄州赤壁矶到西湖之畔，从岭南海滨再到天涯海角的海南岛，但无论去到哪儿，苏轼身边都少不了美食。

苏轼在黄州（今湖北黄冈）时，当地猪肉价格低廉，富贵者不食，老百姓买得起，却不知道如何烹调，浪费了大好的食材。

自己动手，丰衣足食，苏轼便亲自下厨研制猪肉，做出了"东坡肉"，并写下自己的美食秘方，在民间大力推广：

黄州好猪肉，价贱如泥土。贵者不肯吃，贫者不解煮，早晨起来打两碗，饱得自家君莫管。

一道传世名菜就此诞生，而其制作的初衷，其实是苏轼在地方为官的利民之举。

后来被贬惠州（今广东惠州），苏轼不因地处边远而苦闷，却只想"日啖荔枝三百颗，不辞长作岭南人"。

贬到海南时，苏轼又学会烹饪牡蛎，尝到了其鲜美后，还写信给别人，调侃朝中大臣："无令中朝士大夫知，恐争谋南徙，以分此味。"苏东坡这是自嘲地说，如果让他们知道了，我怕他们都争着要来南方。

为了吃，苏轼连死都不怕。

当春江水略带寒意时，江中嬉戏的鸭群已经在江水中感觉到春天的到来，这个季节是吃河豚的好时节。河豚是一道美食，也是苏轼的心头好，因此他才在《惠崇春江晚景二首》其一中写道：

竹外桃花三两枝，春江水暖鸭先知。
蒌蒿满地芦芽短，正是河豚欲上时。

河豚内脏有毒，如果稍有不慎、处置失当，食用后可能毙命。别人吃饭要钱，这玩意儿吃起来要命。有一次，苏轼冒死品尝河豚，别人问他味道如何，他淡定地说："值得一死。"

这老饕，太有仙气了。

02

尽管有美食相伴，苏轼在漫长的漂泊岁月中，仍不免有背井

离乡的孤寂之感,如这首《南歌子·游赏》所写:

山与歌眉敛,波同醉眼流。游人都上十三楼。不羡竹西歌吹、古扬州。

菰黍连昌歇,琼彝倒玉舟。谁家水调唱歌头。声绕碧山飞去、晚云留。

菰黍,即粽子,因菰叶可以裹粽而得名。这首词是苏轼担任杭州知州期间所作。他在端午节登上当地的名胜十三楼参加宴席,席间除了粽子,还有以菖蒲嫩茎切碎加盐制成的昌歇,以及玉壶、玉杯盛装的美酒。

端午节在宋代已经有了多元的文化意蕴,不再只是躲避灾祸的恶月。宋人在端午祈求祛灾,纪念屈原,共饮菖蒲酒,同食粽子。宋代粽子以糯米为馅,种类繁多,有筒粽、团粽、九子粽等。不过那时还没有甜咸之争,宋人食粽,大都喜欢蘸糖而食。

在宋代,夏天的另一个美食,是以夏初竹笋制成的"傍林鲜"。

山间隐士不需要特意上山采摘,只需在夏初林笋正盛时,"扫叶就竹边煨熟",其味甚鲜。这道被称为"蔬食中第一品"的美食,就记载于南宋隐士林洪所著的《山家清供》中。

林洪是一个奇人,诗词书画无一不精,却仕途不顺,只求在山林过幽隐生活。他所著的《山家清供》更是一部奇书,融饮食、养生、文学为一体,以笔记的形式记录了一百余种宋代美食，涉猎广泛。

在传统士大夫看来，林洪的人生可谓特立独行，是个毫无存在感的边缘人。

可他怡然自得，把家搬到山里，称呼自己的妻子为"山妻"，常年游离于世俗之外，投入到碧涧羹、槐叶淘、山家三脆、黄金鸡等山野之菜构筑的美食世界中，以苏东坡等文豪为偶像。

在一个"内卷"的社会，他始终坚持做自己，过自己想要的生活。

有一次，林洪闲暇无事，去拜访好友陈介。陈介头戴角巾，超凡脱俗，一边请林洪饮酒，一边让两个童仆唱起晋代陶渊明的《归去来兮辞》，奉上"松黄饼"佐酒。

松黄饼，是取松花黄和炼熟的蜜拌匀而成，有着特殊的清香。林洪认为，世人所艳羡的驼峰、熊掌等贵重名菜的味道，也远不如这山野间的松黄饼。

还有什么比精神的愉悦与满足更重要？这也是美食存在的意义吧。

03

除了取自山林的美食，在宋代的夏天，由于藏冰技术的进步，民间已经有冰雪可以食用，甚至有人沿街叫卖冰饮。

九龙斋及西单牌楼邱家的冰饮号称"京都第一"，大概相当于那个时代的"网红"店。据记载,他们家的酸梅汤"以酸梅合冰糖煮之,调以玫瑰木樨冰水,其凉振齿",在当时大受欢迎。

宋代冷饮店兴起的背后,是坊市界限打破后市民阶层的崛起。

在北宋画家张择端的旷世杰作《清明上河图》中,中小商人遍布于街道两旁,可以明确认定为餐饮店面的有四十五家,近乎半数。画中还出现了各种特色招牌,堪称打广告的鼻祖。

宋人记载了一则关于打广告的笑话。当时有一个游走街边卖环饼的小贩,为了表示自己家的饼物美价廉,别出心裁地想了一句广告词:"吃亏的便是我呀。"他跑到宋哲宗被废的孟皇后居处瑶华宫附近,也这样叫卖,引起了开封府衙役的注意,怀疑他借此讽刺皇帝废后,就把他抓起来审问。

一经审讯,才知道这个小贩只是为了推销自己卖的饼,便罚杖一百后释放。此时小贩还是按照职业习惯,改口喊了句:"待我放下歇一歇吧。"官府人员觉得又好笑又好气。

据宋朝宫廷统计,当时著名的面点和糕点有八十六种之多。另有人统计,宋代的酒名多达一百余种。此外,宋人吃五谷杂食、饮酒饮茶的种类都比前代丰富,且逐渐普及了三餐制,即便是普通人家也可以有一日三餐的生活。

正因民间餐饮业的发达,宋室南渡后,许多开封的老字号也随之迁移,宋高宗还时不时命人到临安(今浙江杭州)的饮食店采购美食。

04

皇帝经常到宫外取食,一不小心就吃坏了肚子。宋高宗的养子宋孝宗是个蟹痴,有一次就因为吃多了蟹而腹泻不止。

秋天,是吃蟹的最佳季节,尤其要选秋季的母蟹,若是结霜时节的螃蟹则更肥美。南宋朝廷偏安于东南,水道密布,还有海洋贸易,河鲜、海鲜更是取之不尽。《武林旧事》等记载以蟹为原料的菜品就有蟹供、蟹羹、酒蟹、醉蟹、蟹生、洗手蟹等数十种。

出生于绍兴江阴县的陆游,就是一个吃蟹达人。即便是在年老失意时,吃蟹品酒仍然能让他眼前一亮,如他在《记梦》诗中所说:团脐霜蟹四腮鲈,樽俎芳鲜十载无。塞月征尘身万里,梦魂也复醉西湖。

前有苏轼,后有陆游。作为南宋美食家的代言人,陆游诗词中涉及饮食的篇目数以千计,他更喜欢家乡的美食。

在数十年的宦游生活中,陆游将对家乡的思念与壮志难酬的忧虑,都寄托于美食之中,如这首写给老朋友范成大的《双头莲·呈范至能待制》:

华鬓星星,惊壮志成虚,此身如寄。萧条病骥。向暗里、消尽当年豪气。梦断故国山川,隔重重烟水。身万里,旧社凋零,青门俊游谁记?

尽道锦里繁华,叹官闲昼永,柴荆添睡。清愁自醉。念此际、付与何人心事。纵有楚柁吴樯,知何时东逝?空怅望,鲙美菰香,秋风又起。

鲈鱼、菰菜都是典型的江南风味,晋代张季鹰就有著名的莼羹鲈脍之思。陆游心怀北定中原的壮志,在宦海之中沉浮,无法如张翰一样驾车返乡,就只能在秋风中思念鲙美菰香的美味佳肴,空怅望。

除了吃蟹,宋人还"尚羊",倡导以羊肉为主的肉食消费,将羊肉与人参并列,认为羊肉"味甘,大热,无毒",适合在虚劳寒冷时食用,可说是一道冬季的美食。

据《东京梦华录》记载,宋代以羊肉为原料的美食就有炖羊、闹厅羊、入炉羊、蒸羊头、煎羊白肠等数十种。

前文提及的宋仁宗、苏轼都是爱吃羊肉的同好。

苏轼还是烹羊的好手,有一道祛除羊肉膻味的独家秘方:"先将羊肉放在锅内,用胡桃二三个带壳煮,三四滚,去胡桃。再放三四个,竟煮熟,然后开锅,毫无膻气。"

宋仁宗虽厉行节俭,且不愿为半夜吃羊而劳师动众,但宋仁宗一朝也有过宫中一日宰羊多达二百八十余只的记载,可见羊肉在宫廷饮食中的地位。

05

靖康之变前后,两宋宫廷早已抛弃前期诸事尚简、自我约束的生活作风。

文艺皇帝宋徽宗在位时,每次宴席八珍罗列,而无下筷之处,可见饮食的铺张豪华。宋徽宗本人还经常亲自指导宴设,对饮食器皿尤其讲究,所用的材料有玛瑙、琉璃、水晶、翡翠等。

在极尽奢华后,他与儿子宋钦宗一同被金人俘虏而去,受尽屈辱,金樽美酒、玉盘珍馐从此只在梦中。

到了南宋,宋高宗绍兴年间,大臣张俊为皇帝办了一桌史无前例的家宴,广纳近两百种菜品,其中仅羊肉佳肴就有羊舌签、片羊头、烧羊头、羊舌托胎羹、铺羊粉饭、烧羊肉、斩羊等七种,其余奢侈菜品更是不胜枚举。宋高宗带着大小一百多位官员前往赴宴,其中就包括陷害岳飞的宰相秦桧,而且每个人的菜单都不同,可见张俊家宴的奢侈。

这一宴席与唐代烧尾宴、清代满汉全席相比,有过之而无不及。

张俊供奉宋高宗的这份"大宋第一菜单",被全文收录于《武林旧事》中。宋高宗君臣并没有因为这场饕餮盛宴而名垂青史,反而因此为人不齿,备受嘲讽。

帝王、官僚的腐化生活不值得歌颂,只有苏轼、陆游、林洪等真正爱美食、爱生活的文人雅士会被人记住,他们的作品与精神将流传千古。

常年归隐山林的林洪,在《山家清供》中曾讽刺地方为政者只顾大吃大喝而荒废政事:"世之醉酣饱鲜而怠于事者视此,得无愧乎！"可见，这样的不良风俗已经从宫廷传播到各地。

南宋宰相史浩在其所作的《声声慢·喜雪锡宴》中，也曾描写临安宫廷宴会的奢靡：

风收渐沥，雾隐森罗。群山万玉嵯峨。禁街车马，银杯缟带相过。胥涛晚来息怒，练光浮、都不扬波。最好处，是渔翁归去，鼓棹披蓑。

况是东堂锡宴，龙墀骤，貂珰宣劝金荷。庆此嘉瑞，明岁黍应多。天家预知混一，把琼瑶、铺遍山河。这宴饮，罄华戎、同醉泰和。

富而节俭，往往才是真正的强盛，相反，宋朝的宴会越豪华，朝廷就越颓靡。南宋权贵"直把杭州作汴州"，换来的是北伐的荒唐与崖山的血泪。

四、君臣的密折来往——你以为他们只是在搞笑?

下面是真实的奏折内容集锦:

01

闽浙总督:这是台湾的土产叫杧果,献给皇上您。
康熙:知道了,这种东西没什么用,不要再送了。

一个月后……

闽浙总督：这是台湾的土产叫杧果，献给皇上您。

康熙：知道了，以前没见过杧果，本来想看看，看了之后似乎没什么用，以后不要送了。

杭州织造：皇上您好吗？

雍正：朕很好。

如此问候了十多次，雍正说："朕最近还胖了些。"

直隶巡抚：我可以回京城给皇上过生日吗？

康熙：不必上本。

直隶巡抚：我要来给您过生日！

康熙说：不许来！

直隶巡抚：河北下雨了。

康熙：我知道！

大清智商最高、工作最拼的两任皇帝，身边是环绕着一圈又一圈的"欢乐喜剧人"吗？

先说一说送杧果的觉罗满保。他是满洲正黄旗人，进士出身。康熙五十年（1711年）任福建巡抚，康熙五十四年（1715年）升闽浙总督，一直到雍正三年（1725年）逝世，在闽浙总督的位子上干了十年。

康熙六十年（1721年），满保指挥南澳镇总兵蓝廷珍、福建水师提督施世骠率水路军,由澎湖赴台,镇压台湾朱一贵起义,以功加兵部尚书。

朱一贵起义是台湾归入清朝版图以后,发生的第一次大规模社会动乱。朱一贵打的是反清复明的旗帜,起义被平定,康熙对满保的能力还是很认可的。

雍正继位后,对满保的印象也很不错。他曾在湖广总督李成龙的奏折上批示说:"天下督抚中,惟于伊二人(指闽浙总督觉罗满保、福建巡抚黄国材)批谕甚多,写有数十万字。"

那时候,满保已经逝世了,雍正还提起来,说他给满保的批示最多。可见,在雍正心目中,满保的奏折含金量还是很高的。

回过头来,再看觉罗满保给康熙进献台湾土产杧果,这个事儿笑过之后,其实颇堪玩味。

台湾纳入清朝版图,是康熙的武功之一。进献台湾土特产,本身含有地方归化中央的意思,满保不至于昏聩到一而再再而三地去刺激康熙。事实上,在此之前,康熙已经多次表示过,"蕃酸(即杧果)朕一次未见过,曾欲看看","番檨(即杧果)从来未见,故要看看"。

皇帝有这个强烈的诉求,满保才会一再进献杧果。不仅如此,他还把杧果树进呈到了北京,康熙命人将这些树苗遍植京城。在这之后,皇帝过了新鲜劲儿,才对满保说"京城各处均已种植,不必再进"。

不仅是杧果，满保还喜欢给皇帝进献西瓜。最早是康熙给了满保一匣子西瓜籽，让他带到福建试种，满保把大部分西瓜籽送到了台湾，到了收成季节，他开始主动加戏。

第一次，他把西瓜作为贡品献给康熙品尝，但受到了康熙的批评。康熙说，此物，朕未曾令尔呈送，只是说在台湾试种。（我送西瓜籽给你试种，谁让你进贡西瓜了？）

满保并未放弃送西瓜。第二次，他给康熙上了一个长长的奏折，说试种恰逢雨水少，又长虫，瓜皮有裂痕什么的，说了一堆，最后忠心耿耿地表示，他用心挑了一些好的瓜，专门进献皇帝您，并希望皇帝继续赐西瓜籽。

奏折原文如下，可见满保的用心：

窃照今年（康熙五十三年）六月，奴才派赍御赐西瓜籽到台湾种植。今携西瓜至，问之，言八月下种，雨水略少，十月正值生长之际，叶又生虫，故西瓜表皮稍有疤痕，而瓜瓤仍好，自十一月二十日始成熟，今携之来等语。奴才亲自选看，外皮略有疤痕，瓜瓤无恙，仍好。唯今秋台湾雨水不调，故生长似有不足。今特派人赍捧御览。叩请圣主施恩，复赐大内西瓜籽，六月带往台湾谨种。为此谨具奏请。

于是，康熙继续赐下西瓜籽。

第三次，又是各种大风大雨，西瓜越长越小。满保在奏折里，表达了十分忧惧的心情，说只能给皇帝送这么多西瓜了，再多就小得拿不出手了。

搞得康熙只好对他连加安慰，说"西瓜事小，有何关系"。

此后，满保每年都会向皇帝进献西瓜，西瓜成了定期的贡品。他为什么会这么执着地向皇帝进献水果呢，无论西瓜，还是杧果？

因为这是一项特权。皇权体制下，不是什么人都有资格向皇帝进贡的，有资格进贡的人，主要是亲王、郡王、贝勒、大学士、尚书、左都御史、都统、织造及衍圣公等。作为地方大员，只有总督、巡抚、提督，才有资格向皇帝进贡方物。

乾隆年间，皇帝还取消了福建水师提督的进贡资格。

官员以个人名义向皇帝进献贡品，那是十足的荣耀。反过来，也变成了官员向皇帝表达忠孝之意，博取欢心的一种手段。皇帝也心知肚明。康熙就说过，这些贡物哪有那么珍贵，朕不过是借此考察你们的诚敬之心罢了。

原来如此。

02

再说一下汇报雨情的赵弘燮。

赵弘燮这个人很不简单。首先他的出身就不简单。

金庸的《鹿鼎记》中，韦小宝在天津卫见到大胡子将领赵良栋。赵良栋对韦爵爷没有丝毫阿谀奉承之意，搞得韦小宝说出了著名的"两个凡是"：凡是没本事的，只好靠拍马屁去升官发财；凡是不肯拍马屁的，一定是有本事之人。

赵良栋不是小说虚构的人物，他是赵弘燮的父亲。

在平定三藩之乱中，赵良栋立下赫赫战功，官至云贵总督、兵部尚书。官二代赵弘燮继承了父亲的能力，后来又继承了父亲的爵位。他在知县的仕途起点上，就表现了非凡的魄力，改革当地陋规，并把革除事项刻榜公示，堪称政务公开的老前辈。

赵弘燮后来历任山东布政使、河南巡抚、直隶巡抚，在调任直隶巡抚十年后，加总督衔。

直隶是拱卫京师的地方，位置十分重要且敏感，不是最高统治者视为心腹的人，不可能安排在这个地方担任一把手。

通过父子两代人与皇帝的密切关系，以及有目共睹的政绩，我们不禁怀疑：赵弘燮需要通过刷雨情汇报，在皇帝面前刷存在感吗？

答案不用再说。

那么，这些雨情奏折是怎么回事呢？

一般人的想象中，给皇帝的奏折，肯定都是军国大事，芝麻绿豆的事都不好意思烦皇帝劳神。事实恰恰相反，官员给皇帝的奏折中，绝大部分都是小事，比如有关雨雪情形、年景收成、米价贵贱等常态化的奏折最多。

这种汇报地方国计民生情况的奏折，在康熙中期以后，基本上已经制度化。康熙通过指定特定官员向他汇报这些情况，从而掌握整个帝国的基础——农业情况。

有幸被指定汇报雨雪、粮价等情况的人，一定是皇帝的亲信。比如，苏州织造李煦，他有专门汇报当地雨水情形的奏折，称为晴雨册；江宁织造曹寅，也有专门汇报雨水情形的奏折，称为晴雨录。

赵弘燮在这方面是后起之秀。他是在康熙四十四年（1705年）开始奏报雨水情形折的，当时他是河南巡抚，他奏报的雨水情形折，次数之频繁，内容之细，堪称帝国之最。

仔细看那些被当作笑料的雨水情形折，就会发现赵弘燮汇报的是京城及顺天府、河间府、保定真定等各地的雨情，而不是反复汇报一个地方的雨情。

要知道，康熙可不是好糊弄的主儿。有人向他奏报说，眼下湖广、江南、山东、陕西俱已有雪，来年一定丰收，结果遭到康熙的怒斥：明年的收成你就料到啦？你是大神啊？他还会派人去实地验证那些人奏报的雨雪情形是否属实，农作物是否遭遇旱灾等，用他自己的话说，叫作"掘地看视"。

赵弘燮的认真负责，无疑得到了康熙的极度信赖。康熙曾谕令他访报河南邻省的年景，即要他把与河南相邻的直隶、山东、湖广交界地方的作物收成、蝗旱、雨水情况都访查明白，向自己密奏。

这个任务是比较困难的。因为当时赵弘燮仅是河南巡抚，并没有向外省发号施令要求报收成及雨情、蝗灾的权力。但赵弘燮仅花一个月的时间调查，就完成了任务，他派与邻省相接的河南边界县官府前往密访，最终把邻省情况摸得很熟。

正是因为赵弘燮在奏报雨雪、蝗旱、收成等方面很认真仔细，康熙决定调他任直隶巡抚，成为拱卫京畿的心腹重臣。

现在再看，康熙在批示中，说赵弘燮奏报雨水情形"太密",其实全然没有责备之意。就像老板对做事认真仔细的下属抱怨"小赵啊,你的工作态度太积极了",心里显然是极为满意的。

03

最后说一说喜欢请安的孙文成。孙文成是杭州织造,与苏州织造李煦、江宁织造曹寅关系密切,彼此之间有亲戚关系。江南地区有"江南三织造"的说法,指的就是担任这三大织造的三个家族。

因为曹雪芹的知名度,大家都知道曹家在雍正年间被抄。雍正登基后,也曾派浙江巡抚去查孙文成的问题,查来查去,没有问题。五年后,雍正以年老体弱为由,免去了孙文成的杭州织造职务,孙文成平安落地。

不要小瞧孙文成一月一次"皇上您好吗"(恭请皇上圣恭万安)的请安,这背后,实际上是一项严密而恐怖的制度。

这种请安折,一开始类似于见面打招呼,没有特殊内容,是皇帝特许不在京城的臣工与其保持联系的一种权力。皇帝的回复,一般也只批"朕安"两字,身体有特殊情况,或心情大好大坏,才会多加描述。

官员向皇帝进贡是有资格门槛的,请安同样如此。康熙时期,有资格上折子请安的臣工并不多,大多是督抚提镇以上的官员。

在这些有资格上请安折的人中,又分出许多亲疏关系,比如有些人可以随时上折请安,有些人一年只能请一两次。康熙曾责备山东巡抚佛伦,指出他请安的次数多了,"不必时常具奏"。

"江南三织造"与皇帝的亲密关系,这时候就体现出来了。无论是李煦、曹寅,还是后来的孙文成,他们都是上三旗包衣出身,是皇帝极为信任的仆人,所以他们可以随时上折请安。孙文成的请安折,基本上一月一次,密集轰炸,正是因为他具有了这项特权。

请安折的功能,在康熙朝中期悄悄发生了变化。

请安折一般由官员差亲信家奴送到京城,再由皇宫专门负责接收的靠谱太监转交皇帝,因此只有皇帝一个人可以看到内容,保密性极强。在此之前,无论是题本(官员奏请公事)、奏本(涉及私人事务)都是依靠政府系统传递、票拟,别人也能看到内容,所以都是公开的。

康熙决定在私密性极强的请安折上做文章。他指示部分亲信,比如"江南三织造",明确让他们可以在请安折内另附折子上报地方事务。他给李煦的批示说,"但有所闻,可以亲手书折奏闻才好",意思是不管大事小事、流言八卦,都无任欢迎,多多益善。

在此过程中,无论是皇帝本人,还是获得授权密报的亲信,都把这件事儿当作最高级别的机密在操作。康熙无数次在批示此类奏折时强调"万不可与人知道",有一次还连续写了"小心,小心,小心,小心"。

李煦有一次派家奴王可成给康熙送奏折,王可成在路上把奏折弄丢了,却谎报已送进宫里。康熙特别跟李煦交代,不要公开处理王可成,直接宽免,不然会使整个密报体制公开化,这样很不好。

请安折就这样变成了皇帝的密报系统,有资格请安的亲信,也慢慢被发展成皇帝安插在地方的密探。

康熙四十七年(1708年),曹寅受康熙指示,秘密监视并上报大学士熊赐履的任何情况。因为熊赐履退休后住在江宁,这是曹寅的地盘,所以他是最合适的人选。

接下来的一段时间内,康熙多次在奏折里要求曹寅上报熊赐履的最新情况。曹寅也没有辜负皇帝的厚望,把密探工作做得相当到位,打听到了熊赐履交往的都是什么人、每日在干什么、写什么诗、生病吃什么药、叫哪几个医生、最后怎么死的、死后家庭情况怎样,甚至连他湖北老家的地产情况,事无巨细,都摸得清清楚楚。

康熙一直担心熊赐履造反,有了曹寅这么得力的耳目,总算放宽心了。

04

雍正即位后,把老爹这套密报系统更加制度化,同时扩大了上报官员的范围。最高峰时,全国有一千多名官员、僧人、名流、退休官员等,可以直接与雍正实现点对点的信息沟通。

有统计显示,孙文成担任杭州织造期间,向两任皇帝上了两百多个奏折,其中有很多的请安折,但一句"皇上您好吗"的背后,往往附带着许多涉及闽浙地方事务的密报。

你以为人家很无聊,其实"细思极恐"啊。

皇帝在全国布下这么多耳目,鼓励他们互相告密、打小报告,营造出一种"老大哥随时盯着你"的社会氛围。臣僚间都不知道别人所上密折的内容,故人人都处于可能被告密的状态,行事都要小心谨慎,这本质上,已经是一种恐怖统治了。

对此,雍正十分自得,公开表示:"耳目不广,见闻未周,何以宣达下情,洞悉庶务?"

密折制度,绝对算得上清朝的首要罪孽,它扼杀人的主观能动性和创造性,除了雍正的少数几个心腹大臣稍微勇于任事外,广大臣僚都人人自危,仅求自保。

张廷玉在雍正时也算是位极人臣的重臣,而他的为官箴言却是"万言万当,不如一默",整个帝国官僚系统的可悲,由此可见。

雍正元年(1723年),湖广总督杨宗仁向皇帝上了一个单纯的请安折,雍正把他原折中的"奴才"二字涂掉,改为"臣",并批示说,以后称臣比较得体。

这就是当时官僚系统的一个缩影:都争着当奴才,结果还被嫌弃说,你不配。

康雍之后,中国少了一味药,一味可以让脊梁挺起来的药。始作俑者不是别的,正是这些让很多人笑出声的请安折,那些你以为"萌萌哒"的"朕又胖了些"的批语,其实杀人于无形。

五、古人休假指南——现代人是"城会堵", 他们才是"城会玩"

回顾历史,古人如何放假和度假?哪个朝代假期最多、最幸福?而闲散的士大夫们,又是如何度假的呢?

01

假期最多的朝代,毫无疑问是宋朝。

宋代假期多到什么程度呢？全年一百来天假。也就是说，宋朝的公职人员，全年有接近三分之一的时间可以休息。

宋朝人庞元英所著的《文昌杂录》中记载：

官吏休假，元旦、寒食、冬至各七日；上元、夏至、中元各三日；立春、清明各一日，每月例假三日，岁共六十八日。

除了这六十八天的规定假期外，宋代还有一项超级福利，那就是每到农历十二月二十日，官员就可以"封印"回家度假了，然后到次年正月二十，再返回衙门"开印"办公，整个假期前后历时一个月。

不仅如此，碰到皇帝或皇后崩逝的忌日还有大假，大忌十五天，小忌四天，这又是额外的福利啊。

以上满打满算，宋人一年约有一百天的假期。

假期多，福利好，所以，宋人很会吃喝玩乐，北宋人孟元老就在记载北宋开封城的《东京梦华录》中说：

时节相次，各有观赏：灯宵月夕，雪际花时，乞巧登高，教池游苑。

花光满路，何限春游，箫鼓喧空，几家夜宴？伎巧则惊人耳目，侈奢则长人精神。

大意就是说，像元宵节、中秋节等节假日的时候，大家进行各种游玩活动,甚至通宵达旦,有的玩乐方式甚至你听都没听说过。

02

当然,唐代也很不错。

在唐代,加上正常的月休息三天,唐朝的公务员们,每年至少有八十多天的假期。

这八十多天的假期怎么来的呢?

首先,除了每月例休三天、每年共三十六天的例牌公假,唐朝人还有三个黄金周:春节、清明、冬至,这三个节日各放假七天,共二十一天假。

其次,夏至、中秋、腊日各放假三天,共九天假。

还有,元宵节、中元节、端午节、重阳节等各个节日及各个节气都休假一天,二十四节气,又有二十多天的假期。

另外,皇帝的生日(名叫千秋节)、老子生日(老子名叫李聃,唐朝皇帝姓李,自诩是老子后人)、佛祖生日等也放假,儿子行冠礼可以放假三天,子女结婚可以放假九天,亲戚结婚也可以放假,祖父母和父母忌日也可以放假。

所以唐朝公务员的八十多天假期就是这么来的。

唐朝人假期多,官员也多休闲,所以孟浩然会在诗中写道:"五日休沐归,相携竹林下。"

这"休沐",便是古代的公务员每逢工作几天,就会休息一天去洗头、洗澡,回家看望妻儿或是走亲访友、外出游玩。

因为古人留长发束发,又没有现代的自来水和热水器,公务员住在衙门里,天天洗头也不方便,所以休息的那一天,从汉代开始就称为"休沐"。

汉代的公务员,是"五日一休沐",也就是说,是工作四天,就"休沐"休息一天。孟浩然的这首诗,说的也是这个事儿。

唐代时,诗人白居易在放假前,经常跟朋友们先打好招呼,到时一起吃饭喝酒。其在《自咏》中写道:

闷发每吟诗引兴,兴来兼酌酒开颜。
欲逢假日先招客,正对衙时亦望山。

多么悠闲的唐人。

03

秦朝前后,战争频繁、使民酷烈,老百姓根本谈不上什么"休沐",能活着就不错了。但汉朝建立后,提倡"无为而治",注重与民休息,张弛有度、适度悠闲的假日生活,也为艺术和文学的进一步繁盛提供了滋生的土壤。

目前存世最为古老的中国山水画卷,是隋代展子虔的《游春图》。春日秀丽的山色中,这种闲暇游玩,也体现出文人在假期中的怡然自得。

而这种怡情山水的士大夫代表，最为著名的，莫过于魏晋时期的"竹林七贤"。对此，唐代的画家孙位，就凭借想象和借鉴当时的唐朝日常生活情景，将"竹林七贤"们放浪形骸的悠闲生活留在了画卷之中。

进入五代十国后，士大夫们放假时，除了室外的游山玩水，还有室内的娱乐活动，例如南唐的宫廷画家周文矩，就描绘了几位士大夫围聚下棋的闲暇时刻。

作为中国古代假期最多的朝代，宋代的知识分子也在下班后的闲暇时光里有着自己的生活：北宋一位佚名的宫廷画家，就画了北宋士大夫弹琴、奏曲的唯美画卷。

虽然是历史上的著名昏君，但却是顶级艺术天才的宋徽宗赵佶，还曾经和宫廷画家一起共同创作了《文会图》，表现了北宋时期文人士大夫一起休闲聚会、饮酒赋诗的场景。

而北宋著名画家张择端所画的《清明上河图》，更是描绘了北宋首都汴京（开封）清明时节的盛况，围绕汴河沿岸的民俗风情，表现出北宋都城民间的蓬勃生机和假日生活。

04

古人放假时间在宋代达到巅峰期的一百天左右后就急剧减少。元朝的公共假日，例如原来的几个春节、清明、冬至等"黄金周"一律被缩减到两天，或者只放一天假。据考证，元朝时，全年公共假日加上旬休，只剩下五十二天，相比宋朝减少了五十来天。

明朝的假期，跟元代差不多，也是五十来天。但让公务员崩溃的是，原来汉代上四天休一天，唐代上九天休一天，到了明代竟然变成了一个月只休一天假！

所以明代的公务员很辛苦，常常是"每日侵晨于上画卯，至暮画酉""戴星而出，戴星而入"。

当然，这并不影响明代文人的优雅心情。对于近乎自由职业的文人画家来说，工作就是生活，生活就是工作。明代画家文征明在八十岁高龄时（1549年），就应朋友的邀请，画下了他的好友收藏家华夏在赏玩书画的悠闲生活。

到了清朝，鸦片战争前，政府机关大抵沿用明朝的放假制度。但清朝人也有创新，例如冬至、元旦、元宵三个节日，清朝就把它们串联起来放一个月假，直到过完元宵再上班。

进入乾隆时期，天下太平，百姓假期多，安居乐业，清朝苏州籍的宫廷画家徐扬就画了一幅表现姑苏城（苏州）繁华景象的《姑苏繁华图》（又名《盛世滋生图》）。

臣子们休息，皇帝自然也是需要休息的。清朝的宫廷画家郎世宁等人，就在《乾隆帝岁朝行乐图》中，描绘了乾隆皇帝在新年放假的悠闲生活：逗孩子玩，看皇子们放鞭炮、调皮捣蛋。

我们现在所通行的周末休息制度，也是从清朝开始实行的。

鸦片战争后,清廷开始学习西方,将原来每个月三天的旬休假,改成了星期天休假制。所以清代人郑观应在《议院》中就写道:"惟礼拜日得告休沐,余日悉开院议事。"

大家是不是有点儿羡慕古人的假期幸福生活呢?

第五记：浮生记权

一、废帝的保命日常——权力的游戏

在当上皇帝仅仅二十七天后,刘贺就被废了。

作为汉武帝与宠妃李夫人的孙子,刘贺原本与帝位距离遥远。刘贺的父亲刘髆是汉武帝的第五子,刘贺的祖母则是成语"倾国倾城"的本尊——李夫人。李夫人去世后,哀伤至极的汉武帝将他与李夫人的独子刘髆的封国赐封在昌邑（今山东省菏泽市巨野县）。

昌邑远离帝都长安，于是，刘髆与刘贺父子远离政治是非，因此躲过了"巫蛊之祸"等汉武帝晚年时期的政治动荡。汉武帝去世后，即位的汉昭帝（前87—前74年在位）在位仅仅十三年就去世，于是，控制朝政的权臣霍光想来想去，决定让远离长安、没有政治根基的刘贺即位为帝。

皇位突如其来的时候，刘贺才十九岁。他太年轻了，根本没有政治斗争经验。

01

作为一个在遥远封国长大的王侯，刘贺根本不理解帝都长安的政治形势，和权臣霍光一手遮天的跋扈权势。他只知道，要尽快赶到长安城中接替帝位。

于是，刘贺带着几百位封臣和随从，马不停蹄地从昌邑出发。据说他第一天就一口气跑出了六十多公里路，很多马匹直接被累死在路上。他争分夺秒地赶到长安城中，又开始紧锣密鼓地计划向霍光夺权。他太急了，年少轻狂，一切还没开始，霍光就先把他给废了。

尽管刘贺在位只有短短的二十七天，但在宣布废除刘贺时，霍光和他的党羽却一举罗列了刘贺的一千一百二十七条罪状，真是欲加之罪、何患无辞。霍光还下令将刘贺带来长安的数百位封臣和随从斩杀，仅留下少数人跟着刘贺返回昌邑。不仅如此，霍光还宣布废除刘贺的封国昌邑,将其降格为山阳郡。

于是,这位从昌邑王到皇帝的年轻人,连王的称号和封地都没有了。

做皇帝的时间太短了,刘贺没有帝号,后世经常就以"汉废帝"来称呼他。这位轻狂的少年突然登上人生之巅,又在二十七天后急剧陨落,余生的十五年间,他都在废帝的阴影里度过。

废黜刘贺后,权臣霍光又扶持了在巫蛊之祸中死去的戾太子刘据的孙子刘询(原名刘病已)为帝,是为西汉第十位皇帝汉宣帝。

自小在民间长大的汉宣帝精于世故,他吸取了刘贺急于夺权以致被废的教训,一直隐忍在心。他知道,时间在他这边。

果然,汉宣帝即位六年后,公元前六十八年,已经独揽西汉朝政大权近二十年的权臣霍光终于去世,汉宣帝开始亲政。两年后,已经羽翼丰满的汉宣帝对霍家发起政治清算,将霍光家族灭族,至此,汉宣帝终于全部掌握了西汉朝政大权。

此时,距离刘贺被废和汉宣帝登基,也已过去了八年时间。

汉宣帝终于想起了刘贺,于是,他派心腹张敞前往昌邑监视刘贺。直到那时,在史书中已经沉默多年的刘贺,再次出现在了世人眼中。

作为汉宣帝的眼线,张敞仔细观察和了解了刘贺的生活情况。从他的上报资料中我们获悉,当时刘贺在山阳郡仍然有一百八十三名奴婢伺候,他的居所每天都大门紧闭,只开着一个小门,每天由一个差役负责领取钱物、上街采买生活物资。除了送一趟生活物资外,其他时间都禁止人员出入。

这种形同囚徒的禁锢生活,使得刘贺的身体出了问题。因此,当张敞前往刘贺的住处时,只见刘贺身长体瘠,因为身患风湿行动不便,"病萎难行"。

作为曾经的皇帝,刘贺穿着短衣,戴着武夫的头冠,头上还插着一支笔,显得不伦不类。他步履蹒跚地来到张敞面前,张敞故意用言语探问他说:"这里枭鸟(猫头鹰)很多啊!"

枭鸟在古意中指的是恶鸟。

但刘贺随口应道:"我以前在长安,听不见枭鸟的声音,如今回到昌邑多年,又经常听见猫头鹰的叫声了。"

张敞的询问别有用意,刘贺却回答得如此随心。回到长安后,张敞向汉宣帝汇报说,刘贺被废多年,"身患风湿,行走不便,举止痴傻",这既让汉宣帝放了心,又让汉宣帝对自己的这位"前任"动了恻隐之心。

在连续派人监视刘贺都没有发现异常后,西汉元康三年(前63年),汉宣帝下令,将被废黜的刘贺改封为海昏侯,并赐给他四千户封地。

海昏侯国的故址,大概在今天的江西南昌新建区北部。

于是,在公元前74年被废黜,整整被软禁了九年的刘贺,终于迎来了些许自由的时光。他携带着像囚鸟一般的妻儿老小,南下海昏侯国。

此时距离他生命的终点，还有四年时间。

尽管在史书中，刘贺被记载成一个冥顽纨绔的废人形象，但是随着2011年海昏侯墓的陆续发掘，考古学家发现，海昏侯墓中下葬有编钟、琴、瑟等礼乐用器，其中还有各式棋盘和砚台，以及两千多枚记载了各类典籍的简牍，还发掘出了一件绘制有中国最早的孔子形象的屏风。

由此可见，刘贺生前的生活，处处皆有礼乐书法，绝对不是史书所记载的那般昏瞶淫乐。在海昏侯墓出土的简牍中，还有一枚写着文字："南藩海昏侯臣贺，拜上皇帝陛下。"

这是刘贺以谦卑的自称上呈给汉宣帝的文书，但汉宣帝只想让这位"前任"在当时还是蛮荒之地的海昏侯国终老一生，根本不想让刘贺再进入长安。因此，在海昏侯墓内还出土了一个"酎金"，这本是汉朝诸王、列侯在京师长安太庙中，协助皇帝祭祖时，按照封国人口比例缴纳给皇室的钱物和特产。

但汉宣帝彻底禁止了刘贺进入长安祭拜先祖和朝见天子的权利，海昏侯刘贺的"酎金"根本没有机会进贡到长安，只能伴随刘贺长眠地下，一直到两千多年后才为考古学家所发掘现世。

尽管如此，汉宣帝仍然没有忘记派人监视这位"前任"。趁着刘贺被废黜多年后，逐渐放松警惕的心理，汉宣帝派人去套问刘贺说："当初霍光要罢黜你，你为什么不斩杀霍光，却任凭别人夺去你的天子玺印和绶带呢？"

刘贺或许心有不甘，回答说："是的，当初错过了机会。"

这下可不得了，探子立马将对话内容禀奏给了汉宣帝，汉宣帝的近臣们主张立即下令逮捕刘贺。汉宣帝倒没有斩尽杀绝，只是下令削去刘贺的三千户食邑，仅剩下一千户封户伺候刘贺。

原本以为从昌邑王到皇帝，到被废为庶人，再到被封为海昏侯，终于等来些许好日子的刘贺，此时才发现，他的废帝生涯其实一直都潜藏着刀光剑影。

他更加谦卑、谨小慎微，最终，在迁徙到海昏侯国仅仅四年后，公元前59年，刘贺在监视和软禁下惶恐去世，终年仅三十四岁。

在中国历史的众多废帝中，他的结局还算好的。但显然，这并非他想要的人生。

02

汉废帝刘贺曾经体验的痛苦，唐中宗李显也感同身受。

李显曾经在683—684年、705—710年两度在位。其中第一次做皇帝时，李显仅仅过了五十五天皇帝瘾，就被母亲武则天废掉了。

李治去世后，根据立长原则，李显即位为帝，是为唐中宗。唐中宗李显比较任性，登上大位后，很快就忘记了各位兄长是如何惨死在母亲武则天手下的。尽管政事全部被武则天所控制，但李显还是试图组建自己的政治班底。登基仅仅一个多月，他就想任命自己的老岳父韦元贞为侍中（宰相职）。接受唐高宗李治遗诏辅政的裴炎认为此举不当，进谏劝止，李显立马就发怒了，咆哮着说："我以天下给韦元贞，也无不可，难道还吝惜一个侍中职位吗？"

裴炎出皇宫后，转身就把李显的言语转告给了控制朝政的武则天，暴怒的武则天大为光火，下令废黜李显为庐陵王。李显很不服气，反问武则天："我有何罪？"

武则天怒斥儿子李显说："你欲将天下送给韦玄贞，何得无罪？"

罢黜李显后，武则天又扶持自己的另外一个儿子李旦上位，是为唐睿宗。

在位仅仅五十五天，就被废黜贬出长安，二十八岁的李显开始认真思考起自己的处境。此后二十二年间，一直到705年通过神龙政变二度称帝，他都在胆战心惊中度日如年。

李显被废后，先后被软禁于均州（今湖北省均县）、房州（今湖北省房县）长达十五年，妻子韦氏一直陪伴着他，两人相依为命，尝尽人间艰辛。当时，每次听说武则天派使臣前来，李显就以为武则天要像杀他的各位哥哥一样干掉他，经常惊慌失措想要自杀，而韦氏总是安慰他说："祸福无常，也不一定就是赐死，何必如此惊恐。"

当时，武则天虽然扶持自己的小儿子李旦为帝，但实际朝政大权仍然牢牢掌控在自己手中。为了加紧称帝，她开始疯狂屠戮李唐宗室，这使得各地的实力派和李唐宗室纷纷起兵叛乱。先是唐朝开国功臣李勣（徐世勣）的孙子李敬业（徐敬业）起兵，后来,越王李贞、琅琊王李冲也相继起兵讨伐武则天篡夺政权,而他们也多以匡扶庐陵王李显复位为口号。但无一例外,这些人都先后被武则天派出的军队击败。

如此一来,被废黜在外的庐陵王李显的处境就越来越危险了,尽管他是武则天的亲生儿子,但他没有忘记,他被贬黜的房州(今湖北省房县),也是他的大哥太子李忠曾经被软禁之地,而李忠最终也是被武则天所杀。

所以,外界越是以匡扶庐陵王为口号,李显的处境就越是凶险。李显被流放六年后,公元690年,武则天废黜了唐睿宗李旦,改国号为周,自己公开称帝,是为中国历史上唯一的女皇帝。

武则天称帝时已经67岁,在古人寿命较短的现实困扰下,从她登基开始,谁来接班就一直是一个棘手的问题。起初,武则天想立自己的侄子武承嗣为皇嗣,但武承嗣残暴、好色,后来又郁郁不得志,提前死掉了。于是,武则天又想立她的另外一个侄子武三思为皇嗣,但却遭到宰相狄仁杰等朝臣的极力反对。

狄仁杰挺身劝说武则天说,"臣观天人未厌唐德",还是要立李唐之后,况且梁王武三思只是陛下的侄子,而庐陵王李显、皇嗣李旦却是您的亲生儿子,姑侄与母子相比,哪个更亲呢?

几经权衡,圣历元年(698年),武则天最终决定迎回儿子李显做接班人。

李显回到洛阳后,被重新立为太子。但在当时,武则天的侄子等家族成员仍然处心积虑地想要除掉李显、李旦等李唐子嗣，以便武氏家族成员继位称帝。

为了与武则天家族搞好关系，李显决定与武则天家族联姻，于是，他将女儿永泰公主嫁给了武则天的侄孙武延基，使其成了魏王武承嗣的儿媳；后来，李显又将幼女安乐公主嫁给了武则天的另一位侄孙武崇训，使其成了梁王武三思的儿媳。

通过与武氏家族的联姻，李显似乎觉得自己的地位开始巩固了，但他显然低估了母亲武则天。

尽管高龄登基，但武则天身边一直不缺男宠，她登基后更是经常在朝野举行选美大赛，引得各路人马蠢蠢欲动，想要服侍女皇。

对于祖母武则天的这些举动，李显的子女也免不了一番调侃。

武周长安元年（701年）九月，李显的儿子李重润和女儿永泰公主在私下议论祖母武则天的风流韵事，并对武则天宠爱张易之、张昌宗兄弟深表不满，没想到却被密探禀告给了武则天。武则天大怒，下令逼迫李重润、永泰公主，以及永泰公主的驸马武延基自杀。

对于连亲生儿子都痛下杀手的武则天来说，杀几个孙子、孙女根本不是什么事儿，因为他们讨论的可不仅仅是祖母的私生活，而是挑衅了女皇的权威和至尊地位。无论是谁，私下议论女皇，只有死路一条。

面对儿子、女儿和女婿被杀的现实,李显更加战战兢兢。他原本以为活着回到洛阳,加上小心翼翼交好武氏家族,就可以为自己保驾护航。但事实证明,他在母亲面前还是显得太过于稚嫩了。他显然是以母亲的视角去看待女皇,但女皇想要的,只是一个俯伏在地的接班人而已。

到了神龙元年(705年),武则天已经八十二岁了,她身染重病,却丝毫没有放权的心思和迹象,只是命令男宠张易之、张昌宗兄弟日夜陪护,而太子李显、宰相张柬之想要觐见女皇,却被屡屡拒之门外。

因担心政局有变,宰相张柬之、崔玄暐,以及掌管兵权的薛思行、李多祚等人决定联合发动政变,从武则天手中夺权。

他们派出驸马都尉王同皎,到东宫去迎接太子李显,没想到性格懦弱的李显却吓得魂飞魄散。从684年被废帝,二十一年来,他在母亲武则天的长期高压下一直活得战战兢兢,根本就没有想过要挑战母亲的权威甚至夺她的权。当王同皎等人冒死前来的时候,李显仍然畏畏缩缩不愿出面。

对此,王同皎愤慨地说:"诸位将帅宰相为了国家不顾身家性命,殿下为何还不愿意出面?"

李显这才很不情愿地被迫出面,参与政变,尽管他将是最大的利益获得者。

神龙政变后第三天,武则天最终下诏传位于太子李显。政变后第四天,李显重新继位,是为第二次登基的唐中宗。

但复位的李显并没有活太久,五年后(710年),他被当初许诺如果复位当皇帝、一定不阻拦她做任何事的妻子韦氏，以及希望效仿奶奶武则天登基称帝的女儿安乐公主联合投毒所杀，终年仅五十五岁。

作为一位重新登基的废帝，他或许至死都没有明白皇权帝位的凶险所在。

03

如果说汉废帝和唐中宗是被废黜，那么明英宗朱祁镇的遭遇，则多少有点儿咎由自取。

明朝正统十四年（1449年），二十三岁的明英宗在太监王振的撺掇下，决定御驾亲征北方宿敌——蒙古瓦剌部。结果由于草率轻敌，明军在土木堡之变中全军覆没，明英宗本人也被蒙古人所俘虏。

为了避免明朝灭亡和保卫国土，留守北京的大臣在危急之下，决定推举明英宗的弟弟、郕王朱祁钰为帝，以此凝聚人心、击退蒙古人。于是，明英宗在瞬息万变之下，成了敌人手里的太上皇和废帝。

当时，蒙古人在土木堡之战后决定进行休整，然后再南下入侵大明，于是瓦剌人裹挟着废帝朱祁镇先是北上，然后又南下入侵。由于明朝已经拥立新君，因此，蒙古人裹挟朱祁镇所过之处，守城兵将都不肯打开城门，蒙古人无奈之下，只得裹挟朱祁镇绕开大同等各路重镇，直抵北京城。

朱祁镇被俘，是在正统十四年（1449年）的中秋节。到了这年的十月十一日，他被蒙古人裹挟抵达北京郊外的卢沟桥。再次看见卢沟晓月时，朱祁镇感慨万分。

而此时，明军则在临危受命的兵部尚书于谦等人的有力组织下，向蒙古军队发起了猛烈还击。由于进攻受挫，加上明军各路勤王军马仍在源源不断地开赴北京，担心被首尾夹攻的蒙古人决定撤退北归。

北京保卫战发生在1449年农历十月，当明英宗被蒙古人裹挟回到漠北高原时，已是隆冬时节。昔日贵为天子的朱祁镇，此时身边只剩下锦衣卫校尉袁彬、通事哈铭和卫士沙狐狸三个人伺候。蒙古人只给他们四个人准备了一辆马车和一匹马，以供废帝朱祁镇使用。

朱祁镇每天都在盼望着南归，但即位的弟弟景泰皇帝朱祁钰却非常担心哥哥朱祁镇回归后争夺帝位，因此对迎回"太上皇"意兴阑珊。最终还是主持北京保卫战的于谦说，天位已定，即使太上皇回归，皇位也不会更改，景泰帝才答应迎回哥哥。

一直到景泰元年（1450年）八月二日，朱祁镇在做了近一年俘虏后，才终于南下归国。临别时，蒙古瓦剌首领也先率领部下送了半日路程，还把自己的弓箭战袍赠送给了朱祁镇。

到了农历中秋节八月十五日，也就是朱祁镇被俘整整一年的日子，他终于进入了北京城。在一番礼节性的迎接后，朱祁镇被送入南宫（紫禁城之东的南池子一带）居住。此后的七年间，他都被软禁在此,无法迈出南宫一步。

更让朱祁镇难过的是,弟弟景泰帝为了保持形象,起初还让朱祁镇的儿子朱见深继续当太子,但到了景泰三年(1452年),景泰帝就下令废黜了朱见深,改而任命景泰帝自己的独子朱见济为太子。朱见济一年后夭亡,但景泰帝总想着自己再生一个儿子,宁愿太子之位空着,也不同意恢复朱见深的太子地位。

在被软禁于南宫七年的日子里,朱祁镇的生活越来越难。他每天所需的膳食,都是从洞穴中被递进来,不好吃就算了,还经常不够吃。他原来的钱皇后只得放下身段,日夜刺绣,并托人拿出去转卖换取一些饮食。

废帝的日子看似没有尽头,但机会突然而至。

到了景泰八年(1457年)正月,景泰帝重病,一直不见好转,曾经参与北京保卫战的武清侯石亨、太监曹吉祥,以及失意朝臣徐有贞等人决定联合冒险,聚兵支持朱祁镇复辟,史称夺门之变。

当时,景泰帝重病不起,当听到外面的喧嚣声时,他知道事情有变,当得知是哥哥朱祁镇夺门复辟时,景泰帝只是连声说着"好,好!"

明英宗朱祁镇的复辟,发生在1457年正月十七日。四天后,明英宗朱祁镇宣布将年号由景泰八年改为天顺元年。一个月后,景泰帝朱祁钰"薨"。据传说,景泰帝实际不是病死,而是被明英宗指使太监蒋安将其勒死。

景泰帝死后,明英宗下令将其谥号定为"戾"。

在逼死景泰帝之前,明英宗朱祁镇还下令,将在八年前主持北京保卫战的英雄、兵部尚书于谦处斩。起初,对于是否杀于谦,明英宗还有点儿犹豫,但参与夺门之变的徐有贞却说"不杀于谦,此举为无名",明英宗便决定痛下杀手。

于谦被杀后,北方边防逐渐废弛。面对边塞不断的报警,明英宗经常愁眉不展。有一天,恭顺侯吴瑾趁机说了一句:"使于谦在,当不令寇至此。"

但明英宗无意为弟弟景泰帝及大英雄于谦平反,因为他的复辟,正是踩着他们的尸体才得以"正名"的。

明英宗复辟后,又继续当了八年皇帝。到了天顺八年(1464年)正月,明英宗病重。临死前,他下令废除了明朝皇帝的殉葬令,他对太子、后来的明宪宗朱见深说:"殉葬非古礼,仁者所不忍,众妃不要殉葬。"从而破除了从明太祖朱元璋开始实行的、皇帝死后要妃子殉葬的成例。

或许,曾经的废帝生涯,让他多多少少心生怜悯,拥有了人间的些许温情。

二、储位争夺战——无情最是帝王家

李世民张弓搭箭,射向了自己的哥哥——太子李建成。

这是大唐武德九年(626年)六月初四的早晨,当兄弟相残的血案发生时,他们的父亲、唐高祖李渊正带着几个重臣在皇宫里准备查验一起"丑闻":前一天晚上,李世民告诉父亲,大哥李建成和四弟李元吉淫乱后宫。顿感愕然的李渊说,你们三兄弟明早过来当面对质。

天亮后，李世民却在玄武门埋下伏兵。

李建成和李元吉一起骑马入朝，进入玄武门，发现情况不对劲。二人立即掉转马头，准备返回东宫。李世民从后面叫住他们，李元吉先张弓搭箭射向李世民，但由于心急，一连几次都没能把弓拉满。

这时，李世民出手果决，一箭射死了帝国的储君李建成。

为了争夺皇位，兄弟混战就这么开始了。李世民杀了两个亲兄弟，同时又将李建成和李元吉的十个儿子全部斩尽杀绝。帝国变天了。

紧接着，李世民逼父退位，自己做了皇帝。而他那被杀的兄弟则在诏书里被攻击得一无是处，死有余辜。

玄武门之变，是中国历史上储位争夺战的缩影。虽是手足之间的争夺，但它体现出来的残酷、嗜血和疯狂，比外姓之争还要激烈。

可是，历史上几乎每朝每代都有"玄武门之变"上演。难怪熟读帝王家史的人都有点儿麻木了，只能感慨一句：无情最是帝王家。

01

因为玄武门之变的影响过于深入人心，所以，很多人以为太子储位的最大威胁来自于太子的兄弟，但其实并非如此。

通常情况下，太子最大的威胁，来自于尚在人间的父皇。

公元前128年，二十九岁的汉武帝刘彻终于等来了自己的第一个儿子。汉武帝欣喜异常，又是命大臣写赋，又是修祠建庙，举国欢庆。

这个儿子，就是刘据。

刘据出生后，他的生母卫子夫便被汉武帝立为皇后，刘据的身份也随之变为嫡长子。到了公元前122年，刘据被汉武帝立为太子，成为汉帝国的储君。

然而，随着刘据一天天长大，汉武帝却渐渐发现，太子不像自己。

汉武帝心中的太子，应该跟自己一样雄才大略，继承自己的路线，继续开边、兴利、改制、用法，努力建设富强的国家，但刘据却不是这一路人。

史载，刘据"性仁恕温谨"，在许多事情上，都跟汉武帝意见相反。

每次汉武帝要兴兵远征，太子就出来谏阻，主张用怀柔政策，不要打打杀杀。汉武帝对此有些不满，有一次直接对太子说："吾当其劳，以逸遗汝，不亦可乎？"我现在跑前跑后，苦活累活都干了，到时给你留个安逸、太平的帝国不好吗？

在政治上，汉武帝"用法严"，多用酷吏，喜欢搞一大堆刑事案件约束百官；而太子却"宽厚，多所平反，得百姓心"。所以，酷吏们自然也不喜欢太子：要是这样一个"仁慈"的储君继承了皇位，那还要我们这些酷吏做什么呢？

一边是当今的天子,一边是未来的天子。朝中群臣看得明白,于是"宽厚者皆附太子,而深酷用法者皆毁之"。

要么站皇帝一边,要么站太子一边,大汉的朝堂实际上分裂成两派。

但很长时间内,汉武帝并无废掉太子的打算,因为太子的背后,还站着一个势力强大的外戚集团。

在汉武帝对匈奴的战争中,刘据的舅舅卫青、表兄霍去病都战功赫赫,在他们周围,还有李广、公孙贺、公孙敖等一大批功勋卓著的军人。他们或出将入相,或为九卿郡守,一时间成为朝廷政治的重心。

后来,霍去病早逝,卫青的三个儿子接连失去爵位,卫青病逝,皇后卫子夫失宠等,卫氏外戚集团势衰,太子刘据也就没有了最有力的奥援。

到了公元前91年,汉武帝已经六十六岁高龄,太子也近不惑之年,连孙子都有了。

父子间日渐疏远,导致矛盾越来越深,互相有了猜疑:汉武帝怀疑太子可能会抢班夺权,而太子则怀疑汉武帝可能会废掉自己的太子之位。

这种情况下,只需要一点儿火苗,就会引爆父子间的一场残杀。

这一年,丞相公孙贺之子公孙敬声因挪用公款被逮捕下狱。为了救儿子一命,公孙贺便主动向汉武帝请缨,去捉拿帝国头号通缉犯朱安世，以朱安世的命，赎自己儿子的命。

朱安世是行走江湖的大侠，抓这种来无影去无踪的人谈何容易？然而，公孙贺竟然成功了，他真的抓到了朱安世。

不过，被捕的朱安世却笑了笑——这大概是史上最恐怖的冷笑："丞相祸及宗矣！"丞相，你的灭族之期到了啊。

在狱中，朱安世向汉武帝告发："公孙敬声与您的女儿阳石公主私通，为了能与之长相厮守，让巫师在通往甘泉宫的路上埋了木头人偶，诅咒皇上您早日归天。"

西汉盛行巫蛊术，用桐木刻制人偶，作为自己仇人的象征埋入地下，然后念咒，诅咒其早死。

汉武帝一听自己被人下了巫蛊术，大怒，将公孙贺父子下狱，并命人调查，结果真的在甘泉宫路上挖出了木头人偶。公孙贺百口莫辩。

于是汉武帝斩了公孙贺父子，灭其族，一同被杀的还有卫皇后所生的两个女儿阳石公主和诸邑公主，以及卫皇后的侄子——卫青之子卫伉。

这些被杀之人，都有卫氏外戚集团背景，公孙贺之妻卫君孺，正是卫皇后的姐姐。换句话说，公孙贺等人被清洗，意味着太子在朝中的势力大受折损，他与母亲卫皇后瞬间成了"孤儿寡母"。

借着这场巫蛊之祸，酷吏奸臣开始有怨报怨，有仇报仇。

汉武帝身边有个酷吏叫江充，奉行严刑峻法，素来受到汉武帝的赏识。但江充曾经因事忤逆过太子，眼下汉武帝身体欠佳，怕是时日不多，因此他有些惴惴不安：假如日后皇帝驾崩，而太子真的坐上了龙椅，这天下还有我江充的活路吗？

于是江充横了心，要趁汉武帝在世时扳倒太子。他向汉武帝进言，说皇帝龙体仍欠安，正是因为巫蛊之事还没清查干净，还有人在埋木头人偶诅咒您。

汉武帝信了，命江充继续追查巫蛊之事。

血雨骤下，江充带人在太子的寝宫挖出了许多木头人偶。鬼知道这是谁埋的，什么时候埋的！

太子当即崩溃了，赶紧问自己的老师石德该怎么办。石德给太子讲了一堆道理，说了一堆计策，其中有一句话："你忘了秦朝扶苏太子的事儿了吗？"

太子不想落得跟扶苏一样的下场，遂假传圣旨，收押了江充等人，将鼓捣木头人偶的胡人巫师烧死，又亲自监斩，杀了江充。

长安流言四起，都说"太子反了"，有人逃出长安，跑到汉武帝所在的甘泉宫报告长安发生的事儿。

汉武帝起初是清醒的，担心信息有错，便派人再去长安了解情况。但历史就是这么吊诡，恰恰是这个被派去长安的信使，充当了逼死太子的最后一根稻草。这个信使素来不讨太子喜欢，没敢进长安城，便回来向汉武帝谎报："太子反已成，欲斩臣，臣逃归。"

汉武帝勃然大怒，急令丞相刘屈氂领兵征讨太子。太子在长安将城里的数万百姓武装起来与刘屈氂交战,打了五天,死者数万,长安城中血流成河。

由于百姓们听闻是"太子谋反",都不敢依附太子,太子最终兵败,一个人逃出了长安。

事后,太子的门客,尽被斩杀;凡是跟随太子造反的,一律灭族;被胁迫参与谋反的军民,一律发配敦煌。一个月后,太子刘据逃无可逃,绝望中自缢身亡,他的两个儿子,也旋即被杀,皇后卫子夫也早已在宫中自杀。

这一事变的结果,是卫皇后家族及其与武帝生的儿女、孙辈,除太子之孙刘询侥幸被搭救外,尽皆死于非命。

等到汉武帝反应过来,怀疑太子造反的真实性时,为时已晚。

公元前87年,汉武帝死前立了最小的儿子,年仅八岁的刘弗陵为新太子。而那个"陪跑"了三十余年、下场悲凉的"戾太子"刘据,就这样消失于残酷的权力场之中。

02

既然父皇对于太子的存废具有最终决定权,那么,讨好父皇便成为夺取储位的关键步骤。

按照史书的说法,隋朝的杨广就是这么被立为太子的。

杨广是隋朝开国皇帝杨坚与皇后独孤伽罗的次子。根据嫡长子继承制,杨广不是天然的太子。事实上,杨坚建立隋朝后,便确立了杨广的大哥杨勇的太子之位。

史载，杨勇"颇好学，解属词赋，性宽仁和厚，率意任情，无矫饰之行"，被立为太子后，深得父皇厚爱，慢慢磨练处理政务的能力。他曾负责屯兵咸阳，防备胡人入侵，也曾坐镇洛阳。杨坚一度想把山东（指崤山以东）人强制迁徙去守边塞，被杨勇谏阻后作罢。

当时的隋帝国，主要有关陇集团和山东集团两大势力。关陇集团沿袭西魏—北周—隋朝的权力更替脉络，是无可争议的统治集团。杨坚的父亲杨忠，原来是西魏的十二大将军之一；杨坚的岳父独孤信更了不得，是西魏的八大柱国之一。杨坚的出身和联姻都是关陇集团的权力核心。山东集团则沿袭东魏—北齐的政权更替，因北齐被北周所灭，故权势低关陇集团一头。后来，隋朝攻灭陈朝后，随着帝国版图扩张，又有了江淮集团势力。

杨勇两度出镇山东，又与渤海高氏出身的宰相高颎缔结姻亲，因此与山东集团关系十分密切。这就像杨广后来借助杨素的关陇势力，以及主管的江淮势力进行夺权一样，太子之争的背后是不同集团的较量。

只是在当时，这一切均潜藏于水面之下，不曾显山露水。连隋文帝杨坚都向群臣夸耀说："前世皇王，溺于嬖幸，废立之所由生。朕旁无姬侍，五子同母。"意思是说，我杨坚对婚姻很专一，只有独孤皇后一个老婆，五个儿子都是一母所生，所以，也断不会发生史上常见的孽子忿争储位之事。

当然，杨坚后来就发现话说早了。

起因仍然是父子间的权力消长。借助高颎、李德林等山东集团的支持，太子杨勇在朝中的权势越来越大。一年冬至，杨坚发现杨勇在东宫像皇帝一样迎接百官朝贺，顿感心惊，怀疑太子欲收天下之望，芥蒂就此埋下。

于是，杨坚下令整编卫队，把东宫宿卫队中的骁勇之士全部撤掉。高颎提醒杨坚说，这样搞恐怕"东宫宿卫太劣"。杨坚又感到心惊，这高颎是杨勇的儿女亲家，如此袒护杨勇，将来不知道会搞出什么事来，便开始防备高颎。

与此同时，杨勇也失爱于母亲独孤皇后。

独孤皇后不是一般的皇后，她与杨坚合称"二圣"，对朝局有相当的控制力。杨勇的原配夫人元氏，是独孤皇后亲自择配的高门望族元孝矩之女，但杨勇不喜欢，还收纳了很多美女，这让独孤皇后很不高兴。后来元氏暴死，独孤皇后怀疑是被杨勇谋杀的，曾严厉责骂过杨勇。

就在太子杨勇处处招惹父母不满之时，他那个靠演技拿下皇位的弟弟杨广，开始了影帝级别的表演。

杨广一面在父母面前装孝顺，扮朴素，骗得贤孝之名；一面收买权臣杨素，散播谣言，说太子杨勇求神占卜，盼望皇上早死，搞得杨坚防太子如防大敌，终于在开皇二十年（600年）废杨勇为庶人，改立杨广为太子。

杨勇被指定由杨广管制，但他自认罪不至被废，屡屡要求面见隋文帝杨坚，却都被太子杨广给拦下。情急之下，杨勇爬到树上，大声呼喊隋文帝，希望隋文帝听见后可以见他一面。

杨素趁机向隋文帝进逸言说："杨勇已经心神丧失了，被妖魔附身，魂都收不回来了。"

结果，杨坚是听到了杨勇的呼喊，但只当是一个疯子的呼叫而已。

仁寿四年（604年），杨坚卧病于仁寿宫，史书载，杨坚的姬妾陈贵人遭到太子杨广非礼。陈贵人将此事告诉杨坚后，杨坚始知冤枉了杨勇，紧急派人召杨勇进宫，准备废杨广而复立杨勇为太子。

但此事被杨广拦截，随即杨坚便暴崩。杨广继位，立即假拟隋文帝诏书，赐死杨勇。

杨广后来追封杨勇为房陵王，但是子嗣不得继承其位，全部流放济南，后来多数都被杨广杀死。

03

到了清朝康熙年间，帝国储位之争更是进入了前所未有的白热化阶段，这便是历史上有名的"九子夺嫡"。

康熙多子多女，一生拥有三十多个儿子，光参与排序的皇子就有二十多个。其中有九个皇子参与了皇位争夺，过程可谓相当激烈而残酷。

二阿哥胤礽是康熙的嫡长子，刚满周岁就被立为皇太子。但他在做了三十多年太子后，在康熙四十七年（1708年）九月初四被父皇宣布废黜了皇太子身份。

理由很简单：二阿哥太想尝尝权力的甜味了，以至于说出了

"天下岂有三十年的太子"这样的胡话，这让康熙认定，不能让这个无情无义、不仁不孝的儿子为君。

皇太子一废，众阿哥都觉得自己有机会了，于是都蠢蠢欲动，不念亲情，互相倾轧夺权，搞得康熙这个当爹的头痛不已，连"诸皇子有钻营为皇太子者，即国之贼，法所不容"这样的狠话都放出来了，但还是不管用，阿哥们分成几派，权斗不休。

在废掉皇太子胤礽两个月后，康熙召集满汉文武大臣齐聚畅春园，让他们从诸位皇子中举奏一位堪任皇太子之人。

大学士马齐先到了，说众人有意推举八阿哥胤禩。康熙帝不置可否，直接让马齐回去，会议你别参加了。这时，领侍卫内大臣兼理藩院尚书阿灵阿等人，开始搞小动作。他们偷偷给诸臣比划了个"八"字，于是诸大臣异口同声推举八阿哥为皇太子。

这就弄得康熙很尴尬了。

此前，康熙已发现八阿哥到处拉拢，私结党羽，怀有野心。他甚至要把八阿哥关起来，罪名是谋害皇太子胤礽。十四阿哥胤禵听说后，进宫营救，结果惹得康熙帝大怒，拔出佩刀，要杀胤禵。

为消弭诸皇子对储君之位的纷争，康熙最终无奈，选择了复立胤礽为皇太子。

但二阿哥显然错估了康熙的爱与宽容。他故态复萌，公然结党，甚至联合步军统领托合齐等人，策划逼康熙尽早让位。

康熙很生气，后果很严重。在召见文武大臣时，康熙说，你们都是朕一手提拔的，受恩五十年，现在站队站到皇太子那边去了,你们到底想干什么?

康熙还没来得及把托合齐凌迟处死,托合齐就幸运地一病归西了。这并不足以平息康熙的愤怒,康熙命将其"锉尸扬灰,不准收葬"。

再次废掉二阿哥胤礽之后,康熙已经不敢轻易指定继承人。

皇太子党、皇长子党、皇八子党互相倾轧,但他已经毫无办法。他曾忧愤地对他的儿子们说:"日后朕躬考终,必至将朕置乾清宫内,尔等束甲相争耳!"在这里,他以春秋五霸之一的齐桓公晚年的境况自喻。齐桓公晚年,五个儿子树党争位,齐桓公刚死,诸子相攻,箭射在尸体上,也没有人顾及,其尸体在床上六十七天没法入殓,以致蛆虫爬出窗外。

随着时间推移,一直深藏不露的四阿哥胤禛和十四阿哥胤禵,成为储君的有力争夺者。

康熙五十七年(1718年),康熙命十四阿哥胤禵为抚远大将军,征讨准噶尔部。行前,康熙举行一系列仪式,表明他对这位皇子的期望。九阿哥胤禟甚至对胤禵说:"早成大功,得立为皇太子。"可见,他们都把这次出征立功,视为胤禵争取皇储的机会。

但人算不如天算,胤禵尚未班师回朝,康熙却一病不起。

康熙六十一年(1722年)十一月十三日,康熙驾崩,胤禵不在身边。

正史记载,当天清晨,康熙病重,紧急召见三阿哥、七阿哥等七个皇子和步军统领隆科多，宣布："雍亲王皇四子胤禛，人品贵重，深肖朕躬，必能克承大统，著继朕即皇帝位。"

尽管四阿哥胤禛在"九子夺嫡"中胜出的真相一直是历史疑案，但在康熙心中，胤禛其实是不错的储君人选。

在诸皇子争夺储君之位最激烈的时候，许多人都忽略了这个后来终临大位的四阿哥。他出身庶门，热衷佛学，与世无争，把真实的动机隐藏在心灵深处，给康熙留下的是一个较为淳厚老成、孝敬恭谨的印象。他没有参加皇太子党，也没有参加皇长子党，更没有参加皇八子党。他头脑相当清醒冷静，在兄弟角逐皇储时做起了超然派，这对于被诸皇子内斗搞得焦头烂额的康熙来说，无疑是最大的欣慰。

争是不争，不争是争。在无情的皇储争夺战中，四阿哥胤禛将戒急用忍的斗争哲学运用到了极致，最后脱颖而出，成了康熙的继承人。

即位后，雍正帝胤禛才展现出他的真手段，将此前对他构成威胁的兄弟们一律圈禁，极尽羞辱，一个都不放过。

历史无情，而历史上的储君争夺战更有一百种方式展示它的无情。当李世民一箭射杀自己的兄长时，他或许想不到，后世还有更高明的权力玩家，可以杀人不见血。

三、古代公务员职场"摸鱼"记——要有识明主的慧眼

东晋永和十年(354年),荆州刺史桓温奉命统兵北伐前秦,驻军灞上(今陕西省西安市东南)。眼看长安指日就可攻下,但桓温却按兵不动了。

这时,一个贫寒出身的隐士,从华山赶到桓温的大营求见。

桓温请他谈论对时局的看法。此人在大庭广众之中,一面扪虱,一面纵谈天下大事,滔滔不绝,旁若无人。

桓温暗自称奇，要此人出山南下，做自己的谋士。但此人通过此次面谈，已经认定桓温不是自己要找的老板，于是拒绝了桓温的邀请，回去继续隐居读书了。

此人便是被称为"一时奇士"的王猛。

01

桓温北伐之时，天下大势有利于东晋。

彼时，后赵政权的领袖石虎去世，亲族不睦，互相残杀，使得原先趋于稳定的北方地区再度陷入混战与分裂中。以函谷关为界，往西的关中地区崛起了一个由氐人建立的前秦政权；而东边，则归了石虎的死对头、鲜卑人建立的前燕政权。

对于偏安一隅的东晋而言，这无疑是光复祖宗旧业的大好时机。

众所周知，东晋延续了西晋司马氏的血脉，而西晋王朝在北方两座最重要的城市——洛阳和长安，都留下了问鼎中原的帝王印记。

桓温大军的到来，令北方的中原遗民无不欢欣鼓舞。百姓以箪食壶浆慰劳官军，希望桓温能带领东晋部队收复长安和洛阳，光复汉人的天下。

王猛生逢乱世，出身贫寒，自小便感受到战乱带来的颠沛流离。在他心中，若有一人能结束乱世，乃天下之幸。

正是抱着寻找能够统一天下之人的目的，他来到了桓温的军营。

桓温有意考问王猛，称自己不远千里，奉天子之命前来收复故土，百姓们都无比认同，为何世居关中的地方豪强却无动于衷，是不是他们不想配合？

王猛答道，非也，您这大军都压到灞上了，去长安不过一步之遥，结果您按兵不动了。那些关中豪强或许有意扶助官军，可是他们还没看到您下一步的作战意向，他们也不敢轻举妄动啊！

王猛的话，戳中了桓温的内心，但他只是点了点头，称赞王猛的见解异于常人，并未表示明确的意见。也正是这一举动，让王猛明白，桓温或许并非明主！

一个月后，在前秦将领苻雄的打击下，桓温被迫撤出关中，返回南方，东晋王朝的北伐以失败告终。

临走前，桓温对王猛许以鲜衣怒马，邀请其南下。

王猛不为所动，他在等一个"对"的人。

桓温大军南归一年后，王猛终于在北方纷争中，等来了属于他的明主。

那时，与桓温对峙日久的前秦高祖苻健驾崩，前秦的政局出现了急剧动荡。继任前秦皇位的，是历史上有名的暴君苻生。此人在位期间，只要做梦梦到大臣谋反，醒来后便将大臣全族灭掉；还经常因所谓的星象有异，将身边的人一个个虐杀。

身为前秦皇族，苻生的兄弟们人人自危。

为防止苻生对自己下手，同为前秦皇族、在民间颇具声望的苻坚打算先下手为强。他专程请教时任尚书的吕婆楼，希望对方能给自己出谋划策。而吕婆楼对于苻坚举事的成败，无法完全笃定，所以向苻坚推荐了王猛，称对方有不世的谋略，可为殿下鞍前马后效劳。

苻坚赶紧派人请来了王猛。

两人一见如故，苻坚甚至将王猛比作当代诸葛亮，声称自己和当年的刘备一样有福气，能得王猛这样的奇才辅佐，真乃如鱼得水。

不久，在王猛的协助下，苻坚成功发动政变，推翻了苻生的统治，自号"大秦天王"。

苻坚即位后，王猛出任中书侍郎，参掌机要。

前秦天王苻坚相继攻灭前燕，出兵西拓，北取代国，南逼东晋，渐次成就统一北方的霸业。而王猛在苻坚的授权和充分信任下，终于从一个"职场小白"变成一代名相。

02

王猛终遇苻坚，固然有慧眼识明主的本事，但在职场中懂得抓住转瞬即逝的机遇，同样至关重要。

这就不得不提一下隋唐年间的名将屈突通了。

隋朝末年，各地纷纷起兵反隋，隋朝早已名存实亡。而此时，受隋炀帝所托的屈突通，还在长安二十四小时兢兢业业守护留守的代王杨侑（即后来的隋恭帝）。

作为当时少有的猛将，屈突通出身于一个勇武之家，与弟弟屈突盖一起，在隋末乱世中均有赫赫威名。时人因兄弟俩的刚直和铁面无私而盛传："宁食三斗艾，不见屈突盖；宁服三斗葱，不逢屈突通。"

隋大业十三年（617年）五月，在得知隋炀帝再度东巡江都（今江苏扬州）后，奉命镇守太原的李渊父子果断起兵，宣布讨隋。由于准备充分，李渊父子率领的唐军连战连胜，很快进抵河东地区（今山西西南部一带）。

军心离散之际，屈突通的处境尤为艰难。为了不让上边怪罪他拥兵不进，屈突通决定派出小股部队袭扰唐军，而他自己则固守前线，以拒唐军。因其善于守城，唐军始终未能从正面越过他，染指关中一步。

然而，随着形势发展，隋军在各地节节败退，屈突通的死守也变得毫无意义。

屈突通所率领的骁果军多为关中子弟，在关中陷落后，他们不愿随屈突通东去，全都扔掉兵器。

屈突通见大势已去，下马向东南方向（指扬州）再三跪拜，并号哭道："臣力尽兵败，没有辜负陛下，天地神祇，实所鉴察。"然后，他选择归降，被押送长安。

李渊并未因屈突通是隋朝最难啃的一块儿硬骨头而记恨他，反而摒弃敌我对立的矛盾，主动表示："屈突通乃隋朝忠臣，宜受重用。"随即，拜屈突通为大唐兵部尚书，封蒋国公，为秦王李世民行军元帅长史，委以重任。

之后，屈突通跟随秦王李世民攻灭薛举、刘武周，平王世充，为大唐江山的建立立下汗马功劳。为表其功，登基称帝的李世民对屈突通礼遇有加，在凌烟阁落成之际，作为两朝重臣的屈突通也图形其上，位在第十二，功高于柴绍、程知节等人。

假如屈突通没有遇到能够尊重和接纳对手的李渊，那么，他或许会在押赴长安后被处死——虽然也可以在史书上留下一笔，但终归没有了后面的功业，难免可惜。

03

五代乱世，有一个人堪称"打工皇帝"，闭着眼睛，不用做选择，却始终稳居高位，屹立不倒，最后还全身而退。

此人名叫冯道。

冯道一生历仕后唐、后晋、后汉、后周四朝，服务过的皇帝几乎贯穿了整个五代时期。诸如历史上著名的"儿皇帝"石敬瑭、后唐庄宗李存勖、后周太祖郭威、后周世宗柴荣等，都曾是他竭力维护的"老板"。

在战功吃香的时代，冯道却无意于沙场征战，日常除了上下班，就是"负米奉亲，披诵吟讽"，无非就是吟诗作对，针砭时弊，自娱自乐。

但冯道还是很有责任心的。当看到自己的"老板"刘守光在对抗后唐李存勖的过程中犯错时,这个"打工仔"还是很诚恳地向上反映了战争双方的利害关系。

只是,对于平常只会抄抄写写的冯道,刘守光根本看不起,他将多嘴的冯道关了起来。

直到刘守光兵败,冯道才迎来仕途上的第二春。在李存勖亲信张承业的举荐下,冯道进入后唐工作,并在数年间,凭借自己的学识一步步攀上了权力的巅峰。

后唐覆灭后,失去铁饭碗的冯道被命运分配到了"儿皇帝"石敬瑭的手下做事。

那时,在后唐做到宰相地位的冯道已非寻常的"打工仔",自然,石敬瑭用他也绝非寻常之事。他那温吞的性格以及平和的处事方式,成了石敬瑭谄媚契丹政权的"最佳工具",而这些,也是后世戳冯道脊梁骨的主要原因。

对此,冯道本人并非不清楚。

当得知自己在世人面前毁誉参半时,这个出了名的"打工皇帝"只是寥寥地说了句:"凡人同者为是,不同为非,而非道者,十恐有九。昔仲尼圣人也,犹为叔孙武叔所毁,况道之虚薄者乎!"

在冯道看来,即便世间圣明如孔子者,仍无法逃避被人诋毁贬低的命运,他冯道一个不值一提的"打工仔",实不必如此为声名之事担心。

不过,他很清醒,骂名可背,天下苍生也必须救。

后晋天福十二年（947年），契丹的耶律德光打出救中原百姓的旗号，大举南下，灭亡后晋，冯道再度失业。

对于此前多次出任两大政权"友好使者"的冯道，辽太宗耶律德光并不想杀他。

于是，在耶律德光和冯道的会面中，被迫跳槽多次的冯道不卑不亢地与"胜利者"耶律德光展开以下对话：

耶律德光："你为什么来见我？"

冯道："无兵无城，怎敢不来？"

耶律德光："你是何等老子？"

冯道："无才无德，痴顽老子。"

耶律德光："天下百姓，如何得救？"

冯道："此时百姓，佛再出救不得，惟皇帝（耶律德光）救得。"

此次对话之后，冯道卑躬屈膝的小人面目不幸被坐实，但中原百姓也因他的卑躬屈膝而免遭屠戮，或许对于冯道而言，这就足够了。

在那之后，冯道又出任后周宰相。

后周显德元年（954年），在遇到人生中的第十一个皇帝——后周世宗柴荣不久，这名乱世中的不倒翁，死于天下一统的前夕。

此时，他的老板柴荣正计划用三十年时间打造出一个和乐统一的世界。可惜柴荣寿短，历史将天下一统的重任，交给了另一位"打工人"——赵匡胤。

四、皇帝的工作日常——"九九六"和"零零七"的由来

雍正皇帝的"劳动节"不仅没有小长假,还得拿起锄头。

每年仲春,雍正都要到先农坛行祭农耕藉之礼,并前往圆明园西南角的一亩园,换上农夫的服饰亲自耕田。他在这一亩三分地种下稻、黍、谷、麦、豆等五谷杂粮,之后登上观耕台,观看王公大臣和耆老农夫们劳作。

祭祀先农和皇帝亲耕，是明清两代的重要仪式。

雍正在位的十三年里，先后举行过十二次祭农亲耕典礼。故宫所藏的四十六幅《雍正耕织图》生动地描绘了雍正耕作的画面：青山绿水之间，他和后宫妃嫔们化作农夫、蚕妇，与民同乐，仿佛置身于世外桃源。

这名热衷于角色扮演的皇帝执鞭扶犁，挥汗如雨，算是过了一把当农民的瘾。

尽管天子亲耕只是一场表演秀，但这位清朝最勤政的皇帝一定会认同这句口号："劳动最光荣。"

01

历代有为之君，多以勤政自勉。

秦始皇嬴政在没有纸可用的时代，每天处理政务要翻阅的竹简重达一百二十石，干完才肯罢休。

明太祖朱元璋也是个工作狂，他每天要批阅奏折数百件，常常工作到半夜，第二天凌晨四点就起床洗漱，接见朝官。

洪武十七年（1384年）九月，朱元璋曾在八天内收到奏章一千一百六十件，涉及三千多件事，一般人真吃不消。

到了清朝，勤政更是皇室严格恪守的家法。

康熙曾这样讲述自己辛苦工作的一天：

朕于宫中，未明求衣，变色而起，则命讲官捧书而入，讨论义理……出御宫门，则群工循序奏事，朕亲加咨度……已而阁臣升阶，朕与详求治理，咨诹军国者久之。若夫宫禁之务，各有攸司，廷臣退，乃裁决焉……及宫中燃烛，玉漏初下，则省一日所进章奏……要非夜分，不就宴息也。

每天天还没亮，康熙已经起身更衣，挑灯读书；到了白天，皇帝要与群臣议事，晚上大臣们都下班了，他自己还要工作，直到把活干完才休息。

雍正以父亲为表率，从政日日勤慎，不敢懈怠。用他自己的话说，就是"惟日孜孜，勤求治理，以为敷政宁人之本"。

02

民国历史学家孟森曾说："自古勤政未及世宗（雍正）者。"

康熙晚年实行"宽仁"之政，一时的懈怠让帝国陷入危机。雍正一继位便锐意进取，为扫除积弊力行改革。短短十三年间，设军机处、改革八旗、整顿吏治、耗羡归公、摊丁入亩、改土归流、废除贱籍……

雍正雷厉风行，其大刀阔斧采取的种种举措，在改革康熙晚年积弊的同时，又强化了君主专制，改善了民生。助力雍正改革的大臣李绂曾说："雍正改元，政治一新。"

雍正有着强烈的"圣主情结"，甚至怀抱"将唐宋元明积染之习尽行洗濯"的理想。为此，他只有让自己成为一个永不停歇的人。

据历史学者统计，雍正在位期间，"日批公文八千字"，仅台北故宫库藏的雍正朱批就有两万两千件。雍正在数万件奏折上曾先后写下批语一千多万字，平生写作字数比不少职业作家还更胜一筹。

雍正皇帝对自己的工作效率颇为自豪，说："各省文武官员之奏折，一日之间，尝至二三十件，或多至五六十件，皆朕亲自览阅批发，从无留滞。"

雍正披览奏折，从早至晚，鲜有休息，常常加班到深夜。他还将熬夜工作的情形写在群臣的奏折上，诸如"灯下所批，字画潦草，汝其详加审视"；"日间刻无宁时，此时已夜漏下二鼓，灯下随笔所书"；"灯下批写，字迹可笑之极"……

为解释自己是在认真加班，而不是马虎了事，也不是作秀，雍正还加了一句："灯下字画潦草，恐卿虑及朕之精神不到，故有前谕，非欲示之精勤也。"

在位十三年，雍正每天睡眠时间不足四个小时，每年几乎只有在生日那天才放假，"朝乾夕惕，事无巨细，亲为裁断"，始终奋斗在帝国的第一线。

03

一起奋斗的才是好兄弟，严于律己的雍正对大臣们亦严加要求。

雍正从康熙手中接手国家时，上至中央，下至地方，贪腐横行，财政亏空，清朝国库中的银两一度只有区区八百万两。

对此，雍正早已知情，他说："历年户部库银亏空数百万两，朕在藩邸，知之甚悉。"

他一改其父康熙的宽仁作风，大力整顿吏治，反腐倡廉，做的第一件事就是"清欠"。清欠，就是要求拿了国库银子的大臣，必须在限期内还回去。

雍正的十二弟履郡王允祹曾执掌内务府，趁机从中贪污。这位王爷不差钱，天天金樽美酒、山珍海味伺候着。雍正一查到内务府也有亏空，毫不留情，责令允祹将所欠银子补足。

允祹心怀不忿，故意给雍正难堪，将自己家中的文物财宝拉到街上变卖，以示清白。雍正不为所动，就是要将此案查得水落石出，允祹知道老哥不好忽悠，只好乖乖将钱补齐。

清查财政亏空，雍正展露自己的铁腕手段，对贪官绝不姑息，声称"毕竟叫他子孙做个穷人"。

他不但要求官员及时补足亏空，还下诏将贪污官员一律革职，"追变家产"，若属下贪腐，上司要负责分赔，甚至要官吏去亲眼观看贪污官员执行死刑，以作为警示。

雍正认为："以循良为楷模，以贪墨为鉴戒……操清廉乃居官之大本。"意思是，做官必须以廉明者为楷模，以贪污者为鉴戒，这样才能算一名合格的官吏。

在执政的十三年中，雍正以身作则，以实际行动号召群臣勤政节俭。

他在位期间，不爱去承德避暑山庄，也不曾巡幸江南，就算离开京城拜谒祖陵，也不提倡在沿途铺张浪费，即便是身边的园中美景，他也抽不出时间尽情欣赏。

他对群臣进献的珍宝更是不放在心上，说："假如你们能实行一项利民的政策，岂不比献给我一件稀世珍宝更好？假如你们能给我举荐一名有用的人才，岂不是比献给我一个价值连城的宝物更好？"

04

雍正五年（1727年），大臣朱纲晋升为云南巡抚，将要离京赴任。

朱纲辞行时，雍正就像当妈的看着儿子出门读大学一样，苦口婆心地劝导："朕刚继位时，许多大臣还不认识，所以费了好大的力气一一鉴别，才治好了'脸盲'。朕每日做事，从早到晚几乎没有一刻停息，只以国家大计为重，从未顾惜过自己的身体。作为一国之君，我尚且不贪图安逸，你们做封疆大员若是只知享乐，我岂能容忍？务必要努力工作，不要当混日子的巡抚。"

朱纲经过这一番思想教育，自然尽忠职守，为治理云南而鞠躬尽瘁。

在雍正一朝，官员没少吃苦，没有朝九晚五的幸福生活，稍微贪赃枉法就要被惩处，一旦松懈就要挨骂。

对大臣中的拖延症患者,雍正更是经常大动肝火。

雍正五年(1727年)六月,廷臣因效率低下没能及时完成所办事务,雍正勃然大怒,骂道:我整天坐在勤政殿内,不顾暑热地想办事儿,为什么诸大臣对我交待的事情毫无动静,也不来回奏?如果不能办,为何不讲明原委?如果只是不想办的话,干脆交给我,我来替你们办!

众臣被责骂后百口莫辩,战战兢兢不敢多言半句。

无独有偶,雍正六年(1728年),新任御史鄂文善和曾元迈在值班时早退,大学士马尔赛深知雍正最厌恶这种懒惰的员工,就奏请将二人交部议处。

这次,雍正的脾气小了不少,对马尔赛说:"不必交吏部处理。他们不过是新进小臣,还敢这样怠惰,更要严加教导,以警戒那些越礼偷安的人。"

雍正亲自给这两个倒霉的御史拟定处罚方法,命他们每天到圆明园值班,日出之前就要到宫门,日落以后才准许下班,颇有几分黑色幽默。

在雍正眼皮底下,哪个官员还敢上班偷懒?

雍正皇帝就是这样个性十足,不仅自己勤政,还要手下的官员向他看齐。

在批阅名臣田文镜的奏折时,为人率真的雍正直言:"朕就是这样的汉子!就是这样的秉性!就是这样的皇帝!尔等大臣若不负朕,朕再不负尔等也。勉之!"

五、皇帝的杀伐日常——总是在纠结，要不要杀个人

古往今来，开国皇帝常常有一种"爱好"，那就是杀功臣。

在这方面，汉高祖刘邦和明太祖朱元璋，是两个登峰造极的例子。与之相比，光武帝刘秀和宋太祖赵匡胤，则以善于柔下和"杯酒释兵权"闻名后世。

到底是什么因素，让不同的开国皇帝，都执着于对付功臣呢？

01

在位三十一年的朱元璋,前后滥杀十几万人,其滥杀功臣的残酷,最后连太子朱标也看不下去了。

与在腥风血雨中一路走来的父亲朱元璋不同,太子朱标接受的是儒家教育,信奉仁慈宽厚,他忍不住劝谏父亲朱元璋说:"陛下诛杀过多,恐怕会伤了和气。"

朱元璋听后默默不语。第二天,他把太子叫去,指着放在地上的一根长满刺的荆棘,让朱标捡起来。

朱标怕扎手,犹豫着不知如何下手。

这时朱元璋慢慢开了口,他说:"我是怕你不好拿,为你剥光了刺,再给你,难道不好吗?现在我杀的人,都是对国家社稷有危险的人,除掉他们,对你是很有好处的。"

在朱元璋看来,为了老朱家的江山代代传承,别说什么功臣,杀十几万人,又算个啥?

朱元璋是苦孩子出身。他一方面忍辱负重、坚毅刚强;另一方面却又极度自卑、敏感和猜忌。

从小出身贫寒的朱元璋,只上过几个月私塾,文化水平不高,后来长期务农,给地主放过牛。为了生计,他还两度出家当过和尚,最悲惨的时候,甚至只能乞讨为生,连父母兄长死去,都无钱安葬。最后是因参加了红巾军起义,才得以逐渐起家,飞黄腾达。

朱元璋晚年时,浙江府学教授林元亮在一份奏表里写有"作则垂宪"四个字，朱元璋认为"则"与"贼"近音，是在讽刺他农民军出身，毫不客气地杀了林元亮。无独有偶，常州府学训导蒋镇，在写的《正旦贺表》文中有"容性生知"四个字，朱元璋也认为"生"与"僧"近音，是在讽刺他当过和尚，立马就将蒋镇斩首。

朱元璋尽管贵为帝王，但这种贫微的出身，是他极度自卑的根源，谁要是敢掀这个老底，或者是影射讽刺，那立马就叫他人头落地。

在修自己的帝王出身和谱牒时，朱元璋曾经动过念头，想攀朱熹为祖先，但因为太过勉强，最终只好作罢。后来，他干脆坦言说，自己"本淮右布衣""起自田亩""出身寒微"，但这种话，只能在他自己有所感触的时候偶尔提一下，别人是不能说的；说了，那就是揭帝王伤疤，找死。

02

朱元璋自卑的根源，隐藏着中国古代社会的密码：阶级与出身。

可以说，一个贵族出身的开国皇帝，将直接提高一个王朝的地位，也将左右和影响一大帮开国功臣的命运。

在这方面，贵族出身的刘秀和李渊，是很明显的例子。

作为刘邦的九世孙，刘秀在出生时虽然家世已经没落（父亲仅仅是一个县令），但作为皇族后裔，他深知家族的荣誉与期望。十九岁时，他就远赴长安，并在太学中刻苦求学达五年之久。他深刻学习《尚书》等古典经文，享受着儒家文化的滋养。

今天我们常说"以人为本"，其实刘秀早在两千年前，就深刻认识到了这个道理。他曾经很明确地提出："天地之性人为贵。"

由这样一个贵族出身又学识出众的人来创立王朝，帝国的素质自然也不差。而对于功臣团队的保全和爱护，历朝历代没有一个皇帝能超过刘秀。

西汉早期，"功臣受封者百有余人"，但从刘邦诛杀异姓诸侯王开始，到汉武帝太初年间的一百多年里，封侯的一百多位功臣中，仅仅剩下五位的后代仍然保有爵位；其他一百多位封侯的王公贵族，要么被杀，要么被废，要么被贬，结局普遍悲惨。

反观刘秀，他对于功臣团队却是倍加爱护。他的爱，是一种发自内心的爱护，以及对人性的尊重。

大将耿弇，跟随刘秀到处东征西讨，"凡所平郡四十六，屠城三百，未尝挫折焉"，在当时号称"韩信第二"。到了晚年，耿弇心中自我疑虑，担心自己也会落得跟韩信一样的下场，但刘秀却对他信任到底，始终委以兵权，并直言道：自己绝不会学习先祖刘邦，"朕终不使耿弇为淮阴（韩信）也！"

刘秀是这么说的，他本人跟他的子孙也确实做到了。耿弇以及他的子孙，在整个东汉两百多年历史中，前后共出"大将军二人，将军九人，卿十三人，尚（娶）公主三人，列侯十九人，中郎将、护羌校尉及刺史、二千石数十百人"，成为显赫无比的大家贵族。

刘秀也衷心爱护自己的功臣团队。他的臣子如果有功，刘秀马上就赏赐土地和金银财宝；即使当了皇帝多年，每次只要远方有人上贡珍稀佳肴或是美味，刘秀也一定会把它们先赏赐给各位功臣列侯，"远方贡珍甘，必先遍赐列侯"。

终刘秀一朝，功臣们"皆保其福禄，终无诛谴者"，这种对待功臣的优容和宽厚，在各朝各代中是极其少有的。

应该说，这与刘秀出身贵族，并从小接受宽厚仁爱的儒家教育有很大的关系。

如同对待家人一般，刘秀热爱自己的功臣团队，却并不溺爱，对此他采取的做法是"退功臣而进文吏"。

"退功臣"的具体做法是，逐步解除一些功臣的实权，但又给予他们极为丰厚的赏赐和荣耀；然后"进文吏"，转入文治，并通过察举、征辟，大规模选召贤人入朝辅政。其中名儒伏湛就被征为尚书，杜诗被升为南阳太守。

在"退功臣、进文吏"的治理下，刘秀最终实现了"高秩厚礼，允答元功；峻文深宪，责成吏职"的光武中兴局面。

03

开创大唐盛世的唐高祖李渊，本人就是超级贵族出身。

李渊的远祖，是十六国时期西凉开国君主李暠；李渊的祖父李虎，是西魏时期的太尉、八柱国之一；李渊的父亲李昞，北周时历官御史大夫、安州总管、柱国大将军，袭封唐国公；李渊的外祖父，则是西魏的骠骑大将军、北周时期的太保、卫国公独孤信；李渊的母亲，是隋文帝独孤皇后的姐姐。

而李渊本人，则是隋炀帝杨广的表哥。七岁时，李渊就袭封唐国公，后来起兵争夺天下时，已是独镇一方的太原留守、晋阳宫监。史书对李渊的评价极高，说他为人洒脱，性格开朗，待人宽容。

提到大唐盛世的开创，尽管史书都过分吹捧李世民的功劳，但李渊无疑给了这个王朝很好的基础：从一开始就有着博大、宽容的胸怀，这不仅表现在对功臣上面，而且表现在整个帝国的气象之上。

再看"杯酒释兵权"的赵匡胤，也是显贵出身。

赵匡胤的高祖赵朓，在唐朝时曾官至幽都（今北京）县令；曾祖赵珽，是唐朝的御史中丞；祖父赵敬，曾经历任营州、蓟州、涿州刺史；父亲赵弘殷，则是后汉的护圣都指挥使，在后周时任检校司徒、封天水县男爵，是掌管后周禁军的大将。

在这种家庭出生长大的赵匡胤，本身也是后周掌管禁军的大将，出任殿前都点检。有了优越的家世熏陶培育，可以说，赵匡胤也是个准军事贵族出身的官宦子弟，从小就格局远大，并非猜忌多疑之辈。

赵匡胤热爱读书人，他的精神训导，更是深刻影响了他的子孙。有宋一代，读书人地位很高，帝王也相对宽容。

宋仁宗时，四川有个读书人，给成都知府献了一首诗，其中两句写道:"把断剑门烧栈道,西川别是一乾坤。"意思是劝成都府进行割据独立,这把当时的成都知府吓得不轻,赶紧就将这个读书人抓了起来,并上奏朝廷。没想到宋仁宗听说后却很淡定,说:"这无非是老秀才急着想当官罢了,不足治也。"

接下来,宋仁宗不仅没治这个读书人的罪,还给了他一个闲职,做司户参军。试想此事若发生在朱元璋手下,老秀才不被灭族才怪,但赵匡胤的子孙,显然气量比较大。

04

从另外一个角度看,年轻的开国皇帝,往往相对开明包容;而年纪越大的开国皇帝,往往越容易陷入一个猜忌多疑的怪圈。

所以,杀不杀功臣,也关涉到一个很关键的因素,那就是开国皇帝的年龄。

公元前202年,刘邦正式建立西汉时,已经五十五岁了。在汉初人均寿命低下的年代,这已经是一个垂垂老矣的年纪。因此,老来才正式创立帝业的刘邦,难免对自己的汉帝国和柔弱的太子刘盈怀有一种深深的忧虑感。

从公元前202年建立西汉称帝,到公元前195年去世,这七年间,刘邦一直忙着讨伐各个异姓诸侯王,以翦除威胁。

楚汉战争结束后,刘邦前后共分封了八位功臣为异姓诸侯王,分别是楚王韩信、梁王彭越、淮南王英布、韩王信(与韩信不是同一人)、赵王张敖、燕王臧荼(臧荼后又分封卢绾为燕王）、长沙王吴芮。

这八个人中，楚王韩信，韩王信，燕王臧荼、梁王彭越、淮南王英布五个人相继被杀；赵王张敖因为是刘邦之女鲁元公主的丈夫而得以保命，被废降为宣平侯；长沙王吴芮则装疯卖傻，将自己大部分领地让给刘邦的子女，又将自己的部分精锐亲兵分到荆王刘贾（刘邦堂兄）帐下，由此才得以免祸；继任的燕王卢绾，则被迫逃亡，病死于北方匈奴境内。

可以看出，刘邦在建立西汉后，开始马不停蹄地诛杀功臣，这与他老来登基，作为一个老年人具有猜忌和多疑的心理有很大关系。

因为在刘邦看来，儿子刘盈暗弱，各个诸侯王在外面又独立强盛，如果不加以剪除，势必危害到汉帝国的安全，所以他才在打败项羽后，前脚刚分封，后脚就开始大规模屠戮功臣。

与五十五岁老来做皇帝的刘邦不同，刘秀称帝时才三十一岁，赵匡胤称帝时才三十四岁。由于年富力强、品性宽厚，所以刘秀与赵匡胤对于功臣并没有老人那种多疑猜忌的心理。

另外，朱元璋称帝登基时，也仅仅四十一岁。起初年轻力壮时，朱元璋与功臣们的关系还算融洽，洪武初年，每当有功臣去世，朱元璋甚至经常感伤不已。例如，"鄂国公常遇春卒，灵车之至，（朱元璋）亲临奠……痛哭而还"；大都督府同知康茂才在陕州病逝后，朱元璋甚至"亲为文祭之"。

但随着年龄增长，朱元璋越来越冷酷。应该说，年轻时长期紧张的战斗生活，在他心中种下了阴冷的种子。到了晚年，随着国事的繁冗劳累，他的身体也每况愈下。当上皇帝后不久，朱元璋就"患心不宁"，得了心跳过速的病症，甚至常发高烧，"每心火炎上，喜怒不常"。心里一烦，早期对待功臣和部属的那种忍让和细心便开始消失，经常想杀人。

回到开头所说的故事"除刺"，朱元璋与刘邦一样，也认为他的太子朱标太过文弱，担心他难以震慑群臣，帝国江山可能在他死后不稳。

明朝洪武十三年（1380年），朱元璋以"擅权植党"的罪名杀掉宰相胡惟庸，并废除中国存在了一千五百多年的宰相制度，从而开启了明清两代皇帝高度独裁集权的历史。为了协助太子"除刺"，洪武二十三年（1390年），朱元璋又兴起党狱，以与胡惟庸交通谋反的罪名，杀掉了功臣李善长、陆仲亨等一大批功臣宿将，"所连及坐诛者三万余人"。

正当朱元璋努力为儿孙"除刺"的时候，洪武二十五年（1392年），太子朱标突然病故。六十五岁的老头子朱元璋，无奈之下只得立皇太孙朱允炆为继承人（后来的建文帝）。

感觉到自己时日无多的朱元璋，觉得皇太孙朱允炆也是非常懦弱。在此情况下，他再次兴起党狱，将大将军蓝玉等全部诛杀，仅被灭族的就达一万五千多人。整个大明王朝的开国老将及其家族几乎全被诛杀，"功臣宿将相继尽矣"。

对于这位老来更加猜忌多疑、冷酷残忍的明太祖，清朝学者赵翼曾经评价说：

借诸功臣以取天下，及天下既定，即尽举取天下之人而尽杀之，其残忍实千古所未有。

应该说，朱元璋的残忍，与他老来多病和对子孙后代的忧虑有着很大的关系。

05

对于刘邦的屠戮功臣，后世有人评论说，当时异姓诸侯王各自拥兵、形同割据，刘邦对他们的讨伐和杀戮，其实也相当于是对汉帝国统一战争的继续。

从后世的角度来看，也有道理，但从先秦汉初的时代来看，当时分封制是一种习惯做法，刘邦真正想做的其实是杀异姓诸侯王，改立自己的子孙亲族等同姓诸侯王，并没有后世所想的那么高明和伟大。

公元前196年，就在出兵追击卢绾之前，刘邦甚至强迫自己的臣子们发了个毒誓："非刘氏而王者，天下共诛之。"这就是著名的"白马之盟"。

由此可见，刘邦的真正用心所在，是巩固自己的私家江山，并非追求一统。

是否杀功臣，也牵涉到几个问题，那就是作为开国皇帝，究竟是要行"王道"还是"霸道"？是行"集权"还是"分权"？

对朱元璋来说，他屠戮功臣、废除宰相制度，希望为子孙

"除刺"，其实是一种行集权的帝王"霸道"；刘邦也是这样，在翦除异姓诸侯王的过程中，建立一种集权的霸道。

对刘秀来说，他对于功臣团体的优厚赏赐，其实是一种行"王道"的仁义统治；赵匡胤也是这样，"杯酒释兵权"的背后，也是一种帝王权术、驾驭安下的"王道"。

相比"霸道"，施行"王道"的开国皇帝刘秀和赵匡胤，帝国国祚也照样延续了两百多年，并且分权行王道、连文人都不杀的宋朝，还成为一个让后人感念至深的朝代。

这种杀不杀功臣的区别，还可以从一个朝代的灭亡时刻看出分别来。

1644年，李自成进京，从朱元璋时期就开始喜欢滥杀朝臣的明代，终于走到了最后时刻。崇祯皇帝敲遍黄钟，群臣都无人来朝，他只能大喊着说："诸臣误我！诸臣误我！"最终，他在煤山脚下上吊自尽，孤家寡人，好不凄凉。

而刘秀得到的回报，是无数开国功臣的后代，历经两百多年，即使到了汉献帝末期，仍然为了整个大汉帝国奔走呼吁。其中，被刘秀封为"云台二十八将"之一的名将耿弇，他的后代耿纪，面对曹操的威权英勇起兵，试图诛杀曹操，最终反被曹操所杀，"灭三族"。为了保卫东汉帝国，曾经击破匈奴、震慑鲜卑、精忠报国的耿弇家族为刘秀和他的帝国，流尽了最后一滴血，"遂与汉俱兴亡"。

不能不说，这也与功臣家族感念刘秀等东汉帝王的仁厚，有着至深的关系。

六、皇帝的旅游日常——是玩乐,也是工作

乾隆四十五年(1780年),一生最好游玩的乾隆皇帝,第五次巡幸江南。

这一天,已经六十九岁的乾隆乘坐着御船,去往江苏镇江。离镇江城还有十几里水路时,远远就望见一枚颜色红翠、无比巨

大的"仙桃"立在岸边。这使得一生吃喝玩乐、见怪不怪的乾隆,都觉得有点儿诧异了。

这仙桃究竟有多大呢?

乾隆皇帝的船继续往前走,待到快接近大仙桃时,突然烟花齐放,"光焰四射,蛇掣霞腾",炫目得让周围观众的眼睛都睁不开了。正当乾隆觉得有趣的时候,又是一声巨响,大仙桃突然裂开,中间竟然出现了一个大剧场,上面有几百个人,开始演奏一出《寿山福海》的戏曲,引得乾隆皇帝啧啧称奇。

话说,能容纳几百个人和一座剧场的大仙桃,估计这人世间,也就只有那些善于揣摩乾隆心意的官员们才能做得出来吧?

01

自古皇帝大多爱出巡,但论耗费民力,乾隆绝对是此中的极品。

在《御制南巡记》中,乾隆不无得意地说:"予临御五十年,凡举二大事,一曰西师,二曰南巡。"对于自己的六下江南游玩,乾隆得意得很,甚至将它与用兵西北,击灭准噶尔余部、平定新疆相媲美。可以想见,乾隆对于自己吃喝游玩的行径,该是多么的引以为傲。

乾隆在位六十年(1736年—1795年),又当太上皇三年多(1796年—1799年),有好事者曾经做过统计,他一生至少有一百五十四次出巡:八十次巡视京畿,其中包括四十四次拜谒清东陵、清西陵,十七次到南苑行围,十三次登盘山,六次出巡天津；此外，他还到过一次河南，五次去山东祭拜孔子、封禅泰山，六次西巡五台山，四次东巡盛京，五十二次北狩，六次下江南。

02

乾隆爱好游玩在帝王中创了纪录，而在乾隆之前，秦始皇也时常四处出巡。

秦始皇一生曾有五次大出巡，西至甘肃陇西，东至辽宁绥中大海，南至湖南衡山，无不留下他的足迹。

翻开《史记》可以发现，从公元前221年始皇帝统一天下，到公元前210年他去世，这十一年间，除了有三年没有记载外，其余八年几乎年年出巡。最终，始皇帝年仅四十九岁，死在了巡游的路上，可以说，出巡几乎耗尽了秦始皇全部的生命和气力。

与喜欢吃喝玩乐的乾隆不同，秦始皇出巡，比较喜欢干公事，例如巡视、祭祀各路神明。乾隆是继承祖先康熙、雍正的老底，起码中原大地还是太平的，可秦始皇刚刚平定六国，整个秦帝国境内并不安生，因此勤奋努力如始皇帝，自然要经常出巡察看了。

尽管大部分出巡都是公干，但在秦始皇看来，他巡视东方，其实还潜藏着秦帝国深处的秘密。彼时，东方六国刚刚平定，内部并不安定，而民间纷纷传言"东南有天子气"，于是始皇帝东巡，除了耀武扬威之外，也有"厌胜"东南王气的目的。

坊间就纷纷传言，南京的风水绝佳，但建都在此的王朝却普遍寿命不长，原因就是当初秦始皇察觉此间有王气，通过破坏山水的方式，破了金陵的王气。

秦始皇是典型的工作狂，他深刻明白，"国之大事，在祀与戎"。对于一个古代皇帝来说，动荡时处理战争，和平时祭祀鬼神，是他应尽的职责。比起明朝那些能几十年不上朝的嘉靖、万历皇帝，秦始皇简直敬业得要命，他最喜欢干的事，就是到处祭拜秦帝国内的各路神明。

有一次，秦始皇封禅泰山，下山时，突然碰到狂风暴雨，无比狼狈，只好躲到一棵大树下避雨。过后秦始皇非常感动，说，大树，你给我遮风挡雨，我要好好感谢你，于是他给这棵大树封了个官职，叫"五大夫"，这事儿还正儿八经地载入了《史记》。

后世的小说家和电视剧作者喜欢写皇帝微服私访。但实际上，到了清代，康熙、乾隆之类的帝王已经不干这事儿了，微服私访风险太大，这也是有不少教训的。

以秦始皇为例。他喜欢出巡，尽管经历过被荆轲刺杀事件，但还是乐此不疲。击灭六国后，有一次他在出巡河南阳武一带时，又碰上了刺客，虽然有惊无险，但身边的护卫们，竟然在眼皮底下让刺客给溜走了。

由此可见，即使有大军护卫，帝王出巡也潜藏着巨大的安全隐患。

还有一件事，也给后世想微服私访的皇帝们提了个醒。

统一全国五年后，也就是公元前216年，秦始皇突发奇想，想着微服在首都咸阳城内私访。于是，他带着四名武士一起巡行，没想到在咸阳城内的兰池宫附近，竟然遇到了一伙不知道是强盗还是刺客的恶贼。秦始皇一度危急，还好随行武士誓死击退了敌人。事后，秦始皇被吓得不轻，在整个关中地区戒严二十天大行搜捕，结果还是没有抓到刺客。

工作狂皇帝秦始皇也不能免俗，后期开始寻求长生不老。

感慨于人生苦短，秦始皇先是派遣徐福率领三千童男童女出海寻仙，又先后派遣燕人卢生、韩终、侯公、石生等人，到处去寻找长生不老药。眼看着都没啥效果，急于求成的秦始皇决定亲自出马，到海上寻仙。

此前，秦始皇曾经多次巡视到辽宁绥中、山东琅邪等地海边，然而始终没见着神仙，这让秦始皇内心感到深深的失落。为了弥补这种遗憾，他下令在咸阳城中的兰池宫中，建造了蓬莱、方丈、瀛洲三座仙山，还"引渭水为池，筑为蓬、瀛，刻石为鲸，长二百丈"。

到了生命的最后一年，公元前210年，四十九岁的秦始皇亲自出海了。

这一年，徐福在坑骗了诸多钱财后，担心被秦始皇怪罪，于是忽悠秦始皇说：我本来是可以到达蓬莱仙山采集长生不老药的，但是我每次一出海，就老是有大鲛鱼阻挠我们的船队，所以我恳请皇帝您派遣一些神箭手跟我们一起出海，去射杀这些大鱼。

听说只要射杀了大鱼，就可以到达蓬莱仙山了，秦始皇浮想联翩，马上下令，准备"连弩"和"捕巨鱼具"出海。

秦始皇跟着船队一路出海，终于在快到山东之罘（今山东烟台的芝罘岛）时，见到了一条"巨鱼"，他马上下令，将这条大鱼射杀。

神仙没见着，长生不老药更是影子都没有。在归途中，秦始皇一病不起。这位千古一帝，最终在出巡中耗尽了生命的最后气力，病死在赵武灵王殒命的河北邢台沙丘一带。

03

与秦始皇一样，汉武帝也非常喜欢到处出巡。据《汉书·武帝本纪》记载，从公元前122年至公元前87年，这三十五年间，汉武帝仅仅外出祀神、巡行、封禅就达二十九次之多。而且，汉武帝比秦始皇更喜欢出海寻仙和找长生不老药。

汉武帝的体力、耐力也非常惊人。

我们来看看汉武帝在五十岁这一年的出巡路线，就可以知道这位皇帝，在古代艰难的交通环境下，体力和精力是有多么惊人：公元前106年，他从长安出发，先到达盛唐（安徽六安），然后登天柱山，又从寻阳（今湖北黄梅一带）过长江，并亲自在江上射杀了一条蛟。船队浩浩荡荡，舳舻千里，又北上山东琅邪出海，去寻找神仙，无奈因为海风太大，最终才返航回岸。

此后在五十七岁、六十岁，甚至在他去世前两年的六十七岁时（公元前89年），汉武帝还亲自从山东出海寻仙。

不仅是喜欢出海寻仙，汉武帝还喜欢约匈奴人单挑。元封元年（公元前110年），他亲自率领十八万大军，从陕西长安穿过上郡、西河郡、五原郡，穿越长城，登单于台，最后抵达位于今天内蒙古一带的北河地区。

汉武帝派遣使者昭告匈奴单于说："你们单于能战，我们天子（汉武帝）将亲自在边境和你决战；你要是不能战、不敢战，那就快点儿来投降，你整天逃亡藏在那些苦寒的地方，有什么能耐！"

匈奴人看汉武帝这架势，自然避开锋芒不战，于是乎，汉武帝最后率领着十八万大军打了个空转，又回去了。

然而，好大喜功的汉武帝也将汉代初期数十年的国库积蓄挥霍一空了。经过连年战争，境内百姓流离失所、生活悲苦，加上天灾人祸，到了汉武帝晚年时，汉帝国内部已是内患重重。

元光三年（公元前132年），黄河瓠子段（今河南濮阳西南）发生决口，以致黄河改道殃及十六个郡治百姓，但是汉帝国对此不闻不问，放任黄河泛滥。

这种状况一直延续到二十年后。当时，汉武帝前往泰山封禅，途中才发现黄河泛滥竟然给百姓带来了如此深重的灾难。他当即命令随从将军以下人员，全部背负柴薪，堵塞瓠子地区的黄河决口,并亲自写了《瓠子歌》进行自我反省:"不封禅兮安知外!为我谓河伯兮何不仁,泛滥不止兮愁吾人。"

在外出巡游的旅途中,汉武帝逐渐感觉到了生命的流逝和无可奈何,他在一次出游汾河的旅途中,写了《秋风辞》:"欢乐极兮哀情多。少壮几时兮奈老何!"

即使是再伟大的君王,也在生命的旅途中,感受到了悲伤与寂寞。

在逝世前两年,也就是公元前89年的最后一次出巡中,当时已经是六十七岁老人的汉武帝,在山东的海边等了十几天,最终也没能见到神仙的影子。归途中,他路过山东矩定(今山东省广饶县),看见田里正在忙耕种的农民,非常感动,于是亲自下到田里和百姓一起耕种。

后来,他下了一道罪己诏,决定与民休息,这才使得汉武帝末期动荡不安的国内局势逐渐好转,并为后来的"昭宣中兴"奠定了基础。

04

帝王在出巡旅途中的孤独和悲哀,隋炀帝杨广也深刻感受到了。

隋朝大业五年(609年),隋炀帝杨广巡行西北,亲自率领数十万大军从长安远赴河西走廊。他沿着渭河,越过陇山,绕宝鸡,经青海乐都,穿越大斗拔谷(今甘肃省民乐县扁都口),最终横贯祁连山,到达甘肃张掖,并在此会见西域二十七国使者。

在当时所作的《饮马长城窟行》一诗中,隋炀帝写道:

千乘万旗动,饮马长城窟。
秋昏塞外云,雾暗关山月。

河西之行归来后,隋炀帝又先后发动百万军民营建东都洛阳,三次远征高丽,还先后三次巡游江南。由于滥用民力,大隋帝国境内烽烟四起。

在连续多年征战与穷奢极欲后,隋炀帝终于在去往江南的旅途中,走到了生命的尽头,被内部的叛军缢杀于江都城中。

对于这些过往的帝王,乾隆皇帝似乎看到了一面镜子。在晚年,他似乎终于有所感悟,尽管他一生的出巡也多有祭拜皇陵、抚慰蒙古王公、礼祭孔庙等国家公务,但他在退位当太上皇后,有一次对臣下自我反省说:"朕临御六十年,并无失德,惟六次南巡,劳民伤财,作无益,害有益。"

是的,古来君王出巡,有公务也有私幸,耗费民力者如秦始皇和隋炀帝,最终死在出巡途中,换来身死国灭的结局,而能自我反省的君王,最终才能换来帝国的延续。

七、皇帝的整人日常——天子也喜欢"恶作剧"

雍正五年（1727年）正月，黄河水变清。雍正帝收到一起祥瑞之兆的奏报，龙颜大悦。

一个叫邹汝鲁的官员，逮着时机，作了一篇《河清颂》，进献皇帝。

没想到，还未出正月，雍正就传下谕旨，对邹汝鲁劈头大骂。没有其他原因，仅仅因为《河清颂》里边有一句话惹怒了皇帝。

这句话叫"旧染维新,风移俗易"。歌功颂德的词,往往说者无心,听者有意。这八个字,让雍正联想了很多,乃至上纲上线,开始揣测邹汝鲁的居心。

01

雍正说,朕登极以来,各项制度都效法皇考康熙帝的做法,未作更张,邹汝鲁用"旧染维新,风移俗易",不知其出自何心,亦不知其何所指!

当雍正看到这几个字的时候,他立马想起了《尚书》的原文"旧染污俗,咸与维新"。意思是,沾染恶习或犯过错误的人,准予他改过自新。又联想起自己登上帝位后的风言风语,他认定邹汝鲁是有意化用这个典故来"讥讪"自己。

雍正在谕旨里说,天下出现黄河水清的祥瑞,但朕并未让你们进献诗文呀,邹汝鲁这么积极主动,又在诗文内夹杂悖谬之语,"显系讥讪,甚属可恶"。

这可把邹汝鲁吓惨了,原本想着投皇帝所好,拍皇帝马屁,莫名其妙拍出一个大逆不道来。

邹汝鲁赶紧上了供词,说自己读书少,从没读过《尚书》,不是有心引用。

皇权面前,解释就是掩饰。邹汝鲁最终被革职,发往荆州府沿江堤岸工程效力,还算是宽大处理吧。

在此一年前,另一个本意阿谀奉承的官员,下场可就没这么好了。

02

雍正二年（1724年），皇帝的大舅子、大将军年羹尧进京，雍正又是赐孔雀翎，又是嘘寒问暖。他曾肉麻地对年羹尧说过："朕实不知如何疼你，方有颜对天地神明也。""朕此生若负了你，从（天地）开辟以来未有如朕之负心之人也。"

此时的年羹尧宠遇有加，扶摇直上。他刚刚平定了青海的叛乱，帮助新上位的皇帝稳住了西北局势，可谓战功赫赫。

为了彰显年羹尧的丰功伟绩，雍正还要求天下人和他一起"倾心感悦"年羹尧，否则便不是他的臣民。

在这种膜拜、塑造当朝英雄的氛围中，江苏武进人钱名世给年羹尧大将军献了一首诗。

钱名世和年羹尧颇有些渊源。二人的字都叫"亮工"，二人同年乡试中举，只是年参加的是北榜，钱参加的是南榜。

但除此之外，二人其实没有更多交集。钱名世在康熙四十二年（1703年）中了探花，是《明史》写作班子成员。他确实很有文才，据说当年跟万斯同编《明史》，万斯同口述，他记录，如瓶泻水，顺畅得不得了。

不过，他的人品有争议。万斯同病逝后，他主持完丧事，把老师的藏书也卷走了，还将部分手稿据为己有。

年羹尧炙手可热的时候，钱名世在翰林院侍讲的闲职上，响应雍正的号召，赠诗歌颂年羹尧。

诗中有"分陕旌旗周召伯，从天鼓角汉将军""钟鼎名勒山河誓，番藏宜刊第二碑"等句子，说的是年羹尧武功盖世，堪比卫青、霍去病，建议在康熙平藏碑之后，为年羹尧立一碑，永纪战功。

谁知道政治翻云覆雨，形势很快急转直下，这首诗就成了钱名世的罪证。

03

雍正三年（1725年）二月，年羹尧上贺表，颂扬皇帝"朝乾夕惕，励精图治"，但把"朝乾夕惕"误写为"夕惕朝乾"。

雍正总算抓到了年羹尧的把柄，遂拿这件事开刀，说年羹尧"不欲以朝乾夕惕四字归于朕耳"，又说年羹尧"谬误之处断非无心也"。

实际上，这个雍正"不知如何疼"的大舅子，这时功高震主，又有结党之嫌，雍正已经在找机会把他做掉，还要做得漂漂亮亮。

于是文字成了雍正的工具。

很快，年羹尧被连续削权降职，又被下狱。雍正发动众大臣，大家一共给年羹尧罗列了九十多款罪名，其中应处极刑的就有三十多条，简直是天下奇观。

年羹尧最终被勒令自裁而死。

年羹尧死后三个月，雍正四年（1726年）三月底，有人给皇帝打报告,说钱名世"作诗投赠年羹尧,称功颂德,备极谄媚……应革职,交刑部从重治罪"。

官吏之间相互告讦是清代文字狱密布的原因之一。统治者极力提倡和鼓励告密,使整个社会遍布渴望邀功进宠的眼睛。钱名世就是这样,作为别人的猎物,进献到皇帝面前。

雍正整人的天赋和想象力,在这一刻被激发了出来。他说,钱名世"颂扬奸恶,措词悖逆",但罪不至死,怎么惩处呢?他创造性地想到了两条办法:

第一,雍正亲书"名教罪人"四字,让人制成匾额,令钱名世悬挂在自己家中,还让地方官不定时上门检查,以防钱名世偷偷把匾额摘下来。

名教,就是名声与教化,是古代社会对知识分子规定的礼法规范和道德标准。崇奉儒家封建礼教的古代士人也称"名教中人"。所谓"名教罪人",就是败坏儒林道德,玷污名教声誉,为"名教中人"所不齿的士人。

第二,雍正下令在京官员中凡举人、进士出身者,每人都要写诗,批判钱名世。

这些诗汇总后须呈御览,由雍正看过后,没问题再交给钱名世,让他自己出钱刊印这本羞辱他的诗集。

04

钱名世案是雍正整人的一次操练,所以他本人跟得很紧。

按照他的要求,在京符合条件的近四百名官员真的每人写了一首诗,对钱名世进行批判和谩骂。有人说,这是一次士大夫阶层集体折腰的批判运动。

因为是开创性的工作,雍正很上心。他真的花了工夫,把批判诗一首一首看了。

他用他的评价标准,对这些诗进行了评判。

写得好的,表扬。一个叫陈万策的官员的诗里有两句"名世已同名世罪,亮工不异亮工奸",获得雍正好评。

这两句诗巧妙地化用了钱名世的名和字,对仗工整,骂人骂出了新高度。其意思是说,钱名世是和戴名世(康熙朝《南山集》文字狱首犯)一样的大罪人,又是与年羹尧(和钱名世表字相同,都叫亮工)一样的大奸大恶。

对雍正来说,让官员集体写批判诗,除了公开羞辱钱名世,还有更重要的目的——每一个官员在写作过程中都应该反躬自问,我有没有和钱名世一样的念头,然后果断掐灭。

那些写得不合皇帝心意的诗作,因此被认为是思想认识上出了问题。

有六人因为问题不大,雍正给予了重写的机会,重写后勉强过关。

有三人,都是钱名世的同事,因为认识不到位,批判隔靴搔痒,被雍正以"谬误舛错""文理不通"等名义,革职回乡。

最惨的是钱名世的另一个同事,翰林院侍读吴孝登,他的批判诗被指"谬妄",流放宁古塔为披甲人奴,所受处分竟比钱名世还重。

不难看出，雍正把写批判诗当成了检验官僚队伍忠诚度的一次契机。

雍正在上谕里，已经把他的意图阐释得明明白白：

其人（指钱名世）为玷辱名教之人，死不足蔽其辜，生更以益其辱……朕君临天下，凡一颦一笑皆系天下之观瞻，故内外臣工有赐以匾额者，非仅勉一人，欲使大小臣工各思淬砺，以尽臣职也。

钱名世谄媚奸逆，特书与匾额，令诸臣赋诗以昭惩创者，亦非仅为此宵小一人，盖欲使天下臣工知获罪名教虽腼颜而生，更甚于正法而死。

雍正的话里包含了两个意思：第一，不对钱名世搞肉体消灭，而搞精神羞辱，是要让他生不如死，让他腼颜活在世上；第二，如果只是为了整钱名世，不用如此大动干戈，钱名世的个案，是做给所有官员看的。

05

讽刺的是，三百八十五名写诗批判钱名世、涉险过关的官员中，至少有两人后来也成了"钱名世"，成了被整的人。其中一个，叫查嗣庭。

查嗣庭，浙江海宁人，进士出身，因隆科多推荐，任内阁学

士,兼礼部左侍郎。在奉旨写诗批斗钱名世时,他那首诗是这样写的:

羞恶廉隅了不明,读书堪笑负平生。昧心语已颜忘赧,悖理辞尤恶贯盈。一网开恩宽斧锧,百年遗臭辱簪缨。从今负罪归乡里,掩口人惭道姓名。

但他没想到,仅仅几个月后,他的命运就跟他诗里写的一样,他也被批倒搞臭。他的名字,人们也羞于提起。

查嗣庭被批斗,是因为有人举报他主考江西期间,出的考试题目动机不纯,别有用心。

但因为要从那些题目联想到颠覆雍正的合法性,必须要有雍正这么敏感而奇葩的脑回路才行,一般民众根本无法想象,所以民间以讹传讹,出了一个简洁版的版本,说查嗣庭出的题"维民所止","维止"两字,正好是"雍正"两字去头,遂倒了血霉。

实际上,查嗣庭出事的根本原因在于,他是隆科多举荐的人。像年羹尧一样,隆科多被雍正用完就扔,拔出萝卜带出泥,是免不了的。文字上的犯禁,不过是罗织罪名的需要罢了。

雍正整人,惯常的操作手法正是这样:先定人有罪,然后从他的文字,包括日记中翻找罪证,各种附会解读,总可以找到你"大不敬"的蛛丝马迹。

举个更典型的例子。广西人陆生楠,本来要升官了,但面见雍正时，雍正对他印象不好，于是指示人去查他。查了半天，陆生楠只写历史，不写时政。对不起，写历史也有政治问题。

这还不够，雍正甚至赤裸裸地说，你们看看这个陆生楠，用的纸这么小，写的字这么细，"踪迹诡秘"，他当初的功名一定是作弊得来的。

皇帝都定性了，陆生楠有没有作弊，还很重要吗？

说回查嗣庭。查嗣庭最终瘐死狱中。但这也不算完，雍正命人将他戮尸示众，继续做戏给活人看。

批斗者，转身就成了被批斗者。这是雍正整人术最可怕的地方。

06

总之，钱名世案之后，雍正整人的技术上了一个新台阶。对于灵魂羞辱的手法，越练越纯熟。

钱名世案的次年，邹汝鲁案的同一年，雍正指使人开始"修理"云贵总督杨名时。杨名时很注重个人声誉，一直以圣人君子自我要求。也许正是这一点，被雍正认为是沽名钓誉，遭到了雍正的忌恨。

雍正曾颇有深意地说，杨名时是"有名人物，汉人领袖"。他决心对这名士人领袖下手。

审讯杨名时的时候，好不容易审出了他的一条罪证：他曾收受手下四匹缎子和一对金杯。

面对这十分难得的进展,雍正却不满意。他后来跟心腹大臣鄂尔泰交底时说:

若不先治其假誉,反成伊千百世之真名矣……此辈假道学,实系真光棍,诚为名教罪人,国家蛊毒,若不歼其渠魁,恶习万不能革。但此种类,若不治其名而治其身,反遂伊之愿也。

意思很明显,针对杨名时这样的人,不批倒搞臭他,只从肉体上消灭他,是意义不大的,反而会助长他的名气。

雍正始终认为,搞倒杨名时并不真的是要弄死他,而是要撕破这样一个士人领袖的"假道学"伪装,给全国科甲出身的士人一个深刻的打击和教训。

可见,这个案子的套路,跟他整钱名世如出一辙。

又过了两年,雍正七年(1729年),曾静案爆发。

湖南落第书生曾静指派学生张熙投书策反封疆大吏岳钟琪,被告发。该案牵涉范围之广,实属空前。因查出曾静受反清志士吕留良思想影响,尽管后者已经死了半个世纪,但还是遭到剖棺戮尸。吕氏后人或被鞭尸,或被斩首,或流放为奴,惨不忍睹。

但是,出乎所有人的意料,曾静案的两名主犯,关了一年大牢后,竟然没事。不是雍正宽容,而是他又发明了新的整人办法。

雍正将曾、张二人的口供和忏悔书，连同批判文章，编辑成书出版，命令各地学校都要收藏此书，好让读书士人、乡曲小民都读得到。

这还不过瘾。二人被命为义务宣讲员，到各地现身说法，当众作践自己，真诚忏悔，痛哭流涕地倾诉皇上的大恩大德，并逐条批判他们对雍正进行过的指责，消除社会不良影响。

整个清代，顺治、康熙时还有明遗民的两根硬骨头在撑着，经过雍正这么一操作，在心灵上或鞭打，或"按摩"，已经没有人知道骨气这两个字是什么意思了。

07

在整人这方面，雍正的儿子乾隆，可谓得到了父亲的"真传"。

根据历史学家统计，乾隆一朝，有各种类型的文字狱案件一百多起，几乎占了整个清朝全部文字狱案件的百分之七十左右。这些文字狱对当时和此后中国社会文化的发展，产生了极为恶劣的影响。

江苏人徐述夔中过举人，但参加会试时，被认为答题语出不敬，遭到禁考的处罚。从此，他回到故乡以诗酒消愁，晚年才得到一个拣选知县的身份。他病逝后，他的儿子徐怀祖将其诗集《一柱楼诗》等著作刊刻发行。这本诗集为后来的事情埋下了祸根。

大约十几年后,徐怀祖也病故了。这时,徐怀祖的儿子徐食田与同乡大家族蔡家发生土地纠纷。蔡家人放言,如果徐食田不让步,他们就将其祖父的遗著《一柱楼诗》呈交朝廷,因为他们发现,诗集里有"诋毁本朝"的句子。

这件事从东台县衙一直闹到了省里。江苏布政使陶易最终认为,蔡家是挟私报复,故将案子压了下去。

但蔡家并不死心。

仅仅两个月后,蔡家又托人将《一柱楼诗》递给了江苏学政刘墉。刘墉的政治敏感性很高,立马将此事报告乾隆。

乾隆看完诗集,震怒。他从徐述夔的诗集中,翻出了两句诗——"明朝期振翮,一举去清都",然后解读说:"借'朝夕'之'朝',作'朝代'之'朝',且不言'到清都',而云'去清都',显有欲兴明朝去本朝之意……实为罪大恶极。"

但按现在的理解,乾隆显然对这两句诗作了过度解读。徐述夔不过是把自己比喻成一只鹤,希望展翅高飞罢了,却因为出现了"明""清"等字眼而给了多疑的乾隆整人的"借口"。

乾隆命两江总督萨载和江苏巡抚杨魁调查这起所谓"逆诗重案"。其实,皇帝本人已经定性了,也不用调查有罪与否,只需要确定涉案人员的波及面有多大。

最后,因为一本诗集,已经去世的徐述夔、徐怀祖父子二人遭开棺挫尸、枭首示众;徐食田、徐食书兄弟被判斩监候,秋后处决;徐述夔整个家族,年十六岁以上者,皆处斩,十五岁以下男丁及女子,皆付给功臣之家为奴,共两百余人受到牵连。

不仅如此,连为《一柱楼诗》写跋、校对、刊刻的人,也受到处死或流放的罪罚。著名诗人沈德潜尽管已去世多年，但因为曾为徐述夔写传记，受该案连累，其礼部侍郎官爵、尚书加衔及"文悫"谥号尽被革去，御制祭葬碑文一并被毁，其在乡贤祠内的牌位亦被撤去。

《一柱楼诗》案爆发三年后，乾隆四十六年（1781年），乾隆西巡五台山返程经过保定，退休官员尹嘉铨让儿子给皇帝送去了两份奏折。

直隶博野（今河北保定博野县）人尹嘉铨，出身理学世家。他的父亲尹会一，因为孝顺而闻名，官至吏部侍郎。尹嘉铨为官时，曾奏请乾隆皇帝，提出让八旗子弟读朱熹编写的儿童教育读本《小学》，深得乾隆赞许。此后，尹嘉铨以名儒自居。

乾隆经过保定时，尹会一已去世三十多年，尹嘉铨则退休在家。尹嘉铨让儿子带给乾隆的奏折，内容是请求皇帝把尹会一和名臣汤斌、范文程、李光地等一并从祀孔子，并请求给尹会一一个谥号。没想到，乾隆看后怒气冲天，御笔朱批："竟大肆狂吠，不可恕矣！"

尹嘉铨为了光宗耀祖，竟然敢向乾隆索要"家族荣誉"，真是老糊涂了。但乾隆对于尹嘉铨的"过分要求"，并不是骂两声就完事了，他想到背后肯定有更深层次的阴谋。于是，他当即下令革去尹嘉铨的顶戴，交给刑部审讯，并指定官员前往抄家，而且特别嘱咐，一定要留心搜索检查"狂妄字迹、诗册及书信"。

是的，皇帝又想从文字入手整人了。

刑部的人终于从尹嘉铨的文章中查到了两处"大逆不道"的

地方:一处是,尹嘉铨写有"为帝者师"的字句;另一处是,尹嘉铨自称"古稀老人"。

对于前一处,乾隆自己批驳道:"尹嘉铨竟俨然以师父自居,无论君臣大义不应加以妄语,即以学问而论,内外臣工各有公论,尹嘉铨能否为朕师父?"

对于后一处,刑部的人指出,当今圣上已经写了《御制古稀说》,皇帝临御四十六年,励精图治,这才是"自古所稀",你怎么敢妄称"古稀"呢?

人生活到七十,按惯例就称"古稀",谁知道这竟成了皇帝专用的词了?尹嘉铨没有办法,只能说自己"狂悖糊涂"。

最终,七十余岁的尹嘉铨被判处绞立决。乾隆还特地解释说,他本意不想杀人,但"为世道人心起见,不得不明示创惩以昭炯鉴"。那个只想着通过皇恩浩荡来光宗耀祖的尹嘉铨,恐怕到死也搞不清楚,自己怎么就成了皇帝杀鸡给猴看的牺牲品。

关于尹嘉铨的结局,清代的野史笔记还有另一种说法,说在执行绞刑前,乾隆召见了尹嘉铨,将他数落一番,准其免死,让他回家种红薯。尹嘉铨千恩万谢,说我以后天天烧香祈求上天保佑圣上,我争取活到一百岁,不敢一天间断。乾隆哈哈大笑说:"汝尚欲活至百年乎?"于是挥手让尹嘉铨出去。

两种结局虽然相去甚远,但对于乾隆而言,意义是一样的。只要让人服服帖帖,他的目的就达到了。

第六记：浮生记富

一、古代富豪发家秘籍——发财是有技巧的

公元前473年,拉锯多年的吴越争霸终于进入了尾声。

越军一举攻破姑苏城,被围困数年的夫差出逃,留下一句"孤老矣,不能事君王也",然后引剑自刎,吴国灭亡。

自此,越王勾践统领江淮一带,成为新一代霸主。

眼看着越国万丈高楼平地起,作为大功臣之一的范蠡却向勾

践递了辞呈,乘着一叶扁舟"浮于五湖"。

效劳越国多年的范蠡,说走就走,不过是因为早已洞穿人心:"飞鸟尽,良弓藏;狡兔死,走狗烹。"

但范蠡的传奇人生并不随着他离开越国而终止。在六十多岁的时候,他凭借一副好头脑,从著名谋臣摇身一变,成为了天下巨富。

更传奇的是,他归隐后"十九年之中三致千金,再分散与贫交疏昆弟",聚财散财,皆泰然自若。经过史籍的记载和传颂,范蠡被后世誉为商圣、商祖,其经商之道更是引得后人前仆后继地钻研。

两千多年间,总有一些人"复制"了范蠡的"发财"之术,但却很少有人"拷贝"他的"散财"之道。所以,历史上鲜有富豪能够重写范蠡式的完美结局。

01

范蠡出身普通,但在街坊邻居眼中早就是个出了名的人物:"其为结童之时,一痴一醒,时人尽以为狂。"

范蠡之狂,狂在他一介草民,却胸怀奇才,深谙霸王之道。

范蠡辞别越国后,一路北行至齐国,停在了一块临海之地上。范蠡一眼便察觉出这是块宝地——适合发展农耕经济。于是,范蠡带着家中老小在这片临水之地发展农牧业,很快便攒下了第一桶金,"致产数十万"。

齐国听闻他贤良，邀他为相。但他重返官场不久，便发出了新的感慨："居家则致千金，居官则至卿相，此布衣之极也。久受尊名，不祥。"于是他归还相印，散尽家财，继续游历。

很快，他又找到了第二块宝地，并且在那里将自己的哲学思想、军事思想运用起来，再次开创了一番商业传奇。

范蠡认为，"陶"的地理位置极佳："天下之中，诸侯四通。"而交通便利，人口旺盛，这是盘活货物交易的重要条件。随后，范蠡再次从农耕和畜牧做起，等有了产出以后，便开始组织运输、销售，将货物运往多地，顺道还开起了屠宰、饮食、酿造、皮毛加工厂等周边产业。

也在此时，他把自己唤作朱公，后人尊称他为陶朱公。

他做生意，大多是运用了从师父计然那里继承的谋略，最为著名的，莫过于"时用知物""贵出贱取""薄利多销"等经商策略。

纵观范蠡隐退官场后的发家史，不难发现，经商首先要找对地方，该地的生产条件和贩运条件，缺一不可。

关于择地治生，赵国冶铁富商卓氏也深以为然。当年秦国攻破赵国之际，赵人被迫迁徙，不少人都掏出家当走门路，指望能分到近一些的地方。而卓氏却与这些人不同，主动提出要迁往较为遥远的"汶山之下"，原因在于那里土地肥沃、物产丰盈，容易发展商业。最后，卓氏一家来到了临邛，开山冶铁，后来过上了十分优渥的生活，"田池射猎之乐，拟于人君。"

其次,范蠡紧紧抓住了农牧业的重要地位。曾有穷人猗顿专门拜访陶朱公,询问如何致富,陶朱公告诉他:"子欲速富,当畜五牸(雌性牲畜)。"听罢,猗顿照办,找了个地方养牛羊等牲畜,很快便累积起财富,随后再发展盐业,也成为一代富豪。

最后,范蠡以农牧为基业,发展相应的手工业,随后利用地理位置的便利构建起庞大的运输、售卖网络。这种连接多地的长途贩运生意,是富上加富的重要手段。

孔子最富有的学生子贡也是长途贩运里的佼佼者之一。

那些年,子贡在周游列国的途中,逐步摸清了各国行情,关于何地盛产何物,何地紧缺何物,他都了然于心。随后,子贡便采取贱买贵卖的策略,采购各地"土特产"在不同的地方进行交换,从而获取利润。

范蠡在后世之所以被尊称为商圣,受到供奉,最主要的原因是其经商策略洞悉了市场规律,小至发家,大至治国,皆能让人有所收获。其次,便是他诚信经营、仁能去富的精神让人钦佩不已,毕竟在人的欲望下,散财可比聚财难多了,如太史公所言:"此所谓富好行其德者也。"

02

像范蠡这样兢兢业业、稳扎稳打发家的有钱人自是受到敬仰,但靠"运气"发家致富的人,更让人充满好奇。

这就不得不提到汉文帝宠臣、垄断铸钱业的邓通。

邓通小时候，家境还不错，平时一边读书一边到河里捉鱼摸虾。然而，书没读进去，"驯服"水的本事倒学了不少。

某日，他年至弱冠，该想想未来的出路了，当时朝廷用人还不依靠科举制，由下至上荐人的察举制也还未兴起，按照邓通的文才水平，被官府指名征召的概率小之又小。所以，他只能靠家中财力前往京师，谋个郎官，等个被朝廷重用的机会。

他的梦想很快就实现了。靠着划船这一项特长，邓通被征召到皇宫里做黄头郎，掌管行船。

邓通的发家史，从这里开始，便如同谶纬之学盛行的汉朝一般，蒙上了一丝玄幻色彩。

根据史书记载，邓通与汉文帝的相识来自于一场梦境。某日，汉文帝梦见自己要上天，但怎么都差一点儿。这时，忽然有一位衣带系结在背后的黄头郎推了他一把，然后就成功了。梦醒之后，汉文帝对梦境念念不忘，于是来到了未央宫苍池中的渐台，仔细观察有无梦中人，很巧，邓通那天就是这么穿衣的。

汉文帝问其姓名，不问不知道，一问吓一跳，对方姓邓名通，那不就是登天的意思吗？汉文帝大喜，把他召到身边来，天天跟他一起玩儿。

这时，邓通的另一个特长就派上用场了：他十分善于阿谀奉承，总是把汉文帝哄得很开心。汉文帝一开心就给他赏钱，累计下来，邓通得到的赏钱"巨万以十数"，官职也达到了上大夫。

但这样还不够,邓通走上了"钱生钱"的道路:垄断汉文帝时期的铸钱业。

根据史书记载,相士对邓通发表"当贫饿死"的判语,汉文帝就决定将蜀郡严道县的铜山赏赐给他,允许他铸钱。但有学者提出,这个赏赐并不单纯是一个宠幸弄臣的故事,背后还潜藏着汉文帝要打破吴王刘濞垄断钱币市场的动机,以此保证中央财政安全。

邓通所铸钱币,许是出于以质取胜、占领市场的目的,从来不掺假,与国家货币标准相同,因此,不久后邓钱也确实广布天下,保证了汉朝的财政安全。

但是,当汉景帝上台后,邓通的好日子就到头了。汉景帝因旧时邓通为汉文帝吮吸痈疮一事,记恨至今,一即位便用罪名把邓通的官给免了,随后收回铜山,没收家产。曾富甲天下的邓通,最后身无分文,死在了别人家中。

这下场,竟应了当初相士"当贫饿死"的预言。邓通的一生,玄得让人有些怀疑其真实性,但无论如何,有个道理倒是真的:光靠一张嘴和赏赐得来的东西,终归是要"还"回去的。

03

有的人靠赏赐发家,还有的人靠抢劫发家,此人,乃西晋首富石崇是也。

石崇是富二代,但父亲临终前却没把财产留给他,只留下一句预言:"此儿虽小,后能自得。"尽管他听了一头雾水,但事已至此,也没办法了。

士族出身和良好的教育,让石崇二十多岁便当上了修武县令,以有才著名。由于确实有两把刷子,石崇的升迁之路一直都较为顺畅,但是也因为有才能、受器重,他行事经常十分狂野,不是个省油的灯。

在荆州任职之时,他竟然抢起了山贼的饭碗,劫掠远行的使者和商客,取得巨额财物,由此一跃登上首富之位。当上首富以后,他的行为就更加狂放不羁了,以炫富、斗奢闻名。

生活质朴的高官刘寔到他家拜访时,恰逢三急需要上厕所。他来到厕所,却见里边陈设绛纱帐大床,还有两位美女持锦香囊迎接,吓得他赶紧往回跑,跟石崇连声道歉:不好意思,刚才误入你的卧房了。

石崇回一句:不用怀疑,那就是厕所。

当王恺给他炫耀皇帝赏赐的二尺高珊瑚树时,石崇竟然拿出了一把铁如意,毫不含糊地把这珊瑚树击碎。王恺被气得半死,厉声喝斥,石崇却淡淡地来了一句:没什么好惋惜的,还你一棵就是了。于是,他命人取来了家中所有的珊瑚树,均约三四尺高,枝干都堪称一绝,流光溢彩。

见这阵仗,王恺也无话可说了。

这样的事儿,比比皆是;他这样狂妄的性格,也给自己埋下了祸根。

由于政治斗争,石崇受牵连失势,发动政变的司马伦党羽孙秀故意向石崇索要其爱妾绿珠，石崇一口回绝。孙秀怀恨在心，便找机会抓了石崇。

临死前，石崇在囚车上慨叹道："这些奴才是想谋我身家啊！"隔壁的押送人员听罢，回了一句："知道是家财害了你，为何不早早散去？"

石崇语塞。最后，一家老小共十五人，皆被杀害。

不义之财，取了也守不住啊。

04

在以小农经济为主导的古代，多数统治者对于商业持有的是不能放弃、也不能放任的态度。商人参政，素来为统治者所忌惮，尤其是特别有钱的商人。

在这样的背景下，清末竟然有位商人逆向而行，从商场渗透进官场，成为了著名的"红顶商人"，他就是胡雪岩。

胡雪岩出生于安徽绩溪，家中有几亩田地，虽不富裕，但自足有余。作为家中老大，他时不时给家里放放牛，生活也算自在。不幸的是，在他十二岁那年，父亲忽然离世，胡雪岩被迫挑起家中的经济大梁。

犹记得父亲临终前说："欲兴吾家，其惟顺儿（胡雪岩小名顺官）乎？"于是，胡雪岩暂别母亲，在亲戚的推荐下，来到杭州的信和钱庄，成为一名学徒。

他的致富之路，就从这里开始。

钱庄的学徒生活并不轻松,比如,刚进门有一项"坐功",要求连续三十天闭门练习数银票,如若出错,便要再数三十天。胡雪岩凭借着聪明与勤奋,出色地完成了各项学徒任务。

与此同时,胡雪岩日常待人处事的情商极高,谁遇上急事儿他都会搭一把手,帮助其渡过难关,久而久之,便在行业内留下了乐于助人的好名声。

某一天,他在茶楼里碰见"候补浙江盐大使"王有龄,交谈之中,胡雪岩得知王有龄正苦于无钱加捐官职。出于善心,也出于商人的敏锐感觉,胡雪岩进行了人生中第一项风险投资——把一笔刚收回的五百两银子的"烂账"借给王有龄进京"投供"。

尽管胡雪岩因私自挪用借款被钱庄辞退,但王有龄很快便回来提携这位识于微时的贵人了。

王有龄北上后不负所望,当上了浙江海运局坐办。他找到胡雪岩的第一件事儿,便是替胡雪岩在钱庄重建信誉。随后,王有龄又利用职务之便,让胡雪岩参与到漕运事务当中。

胡雪岩也正是在此时开始自立门户,逐步办了米行、丝行、药行等,还有他金钱帝国里最重要的部分——阜康钱庄。

胡雪岩的生财之道,大约就是他自己所说的"八个坛子七个盖,盖来盖去不穿帮"的灵活处事原则。另外,还有来自徽商的重要经验:"中国人做生意不能没有靠山"。

胡雪岩由商场进入官场,一路平步青云,第一座靠山是王有龄,第二座靠山则是晚清重臣左宗棠。

胡雪岩三十九岁那年，即1861年，太平军第四次攻占杭州，胡雪岩受王有龄之托到上海购买和运输粮食、军火等，以接济受阻清军。最后，坚守杭州的王有龄以身殉节，而胡雪岩也转投至新任浙江巡抚左宗棠旗下，被委任为浙江粮台总管，主持全省钱粮、军饷的筹集，开启了向帝国首富进发的历程。

多年后，李鸿章与左宗棠的派系斗争日益激烈，作为左宗棠左膀右臂的胡雪岩首当其冲，被李鸿章手下的另一富商盛宣怀设局，先是把大量现金流都投入"斗丝"和垫付清廷借款上，后又遭到全国人民的挤兑，最终家财散尽。

尽管胡雪岩最后成为了封建社会政治的牺牲品，富豪传奇无以延续，但是，其早年的诚信、义气和慧眼识珠，都值得后人借鉴。

05

清末乱世，像胡雪岩这般由商入政的人不少，但像张謇这般弃官从商的，更值得钦佩。

一切可归于"实业救国"四字。

1895年夏天，张謇为张之洞起草《条陈立国自强疏》，比较系统地阐明了自己的救亡主张，包括加强国防、广开新学、提倡商务等。其中，对后世影响最大的，莫过于发展近代实业和近代教育。

世人皆言外洋以商务立国，此皮毛之论也。不知外洋富民强国之本实在于工。讲格致，通化学，用机器，精制造，化粗为精，化少为多，化贱为贵，而后商贾有懋迁之资，有倍徙之利。

凭借这样的认识，张謇在张之洞的指示下，开启了他的实业之路。

1896年，张謇奉张之洞的命令，在通州设立大生纱厂。

选择办纱厂，并非偶然。张謇经观察发现，通州当地盛产棉花，且质量较高，十分畅销。同时，办纱厂还能带动手工棉纺织业的发展，而当地生产的布料很受东北市场欢迎，又能带动专营运销的布庄兴起，形成一条完备的产业链。

几经讨论和周旋，张謇最后决定以"绅领商办"的形式建办大生纱厂。但从筹办到开工，他经历了一次又一次资金筹募的困境：建厂房、雇职员、买机器、购原料，这些全都要钱！从商人那里找来的投资，不够；找官员要，不理。

没办法，张謇决定去上海集资，连旅费都是靠卖字得来的。他找各地官员筹措资金，就像个到处化缘的和尚。

凭着坚定的意志和强大的魄力，辗转四年，大生纱厂终于开起来了，投入了对抗外国资本的"战斗"之中。

随着资本的不断积累，张謇又陆续开办了油厂、面粉厂、发电厂和电灯厂等大大小小的企业，合计有二十多家，成为了当时国内最大的民营企业集团。

张謇所操办的实业，让民族工业崛起，大大推进了中国近代化进程。同时，实业赚到的钱，又成为了近代教育的启动资金，一所所新式学校创办起来，培养出一批又一批新式人才。

胡适曾评价张謇："张季直先生在近代中国史上是一个很伟大的失败的英雄……他独力开辟了无数新路，做了三十年的开路先锋，养活了几百万人，造福于一方，而影响及于全国。"

尽管到最后，张謇的实业集团还是因战乱、商业竞争和投资失利等原因，破产易手，但他挽救国家的努力和决心，已深深地注入这片土地之中，影响深远。

在发家致富的行列之中，有走运的人，但更多是脚踏实地又能够抓住机会的人。若对金钱过分执着，常囿于个人或小团体的利益，千万家产终有一天会成为人生的绊脚石。而那些坚守本心和德行的人，终将"千金散尽还复来"，成就惠及千秋万代的功业。

二、古人请客的套路——"豪门盛宴"往事

绍兴二十一年（1151年）十月，宋高宗在宰相秦桧等高官陪同下，亲临大臣张俊的府第。

皇帝到家里做客，这可是荣耀至极的恩宠，张俊特意为宋高宗准备了一场史无前例的豪门盛宴。

菜单上囊括各种飞禽走兽，近两百道美食，琳琅满目，应有尽有，更不乏羊舌签、鲨鱼脍、洗手蟹等名菜。酒过三巡后，张

俊还将其珍藏的大量宝物进奉给宋高宗。

这场与唐代烧尾宴、清代满汉全席等齐名的奢华筵席,堪称南宋权贵耽于享乐的缩影。

张俊本是弓手出身,早年与岳飞一样从底层打拼,后来却成为权奸秦桧的忠实追随者。这位中兴名将为人贪婪好财,到处霸占田产,搜刮金银,通过巧取豪夺的方式,家积巨万,这才有钱请皇帝吃饭。

在中国这个古老的礼仪之邦,请客吃饭这事儿,来不得半点儿含糊。在推杯换盏之间,酒水里折射出的往往是人心。

01

中国最早的宴饮活动,一般是坐在地上进行,哪怕请客吃饭也是如此,因为那时没有桌椅。

先秦时期,主人请客,在地上铺筵加席,分餐而食。人们"席地而坐,凭俎案而食",彼此间隔相当的距离,案上各有一套饭菜与餐具,与当今西餐分盘而食相似。

有学者认为,分餐制在中国至少存在了三千多年,从远古一直延伸到隋唐。历经魏晋数百年的胡汉文化融合,高桌大椅等新家具出现后,在唐代发展出合餐制,并在北宋时期正式取代分餐制,逐渐转变为现在常见的围桌而食。

在先秦，代表尊卑礼仪的分餐制闹出过不少事故，也成就了许多耳熟能详的故事。

春秋霸主楚庄王有一次请群臣吃饭，摆上盛大的筵席，命姬妾斟酒，与众人宴饮到夜晚。

楚国将领唐狡喝多了，看着眼前美女的曼妙身姿，动了歪念头。

此时，一阵疾风吹灭了烛火，全场一片漆黑。唐狡有酒壮胆，暗中扯下美女的衣袖，不由自主地拉住她的手，幸好人家姑娘反应迅速，反手就把唐狡帽子上的簪缨扯下来，吓得他赶紧松手。

这位美女是楚王的宠姬。她急忙躲到楚庄王身边，告诉他，自己刚刚被骚扰，现在手里还攥着那人的帽缨，只要点上灯烛，就知道是谁这般无礼。

出人意料的是，楚庄王听完宠姬告状，淡定地对大家说："先别急着点灯！今晚我们要喝个痛快，大家不必拘束，都把帽缨摘去，取下冠饰。"

灯火重燃后，在场的人皆已取下帽缨，摘下冠帽，谁也不知道刚才发生了什么事儿，只有唐狡明白，自己捡回一条命，是楚庄王饶恕了他。

后来，楚国与郑国交战，唐狡自请为先锋，在战场上拼死作战，为楚国立下大功。宽以待人的楚庄王没有因宠姬被调戏而动怒，反而得到一名誓死效忠的大将。那场君臣宴饮，被后世称为"绝缨之宴"。

同样在请客时遭遇事故的，还有战国四公子之一的孟尝君田文。

孟尝君在齐国权倾一时，养食客数千人，善于笼络人心。孟尝君声称"公司"福利好，自己作为"老板"，都与门客穿一样的衣、吃一样的饭，不论高低贵贱。

有一天晚上，孟尝君请众门客吃饭，其中有一个门客不久前刚慕名来投，对孟尝君的人品半信半疑。

席间，有人无意中挡住了这个门客食案前的灯光。这名新门客十分恼怒，以为孟尝君一定是给他安排了次等酒菜，因此，才命人遮挡。

他推开食案，起身就要离去。此时，孟尝君也站起身来，端起自己的饭菜，同门客的那份相比较。门客见他们的食物并无二致，才知自己错怪了孟尝君，顿时感到无地自容。

先秦的侠士大多刚烈。这名门客二话不说，当场拔剑自刎，向孟尝君谢罪。孟尝君为此遗憾不已。但也正因为这名门客的自尽，让更多士人得知了孟尝君诚实守信，都投靠到其门下。

孟尝君对他们尽心款待，后来失势时，正是得益于门下食客的相助，才能逃出生天。

有人请客吃饭，得到门客忠心辅佐，有人却因请客失了国。

中山国有个国君，也喜欢请客吃饭。有一天，他炖了一大锅羊肉汤，分给手下，唯独忘了请一名叫子期的将军。

子期得知后十分愤恨，想不通国君为何不分羊肉汤给自己，一生气，就跑去投奔敌国，把中山国的底细全交代出去了。结果，中山国被打得大败，国君也被迫逃亡。

中山国君那叫一个郁闷啊，我太冤了，不就一碗羊肉汤么？幸好，国君逃亡的时候，有两个年轻人扛着武器，拼了命保护他。中山国君一看这两个生面孔，问："你们是谁啊？"

他们二人说，我们兄弟是听从家父之命前来保护您的，以前闹饥荒，我们老爹快饿死了，是您请他吃了一壶熟食，才救了他的命，如今我们来报恩了。

中山君恍然大悟，说了一句："吾以一杯羊羹亡国，以一壶飧得士二人！"

02

古人请客有很多门道，比如宴席的座位，可表示尊卑主次的顺序。

著名的鸿门宴上，与会人物的座次在《史记》中有详细记载："项王、项伯东向坐，亚父南向坐，沛公北向坐，张良西向侍。"

在当时，东向坐是最尊之位，项羽是这场酒席的主人，就坐在这一主位；项伯是项羽的叔父，依礼不能坐在低于侄子的座位，于是稍加权变，同向而坐；范增是谋士，被项羽尊称为"亚父"，地位次于项羽，所以朝南而坐。刘邦是前来请罪的客人，就面朝北方而坐，地位低于范增；张良在刘邦帐下，只能坐在西向的位上作陪。

鸿门宴是刘邦与项羽命运的转折点。

此前,刘邦率领一支义军,率先攻入秦都咸阳。公元前206年,当项羽率领在巨鹿之战取胜的大军到达函谷关时,发现关中已为刘邦所占,难免有些不服气。刘邦手下的左司马曹无伤火上浇油,偷偷派人告诉项羽,刘邦想在关中称王,将咸阳的珍宝据为己有。

项羽听说这个消息后大怒,驻军于咸阳城外,对刘邦虎视眈眈。项羽的大军数倍于刘邦的军队,一旦开战,刘邦必败无疑。刘邦决定亲自到项羽营中解释,这才有了鸿门宴。

虽然项羽听信刘邦可怜巴巴的辩解,摆上酒席表示和好,但他手下的谋士范增一再给项羽丢眼色,让他下决心杀了刘邦。

席间,范增见项羽拿不定主意,就私自找项羽的堂兄弟项庄上前舞剑,让他伺机杀了刘邦。项庄舞剑,吓得刘邦直冒冷汗,幸得项伯也拔剑起舞,多次用身体掩护刘邦。

张良则趁机溜出帐外,找到刘邦手下的猛将樊哙,跟他说宴会形势不妙,赶紧进来保护刘邦。

樊哙一听,那还得了!他提着宝剑和盾牌,气冲冲地闯进项羽的军帐中。

樊哙指责项羽说,谁先打败秦军进入咸阳,谁就做关中王,这是楚怀王与诸将事先的约定,何况沛公(刘邦)打进咸阳,什么东西也没拿,您要是听信小人的谗言杀害他,就跟秦王一样无道。

自尊自大的项羽面对樊哙的责备,一时也不知如何回答。

项羽欣赏樊哙的豪气,赐给他一斗酒、一只猪肘子。樊哙因地位较低,在宴席中没有坐席,只能"立而饮之"。之后,把肘子放在盾牌上，蹲下身子，用剑割肉吃，既有豪气，又合时礼。

樊哙闯入鸿门宴后，刘邦总算冷静下来，觥筹交错之间，假装要上厕所，赶紧溜之大吉，从饭局中死里逃生。项羽本可在宴会上杀掉刘邦，却优柔寡断，错过了这次易如反掌的机会。

事后，范增看着天真的项羽，不得不感慨："夺项王天下者，必沛公也！"

历史证明，这次请客失误，造成了项羽的终生遗憾。

然而，刘邦打败项羽，统一天下之后，也在请客吃饭时遇到了难题。

刘邦当上皇帝后，一起打天下的弟兄一如既往地把他当老大哥看待。在这位新皇帝的宴会上，由狗屠樊哙、吹鼓手周勃、布贩灌婴等组成的大汉创业集团成员，发酒疯大喊大闹，争论功劳，有人甚至动不动就将刀剑砍在柱子上。

皇帝难得请吃饭，一场宫廷盛宴却办得跟黑帮聚会似的，刘邦很没面子。

于是，刘邦让擅长研究礼法的儒生叔孙通帮他制定一套礼仪，便于约束这帮开国功臣，让他们知道，我刘邦已经不是当年的大哥，而是高高在上的皇帝。

叔孙通接到任务，立马回到儒家的发源地鲁国，找了三十几个儒生，整日排练，采用古礼制成了汉朝皇家宴会的礼仪。

在当年长乐宫建成的典礼上，群臣按照叔孙通制定的新仪式入宫觐见。面对种种等级森严的规章制度，群臣第一次感受到皇帝的威严，"自诸侯王以下，莫不振恐肃敬"。

此后，朝廷再举办宴会，殿堂上庄严肃穆，文武百官再也无人闹事，刘邦得意扬扬地对左右说："我今日才知道做皇帝的尊贵啊！"

在中国古代，封建帝王的宫廷宴饮是国家宴饮活动中等级最高的大宴。除了帝王平时的饮膳外，按照礼制，每逢除夕、元旦、上元、中秋、冬至等重要节日，以及庆祝帝后寿辰、处理外交国事时，都可举办隆重的宴饮。

皇帝请吃饭，往往仪式繁缛，有明显的政治目的，是历代统治者维护统治、巩固统一的手段之一，并随着统治者等级制度的日益森严而成为定制，相沿遵行。

03

帝王宴饮在于宣扬皇帝的恩荣与威仪，而文人请客，以文会友，更多强调一个"雅"字。

在文会宴的漫长历史中，古人发明了酒戏，将各种游戏引入宴席，比现在的划拳、摇骰丰富得多。

这其中有考验射术的宴射，有以箭矢投入壶中为胜的投壶，有类似于猜谜游戏的射覆、藏钩，有需要一定文化素养的吟诗、作对、唱曲等各类口头文字令。

不得不提的，还有兰亭会中出现的曲水流觞。

东晋时期，永和九年（353年）三月初三，正逢上巳节，书法家王羲之与谢安等四十余人结伴春游，在绍兴的兰亭聚会，于水边玩起了这个游戏。

他们坐在河渠两旁，将酒杯放入水中，任其顺水而流，停在谁的面前，谁就得喝酒。除此之外，有时还要吟诗作赋，一觞一咏，可谓风雅典范。

作为这场宴会的主角，王羲之在后世成为雅士宴会上的代名词。

相传，王羲之极好吃鹅，因他曾官拜右军将军，后来江南吴中一带的文人，干脆把鹅叫作"右军"。同理的还有被称为"曹公"的梅子，因为曹操有望梅止渴的典故，故有此雅号。

在《梦溪笔谈》中，记录了这样一个故事：有位风雅之士请客吃饭，特意吩咐厨子说，"醋浸曹公一瓮，汤炖右军两只，聊备一馔"。不知道这名厨子到底有没有听懂。

文人请客，不但会玩儿，还好为雅言，也就是不好好说话。

北宋初年，有个叫陶谷的文臣，是宋太祖的笔杆子，专门负责起草各种规章制度。陶谷是个大才子，但他这活儿往往只需要把以前的文字稍加修改，交给皇帝一看就能交差，因此被宋太祖调侃为"依样画葫芦"，有些人很看不起他。

陶谷不服气，也想建功立业。有一年，宋太祖就派他出使南方的吴越国。

当时的吴越王钱俶有意归顺宋朝，听说宋太祖派人前来，赶紧设宴款待，还特意为陶谷准备了当地的特产——蒸螃蟹。

吴越一带产蟹，各种品种都有，钱俶为尽地主之谊，命厨师将各种蟹都做了一份。陶谷作为大宋的使者，自然要在吴越王面前威风一回，他见席间呈上的螃蟹先大后小，摆了十几种，就拿这事儿"开涮"，说："你们可真是一蟹不如一蟹啊。"

这句话的意思，是嘲讽吴越国日薄西山，一代不如一代。

钱俶气不过，也想办法反将一军，就叫来厨子，端上一锅汤。

陶谷看到这锅里绿油油的，不禁感到好奇，问了一句："这是什么汤？"

钱俶逮到机会，回答道："葫芦做的，就叫'依样画葫芦'。"

陶谷瞬间脸色就变了，钱俶总算扳回一城。

还有一个类似的故事。

北宋有一任郑州知府，叫李献臣。有一天，他府上来了个客人，这人是漕运官孙长卿的部下，刚好也在李献臣手下当过差。

李献臣看到老部下来访，似乎也挺高兴，要留他吃饭，问他："餐了未？"这是文绉绉的说法，可能还带点儿口音。

那个手下听成了"孙来未？"以为对方是询问自己上司的行程，就回答说：我来时，孙大人已经在收拾行李了。

李献臣听着牛头不对马嘴，说："我是问，你餐了未？"

当时有些地方把打板子叫"餐"，这名手下误解了老领导的意思，只好老实交代："我以前当差的时候，挨过十三大板。"

这时，李献臣自己都无奈地笑了，说："我是问你吃饭没有，我要请你吃饭。"

一句"吃了吗"就能搞定的事儿,愣是问了个有来有回。

04

俗话说:"三天为请,两天为叫,当天为提溜。"古人请客吃饭,一般三天之前就要送上请帖,发出邀请,而被邀请的客人也要及时回帖,准时赴宴,方不为失礼,跟现在发个信息、打个电话就叫上三五好友聚餐相比,大不相同。

南宋诗人范成大约人吃饭时,留下了一封简短的请帖:"欲二十二日午间具饭,款契阔,敢幸不外,他迟面尽。右谨具呈,中大夫、提举洞霄宫范成大札子。"

这封请帖是说,朋友啊,我想请你二十二日那天中午来我家吃饭,咱们边吃边聊,谈谈各自的近况,希望你一定来,千万别跟我见外,我就写这么多,其他的事情等咱们见面再说。

作为朝中高官的范成大,请别人吃饭也必须说客气话,并用几句话说明请客的时间、地点、原因,这才显得不失礼。

但是,在明代,有这么一个牛人,敢于打破请客吃饭的规则。

明朝人陈音在南京当官时,官至太常寺卿,生活却过得像个邋遢大王。有一天,他从单位下班,跟侍从说:"你们送我到某友人家。"

侍从没听清,稀里糊涂地把马牵回了陈府。

陈音一进门,就犯糊涂了,说:"这人家怎么装修跟我家一样啊?我家的画怎么挂到他家来了?"家仆愣在一旁,一脸诧异地说:"老爷,这是咱自己家啊!"

这位大人有一天收拾房间,搜出了一张请柬,上面写着某朋友请他几月几日到家中赴宴。陈音算算日子,到了那天,就前往朋友府上赴宴。

朋友见他不打招呼就来,感到莫名其妙。这时,陈音掏出那张请柬,问朋友:"今天不是你请客吗?"

朋友看了哭笑不得:"兄弟,这张请柬是去年发的啊!"

陈音不仅会搞错别人请客的时间,自己请客也记不住。有一回,他发请柬给朋友,请对方来家里吃饭,结果自己把这事儿忘了,当天直奔朋友家,找人家下棋。

到了饭点,家人提醒陈音的朋友:"今天有人请你吃饭,别忘了。"

陈音一把拉住朋友的袖子,说:"别走啊,你去吃饭了,我怎么办?"

陈音忘了,自己就是那个请客的人。

05

古人请客宴饮,名目之繁,不胜枚举:小到婚丧嫁娶、生辰祝寿、年节庆贺、亲朋聚会的民间家宴,大到朝廷因各种国事举办的官宴,如皇帝赐予老人的"千叟宴"、赐予举子的"乡饮宴"、宴请外交使者的"外藩宴"、聚集皇室贵族的"宗室宴"、节日庆典的各种"大宴"等。

一般来说，请客吃饭，是为了增进感情，但官僚士大夫之间的宴饮，意义主要在于阿谀奉承、攀结权贵；皇室请客，也不过是为了巩固统治，且皇家宴饮往往耗资巨大，极度奢侈浪费。

清光绪二十年（1894年），清廷上下为慈禧太后的六十大寿操碎了心。

为了满足慈禧的虚荣心，清廷提前一年成立庆典处，专门负责此事。慈禧一边对光绪皇帝率领群臣为她祝寿加以首肯，另一边又虚情假意地强调"毋得稍滋糜费"。

在京的王公大臣为了拍马屁，将慈禧的寿辰当成压倒一切的头等大事，拨用经费数百万两，在西华门至颐和园的几十里大道旁，搭建经坛、戏台、彩殿、牌楼，命僧道念经、戏班演戏，沿途点缀景观。

日本人得知清廷为了给慈禧过六十大寿忙里忙外，更是下决心与清交战，"知今年慈圣庆典，华必忍让"。

这一年，中日甲午战争爆发，宫中也曾下令节省开支，支援前线，但直到北洋水师与日军鏖战，从西华门到颐和园的工程仍未停工。最后，北洋水师一败涂地。

此时，朝鲜前线连连告急，慈禧的生日庆典却照常进行，宴请皇帝、嫔妃、王公大臣，让他们伴侍膳，陪看戏，一连庆祝了好几天。史载，慈禧平时的御膳就极为豪华，但是面对几十上百道菜，她依照惯例，只尝几口就撤下，十分铺张。

据户部奏称，此次慈禧六十大寿，各衙门共花费白银五百多万两，而整个甲午战争中，户部给前线的筹款，还不到庆典支出的一半。

在古往今来的贤士眼中，请客不是为了虚荣，更在于礼与德。

先秦的智者晏婴，是齐景公的宠臣。有一次，齐景公派一名大臣到晏婴家中办事，晏婴请客人一起用饭，结果饭根本不够两人吃，晏婴和大臣都没吃饱。

那名大臣回去后告诉了齐景公。齐景公说："这是我的过错，我竟不知晏子家中这样穷困潦倒。"说完，他就命人给晏婴送去粮食和金钱，可晏婴不收。

事后，晏婴向齐景公解释道："我家并不缺少东西。一个大臣拿着国君的赏赐，如果是为百姓办事，那就应该用到该用的地方去；如果只是为了据为己有，那等我一死，财产就换了新主人，有头脑的人，谁肯去干这种事呢？"

安贫乐道，才是宝贵品质，也只有能忍贫，善处贫，不屈于贫，才能脱贫致富。

三国时期，孙吴名相步骘早年清贫，靠种瓜为生。

有一次，他与朋友去拜访郡中豪族焦矫。焦矫看不起这俩穷小子，自己在卧室里睡了许久才推开窗户接待他们，并命奴仆在窗户外面摆上了一张简陋的席子，上面只有几盘小青菜，自己却在室内吃着美味佳肴，喝着上等美酒。

步骘的朋友为此大为不满，面露难色，步骘却淡然自若，不以为耻，香香甜甜地吃饱才离去。

回去的路上,步骘的友人问他:"你为何能忍受如此屈辱?"步骘却说:"你我二人本就地位低下,无法要求主人按照贵客的礼仪来接待我们,这有什么值得羞耻的呢?"

就因为这份心性,后来,步骘在孙吴官至宰相。

三、皇帝的致富经——一国之主是如何搞钱的?

元朔二年(前127年),匈奴大军南下,侵略上谷、渔阳,杀边境吏民千余人。卫青率领汉军出击,将匈奴人痛揍一顿,俘虏数千人,控制了河套地区。此后,汉武帝设置朔方、五原二郡(在今内蒙古)。

朔方成为汉军与匈奴对峙的重镇,负责营造这座新城的是将领苏建,他也是西汉名臣苏武的父亲。在汉代,这是一项浩大的工程,急需大量的人力物力。

为此，汉武帝从内地迁徙十万人口到边境，派往朔方修筑新城，穿渠溉田，还顺便命人修缮了秦代蒙恬所筑的长城。为了供应这十万人的口粮及物资运载，中央政府耗费数以亿计，要勒紧裤腰带过日子。皇帝家也没有余粮啊。

天下之大，又何止一个朔方城？

汉武帝在位时开疆拓土，经略四方，北征匈奴，南服滇、越，招降羌族，定朝鲜四郡，通西南夷道。这一系列战争打下来，帝国财政难以支撑，只能说"我太难了"。

元朔六年（前123年），大将军卫青两次出击匈奴，歼敌过万，为大汉狠狠地出了一口恶气。

胜利的喜悦之后，是沉重的财政包袱。此战，汉武帝拿出黄金二十万斤犒赏三军，将士封赏、军械马匹、粮食衣甲、安抚降众，一个也不能少。

连年的战争耗尽了文景之治的国库储蓄，使大汉王朝陷入"藏钱经耗，赋税既竭，犹不足以奉战士"的财政困难。

这场赌局，刘彻可输不起，他决定改弦更张，寻找挽救帝国财政的良药。

01

元朔六年，卫青大胜的喜讯传到京师时，大农令上奏称，国家库存的钱财已经不足以应付巨额军费开支。文景之治留下的家底,不到二十年就快花光了。

为弥补财政缺口,汉武帝最初采用的是卖爵这是个饮鸩止渴的老办法。

当年他爷爷汉文帝抵御匈奴时,就曾采纳晁错的建议,沿用秦代二十等爵制,规定有人向边关输送粮食,就授予爵位,高等爵位的人享有免赋免役的特权。

钱穆先生曾说,朝廷卖爵,其性质亦略如近世国家之发行公债。

在财政危机下,汉武帝开始大规模卖爵,下诏设十一级武功爵,鼓励民众购买,明码标价,童叟无欺:

一级曰造士,二级曰闲舆卫,三级曰良士,四级曰元戎士,五级曰官首,六级曰秉铎,七级曰千夫,八级曰乐卿,九级曰执戎,十级曰政戾庶长,十一级曰军卫。

买爵的人可以免罪,还有优先选任官吏的资格,"大者封侯卿大夫,小者郎吏"。汉代卖官鬻爵的歪风,正是从这个时期开始吹起的。

武功爵最高的可以一次赚黄金三十余万斤,足够前线的将士和匈奴战俘兄弟们吃几顿好的了。

但卖爵解得了近渴,却解不了远忧。随着买爵者日渐增多,国家也就失去了一部分赋税收入,而且这些人没有通过"公务员考试"就进入政府，带来的直接后果是官吏素质下降，官僚系统腐败，"吏道杂而多端，则官职耗废"，可谓顾此失彼，并不能给大汉带来长期稳定的财政收入。

卖爵现象在宋朝也很常见。

宋真宗年间，有一年山东遭遇灾荒，官员谎报灾情，导致天灾险些演变成人祸，让受灾群众陷入倒悬之急。

登州富商郑河听说此事，大手一挥，给朝廷捐了五千六百石粮食，没别的要求，就是想帮弟弟郑巽要个官职。宋真宗本不想答应，大臣却劝他给富豪树立个榜样，好让他们都愿意赞助朝廷，于是朝廷就给郑巽补了个官。

到了北宋末年，卖官鬻爵的现象就更严重了。

02

真正为汉武帝解决财政危机，并深刻影响后世的是几场大刀阔斧的经济改革。

年轻的汉武帝先是将目光投向了货币制度。

汉初，政府允许民间和诸侯国铸造货币，采取货币自由竞争的制度。货币史专家彭信威认为，汉初统治集团是将货币看作普通财富，认为它的购买力不变，国穷民困只是因为没有钱，铸币就是生产，有了货币，就可以购置各种各样的消费品。

开放铸币权，确实使投入流通的货币量大大增加，但其中必然掺杂一些偷工减料的不足值货币，即"劣币"，而物资并没有随之增加。这就导致货币贬值，物价飞涨，甚至出现米石万钱、马匹百金的局面。

汉文帝在位时，贾谊就曾建议文帝收回铸币权，甚至要从源头禁止，不许民间开采铜矿。他认为任民自由铸钱有四害：

1.有人偷偷掺用铅、铁，铸造不合规格的"劣币"；
2.劣币日多，良币减少，二者异用，市场混乱；
3.农民弃耕作而争相采铜铸钱，背本趋末，田园荒废；
4.官吏到处追捕盗铸者，"榜笞奔走者甚众"，社会动荡不安。

这是汉代第一次提出铸币权收归国有的理论。但汉文帝是一个较为民主的皇帝，不愿与民争利，未予采纳。到后来，一些掌握铸币权的豪强地主权力日盛，甚至威胁中央。

汉景帝在位时发生七国之乱，吴王刘濞之所以敢带头造反，其中一个原因就在于他依靠其封地的铜矿开矿铸钱，掌握了大量货币。他在给诸侯王的信中说：

寡人金钱在天下者，往往而有，非必取於吴，诸王日夜用之弗能尽。有当赐者，告寡人，寡人且往遗之。

七国之乱后，朝廷就开始收拢铸币权，但仍有不少人为了牟取暴利，以身试法。到了汉武帝时期，战争频繁，朝廷需要更多钱来填补财政漏洞。通过垄断铸币权来达到敛财目的不失为一个好办法，中央如果收回货币话语权，控制金融市场，朝廷不就有钱了吗？

元狩四年（前119年），经过一番争论，汉武帝采纳大臣张汤的建议，进行第一次币制改革，推出了"白鹿皮币"和"白金币"。

所谓"皮币"，主要材料就是一张方尺宽的白鹿皮，饰以紫色花纹，价值四十万钱。

这种用禁苑的白鹿皮制成的超级货币，只有汉武帝才有权力制造，他可以利用皇权，人为地操控其价值，将地方的大量货币无条件地收归国库。

皮币发行后，汉武帝就下了诏令，以后诸侯朝觐皇帝或祭祀祖先使用的玉璧，必须花钱换皮币作为垫子。一个玉璧价值几千钱，一张皮币却要卖四十万。

皮币主要是针对王侯的经济掠夺，而"白金币"则面向民间市场。所谓"白金币"，是以银、锡熔铸而成的合金货币，其本身价值不高。当时银价每两不过五十钱，而官方对白金币定价却远远高过其实际价值，已接近黄金的三分之二。

与皮币类似，白金币是汉武帝政府意欲用价值虚高的货币，来购取商人物资而采取的措施。此令一出，朝野上下一片哗然。

大农令颜异以廉洁正直著称，敢于说真话，对新币制的推行表示强烈反对：王侯朝贺的玉璧一个价值才几千钱，而作为垫子的皮币却值四十万钱,这不是本末倒置吗?

汉武帝听到这话后很生气,后果很严重。张汤顺着皇帝的意思,找人告发颜异,以腹诽罪将颜异给处死了。

"白金币"本身兑换率极不合理,一入市场就遭到抵制,同时民间又大量盗铸,以其人之道,还治其人之身,用仿铸的白金币来套取政府、百姓的合法货币与物资。

囤积商人只入不出,偷铸之风屡禁不止,市场混乱不堪,白金币顿失信用,只用了五年就支撑不下去了。到元鼎二年(前115年),汉武帝只好下令废止白金币,并赦免了一些犯偷铸罪的死刑犯。

除了皮币和白金币,一直到元鼎年间,汉武帝都在雷厉风行地推行币制改革,不断更铸新钱,先后推出了三铢钱、郡国五铢、赤仄五铢等货币,但这些货币都没能从根本上解决私人铸币、货币贬值等问题。

元鼎二年(前115年),赤仄五铢流通时,汉武帝已经将这种货币的发行权收归中央,规定只能在京城铸造,并以红铜镶边作为辨识,一个赤仄五铢要顶五个郡国五铢。

看到赤仄五铢使其他钱币贬值后,民间纷纷仿造赤仄五铢,使货币流通更为混乱。赤仄五铢只通用了两年就退出市场,成为汉武帝币制改革的最后一次过渡。

由于主持币制改革的酷吏张汤遭人诬陷,自杀身死,货币改革的重任落在了桑弘羊等一批新锐财政官员身上。

在接受之前几次的教训后,桑弘羊认为,只有将铸币权彻底收归中央,严禁任何形式的私铸、盗铸,才能缓解财政危机。

元鼎四年(前113年),武帝下令"悉禁郡国毋铸钱",一概禁止郡国和私人铸钱,将之前的铸钱统统销毁。同时,国家垄断铜矿的所有权和铸钱权,天下钱币全由上林苑铸造,命水衡都尉所属的钟官、辨铜、均输三官负责,史称"上林三官五铢"。

新的五铢钱法定面值与实际价值相符,民间难以仿造,且铜矿被国家垄断,民间私铸已经无利可图,之前的各种钱币也全部退出流通。

至此,中央政府直接控制铸币材料、货币铸造权和发行权,币制从短暂的自由铸币时期过渡到了国有垄断阶段。五铢钱也成为中国历史上行用最久的铜币,直到唐初才废除,改用开元通宝,共历时七百多年。

实际上,官方垄断货币,也就掌握了另一种获取财政收入的直接方式。上林三官五铢刚流通时量足质优,从汉武帝到汉平帝元始年间,西汉共铸造二百八十亿万枚,到后期,难免出现偷工减料的情况。

如果皇帝在铸币中掺入一半的假,就可以多铸造一倍的货币。这些货币可以买多一倍的物资,劣币驱逐良币,最后货币也就贬值一半,政府相当于多收了五成的通胀税。

当市场发现汉武帝"阴谋"的时候,为时已晚。

03

垄断铸币权的同时,汉武帝还将国有化改革延伸到当时利益最为丰厚的几大制造业——盐、铁、酒,进而掌握国家经济命脉。

在汉武帝建设"国企"之前,统治者以黄老之学治国,实行轻徭薄赋、与民休息的政策,经济发展十分自由。有学者评价:"汉初实为中国商人第一次获得自由发展之安定时期也。"

汉高祖刘邦建国那会儿,出行还配不齐颜色一样的骏马拉车,一些诸侯和官员只能以牛车代替。

在满目疮痍、百废待兴的情况下,政府只好"开关梁,驰山泽之禁",也就是不再设关征税,并将包括盐、铁等在内的山林矿藏资源向民间开放。这两项便民政策一下子激活了工商业,从此"富商大贾周流天下,交易之物莫不通,得其所欲",正所谓"法律贱商人,商人已富贵矣"。

经过多年的自由发展,举国上下形成一幅和平安宁、经济繁荣的景象,史称"文景之治"。对当时的盛世气象,司马迁有这样一段经典描述:

汉兴七十余年之间,国家无事,非遇水旱之灾,民则人给家足,都鄙廪庾皆满,而府库余货财。京师之钱累巨万,贯朽而不可校。太仓之粟陈陈相因,充溢露积于外,至腐败不可食。

不过，对盐、铁等工商业放任自流，也造成了地方膨胀的经济势力。一些豪商巨贾"上争王者之利，下锢齐民之业"，如临邛卓氏、南阳孔氏、鲁地曹邴氏、洛阳师氏等富甲一方，横行天下。

司马迁将富商大贾称为"素封"，他们没有官爵和封地，却富比王侯，实际上是对中央政府的威胁。一些商人与权贵勾结，败坏吏治，如南阳孔氏"连车骑，交守相"；一些商人积累的财富没地方投资，便大量收购土地，于是"富者田连阡陌，贫者无立锥之地"，土地兼并严重。

打仗太烧钱，汉武帝很是头疼。

为了补贴国家财政，他以身作则，将山泽税中数目庞大的盐铁税，从少府划归大农令管理。少府负责管理皇帝的私财，而大农令主管全国财政经济，汉武帝把自己的钱包都交给国家了，可还是拆东墙补西墙。

豪强富商如此不差钱，汉武帝又缺钱，那么，从这些工商业主手中夺回"山海之利"，实行"盐铁官营"，将利润最为丰厚的两大支柱产业收归国有，岂不美哉？

最初负责推行盐铁专卖制度的，是大商人出身的大农丞孔仅和东郭咸阳。

在盐业官营方面，汉武帝采纳孔仅、东郭咸阳的建议，实行盐户出资煮盐、政府统购统销的方式。由政府招募民众组成盐户，煮盐费用由盐户自己承担，国家提供煮盐的牢盆等器具，还在全国各地设立盐官,煮成的盐由盐官收取,垄断专卖。

在铁业官营方面,汉武帝在各地设置铁官,铁的冶炼和铁器的制作、销售,全部由铁官负责,这是从源头垄断了铁器生产。

汉武帝颁布严格的法律,任何人不得私自煮盐、冶铁,或者擅自转运销卖,违犯者要在左脚戴上铁镣,沦为"刑徒",或罚去戍边并剥夺其政治权利,官府还要没收其生产工具。

盐、铁是老百姓生活必需品,拥有庞大而稳定的市场,实行官营后为帝国财政带来了显著变化。《管子》曰:"十口之家,十人食盐;百口之家,百人食盐。"胡三省曾统计,盐业官营一度为汉武帝贡献了财政收入的一半,"其利居天下税入之半。"

冶铁技术也因规模化生产而得到发展,对汉朝军队的军备大有助益。时人认为匈奴与汉军交战,到后来需要用五个人才能抵挡一个汉军,就是因为汉军装备精良,"夫胡兵五而当汉兵一,何者?兵刃朴钝,弓弩不利"。

元封元年(前110年),汉武帝罢免了孔仅的职务,任命曾在宫中担任侍中多年的商人之子桑弘羊为大农令,主管盐铁专卖。

汉武帝曾在十年内罢免或处死六任大农令,但桑弘羊领大农令后,直到汉武帝去世,竟主管帝国财政长达二十三年。

汉武帝终于找到一个能够为其敛财充当左膀右臂的聚敛之臣。

据史书记载,桑弘羊上任一年后,盐铁专卖就取得显著效果,"民不益赋而天下用饶"。这个"天下用饶"指的是政府解决了财政危机，汉武帝终于不用哀叹"用度不足"，有钱去应付各项经费，缔造自己的丰功伟业了。

在对羌、南越的战争中，也全靠桑弘羊主持的专营改革搞钱，战争经费"皆仰给大农"。时人说，汉武帝对桑弘羊言听计从，好比当年越王勾践重用谋臣文种、范蠡。后来，在盐铁专营之外，桑弘羊又增设酒类专营制度，与盐、铁并称为"三榷"。

04

桑弘羊为了扩大盐铁专营、整顿市场秩序，还推出了均输、平准制度。

"均输"，就是"调剂运输"，办法是将各郡国缴纳的贡物，按当地市价折换成丰饶而廉价的土特产品，上缴各地均输官，然后再将这些商品运往价格较高的地区出售。

在"就近去远，就贱去贵"的原则下，政府经过辗转贸易，吃买卖的差价。

与均输互为补充的是"平准"，规定在京师设置平准令，通过各地均输官"尽笼天下之货物，贵则卖之，贱则买之"，在为皇帝创收的同时又起到平抑物价的作用。

均输平准的出发点是好的，但实际推行却弊病颇多。

汉武帝的经济政策，实际上在地方培植出了商人、地主、官僚三位一体的统治集团，他们相互勾结，强买强卖，依靠政府资源大发横财，赚起钱来比私人工商业主还要凶狠。

有些地方,"未见输之均也":官吏索取百姓不生产的东西,迫使他们贱卖自己生产的货物,而买进官府所要的东西来缴纳,甚至违背生产规律,在齐地征收丝绸,在蜀地征收麻布,还要不产丝、麻的地区也制作这些商品,然后低价收购,如此农民加倍受苦,女工双重纳税(《盐铁论·本议》)。

有些地方,"未见准之平也":官吏与奸商狼狈为奸,关起城门垄断市场,乘机囤积居奇,贱买贵卖。百姓嫌官铸铁器太贵而不愿购买,官吏还要强卖,"县官作盐铁,器苦恶,贾贵,或强令民买之"。

汉武帝在位时,董仲舒、卜式、司马迁等支持经济自由的知识分子,都对如此高度专制的经济政策表达过不满,甚至发表过一些违抗圣命的言论。

为汉武帝提出"罢黜百家,独尊儒术"的董仲舒上书,要求"盐铁皆归于民",认为政府不该与民争利;御史大夫卜式是商人出身,曾上书为富商鸣不平,请求罢盐铁专卖,还因此被贬官;《史记》中的《平准书》和《货殖列传》,也被不少史学家看作是司马迁为反对官营工商业而写的两篇学术论文。

理想很丰满,三十年后,当来自全国各地的六十多名儒生与年逾古稀的桑弘羊在盐铁会议上辩论时,儒生们强烈抨击盐铁官营的政策,却提不出任何有建设性的建议,只剩下满口仁义道德。

桑弘羊如被告一般接受儒生们的口诛笔伐,桓宽在《盐铁论》中真实地记录了这位老人舌战群儒的情形,"大夫默然""悒悒而不言""怃然内惭,四据而不言"……可是当桑弘羊发问时,言语中却暗藏刀剑,且刀刀致命。

在这场关于官营政策存废与否的讨论中,他提出了至今难解的"桑弘羊之问":如果没有国有经济,帝国如何解决财政收入?我们拿什么打仗?地方割据势力膨胀怎么办?

国进民退,还是国退民进,这始终是一个千古难题。

05

汉武帝为剥夺民间资产,增加财政收入,还实行了算缗、告缗。

缗,是穿铜钱用的绳子。算缗,顾名思义就是通过计算商人手中的财产,按实际数目征收财产税,以充盈国库。有一种说法是两千钱而一算,即每二千钱课税一百二十钱,也就是抽取6%的财产税。

另外,除了官吏、三老和北边骑士等特殊人群外,普通百姓有轺车(一马所驾的轻便车)者,每辆征税一算,即征一百二十钱;商人的车加倍征税,多买几辆豪车,每一辆就抽税二百四十钱。同时,田宅、货物和船只等财产也被归入算缗课税范围。

当年制作白鹿皮币是明目张胆地向诸侯索取财物,算缗令则是向全国中产阶级以上的人民直接要钱,手段更具强制性。老百姓有多少钱,就得照规矩拿出一部分来做贡献,帮助国家打匈奴。

算缗令颁行后,天下富商却跟汉武帝玩起了捉迷藏,争先恐后地隐匿财产。汉武帝在前面喊口号，身后却无人理睬，这就尴尬了。一场针对豪商大户的清算就此展开。

汉武帝命杨可主持，颁布了告缗令。

告缗令针对豪商大户隐匿财产的情况，放手发动群众，鼓励全民举报，凡是被告发隐瞒不报或所报不实者，将抄没其全部财产，并将一半财产奖予告发之人。

告缗令是国家对豪强富商的一次残酷打击，一经颁发，官府不断接到告缗举报，民间形成一股告密热潮。一些市井之徒、无赖游民在金钱的诱惑下，为了那一半财产而将贪婪的目光投向富商大户的豪宅。而那些积财巨万的豪强富商，还没算清自己到底有多少钱就惨遭告发，被戴上刑具打入监牢、押往边地，财产全部被没收。

随着告缗遍天下，不仅富商和高利贷者受到整治，全国中产以上的家庭几乎都被卷入其中，面临破产的命运。朝廷没收的财物却堆满了上林苑，史书记载：

中家以上大抵皆遇告……得民财物以亿计，奴婢以千万书；田大县数百倾，小县百余顷，宅亦如之。

汉武帝特意安排一帮酷吏审理相关案件，被投诉立案的人，很少会有翻案的机会，有的案件甚至拖延十几年还未结案，监狱里关押着十余万人。

其中有一个叫杜周的酷吏,当官前穷得叮当响,只有一匹马。出任廷尉后,他为皇帝敛财审理各种案件,多年以后"家资累巨万矣",成为富豪,安然善终,其子孙相继为官,终西汉一代,簪缨不绝。

告缗运动中,有人妻离子散,有人幸灾乐祸,只有那些官僚、商人、高利贷者三位一体的贵族仍然逍遥法外。这种"乱民"恶政在几年后就宣告废止。汉武帝实现了自己的目的,百姓们付出了惨重的代价,只能勒紧裤腰带过日子,劳动积极性一落千丈,"甘食好衣,不事畜臧之业"。

最大的赢家只有汉武帝一人,他继续挥霍大量钱财,去实现帝国的宏图霸业。

汉武帝兴师动众打了那么多年仗,匈奴溃败,四方安定,卫青、霍去病将星闪耀,可老百姓的日子却不好过。这首汉代乐府诗《战城南》,道出了人民心中的哀怨:

战城南,死郭北,野死不葬乌可食。
为我谓乌:且为客豪!
野死谅不葬,腐肉安能去子逃?

汉武帝后期,民生凋敝,哀鸿遍野,文景之治积累的财富几乎消耗殆尽,过度集中的经济大权和官僚机构带来膨胀腐败。各种与民争利的措施,在为中央政府敛财的同时,也严重扰乱了社会秩序,以致"海内之士力耕不足粮饷,女子纺织不足衣服"。

宋代司马光说,汉武帝"有亡秦之失,而免亡秦之祸",晚年的汉武帝在缔造伟业后也意识到自己的过失,并为之由衷忏悔。

06

在汉武帝之后,皇帝赚钱的手段更加五花八门。

西汉王莽之乱后,汉光武帝刘秀在群雄逐鹿中胜出,建立了东汉政权,摆在他面前的是一个经济残破的烂摊:天下"饥寒并臻,父子流亡,夫妇离散"。

为挽救凋敝的中央财政,刘秀从土地着手,颁布了"度田令",要求清丈土地,核实户口。

东汉时期,豪强地主拥有大量土地和政治特权,如刘秀册封的开国元勋耿弇,一家出了两个大将军、十九个列侯,拥有成千上万家的食邑;刘秀之子济南王刘康,拥有"奴婢至千四百人,厩马千二百匹,私田八百顷"。

无数农民庇荫在大地主名下,朝廷无法对他们直接课税。

刘秀颁布度田令,就是为了核实登记农民的土地和户口,以作为征发赋税的证据,增加国家财政收入。但在度田的过程中,由于郡县官吏多为豪强地主出身,他们不愿如实丈量土地、呈报户口,不愿损害自己的利益。尤其是都城洛阳周边地区,度田官深知这些土地不是在皇帝近臣手里,就是属于皇亲国戚,更是不敢如实丈量。

尽管刘秀对徇私舞弊的官员严厉惩处,将大司徒欧阳歙、河南尹张伋与郡守十余人下狱处死，可度田还是受到豪强地主的抵制，最后不了了之。

汉末，三国乱世之后，晋武帝统一天下。这位西晋开国皇帝虽留下了"羊车望幸"的荒唐故事，但在振兴国家财政方面也挺有一手。

在经过长期战乱、地多人少的情况下，为了补充人口、劝课农桑，司马炎在曹魏屯田制的基础上实行"占田制"，这是一种既保证政府收入，又保护士族特权的制度。

这一制度让农民占有一定数量的土地，同时国家要求他们必须缴纳田租、户调和负担力役等义务。占田制又是一种限田制，它规定男子一人占田七十亩，女子三十亩，既可抑制兼并，也可保证税收。如此一来，从战乱中解脱的农民不愁吃穿，纷纷积极劳作，国家的财政收入也飞速增长，这才有了西晋初年的"太康之治"。

繁华盛世转瞬即逝。西晋短暂统一后，再度走向大分裂，又在历经两百多年的乱世后，实现新的统一。

终结南北朝乱世的隋朝开国皇帝杨坚，与历代皇帝一样，对土地、货币、户籍、赋税等进行改革，同时还提倡"崇俭禁贪""精简机构"，既要开源，也要节流。

在自己省钱方面，隋文帝杨坚可是认真的。他带头实行节俭，六宫经常穿着反复换洗的衣服，不做新衣；皇帝乘坐的车舆如有破旧，也只是让人进行修补，之后接着用；平时除了宴会，杨坚的饭菜只有一道肉菜。

在他的影响教化下，当时的贵族男子多穿绢布衣服，不穿绫罗绸缎，装饰用品也只用铜铁骨角，不用金玉之器。

太子杨勇就是因为骄奢淫逸，才被废黜。而次子杨广装作一副清心寡欲的样子，车马侍从都俭约朴素，反而得到隋文帝夫妇的信任。可后来当上皇帝的杨广挥霍无度，使隋朝财政遭受重创，自己也丢了江山。

唐初，唐太宗李世民开创了著名的"贞观之治"。他治国理财时，仍然把农业作为财政收入的主要来源。贞观初年，关中、关东连续发生水旱灾害，百姓饥荒，卖儿鬻女，唐太宗听说后，赶紧命人把皇宫府库中的金银布帛拿出来，帮灾民赎回被卖掉的儿女，这是为了确保国家财政的来源不受损。

唐高祖在位时，已下令推行均田制与租庸调制。初唐实行的租庸调制，实际上是一种实物税，每年向农民收取田租、谷物、布匹，或者命其为政府服役。征收实物更能避免汉魏以来货币经济长期破坏带来的结果，保证财政收入的稳定。

这一政策卓有成效。从唐太宗到唐玄宗的一百多年间，唐朝财政收入经年增长，粮食价格渐趋下降，国库得以充实，封建经济蒸蒸日上，将大唐推向了顶峰。

到了宋元时期，社会经济迅速发展，城镇打破坊市界限，产生了最早的纸币"交子"，海外贸易远通西洋。与此同时，财政上却呈现出高度中央集权的特点，处处充满皇帝搞钱的套路。

宋朝为了避免唐朝安史之乱以来藩镇割据的局面，实行"强干弱枝"的策略，废除武官藩镇，地方改置文官，将财政兵马之权移交中央，即"外州无留财，天下支用，悉出三司"。

此举没有加强两宋的国防实力，却满足了一部分权贵奢侈享乐的腐朽生活。

元朝统治者为满足日益浩繁的财政支出，不断增加赋税收入，自元世祖忽必烈至元文宗天历年，在七十年时间里，盐课增加二十余倍，茶课增加两百多倍，商税增加近十倍。

明清时，皇室支出繁多，在财政上也实行了高度的集中和统一，由皇帝亲掌财政大权。

明朝的万历皇帝为了敛财，让宫里太监倾巢出动，到各地征税、开银矿。他们出任矿监、税监，为皇帝搜罗钱财，所到之处极尽吸髓饮血之能事，导致民不聊生。

清朝的乾隆皇帝六下江南，花钱大手大脚，管理皇家事务的内务府出现亏空。此时，乾隆的心腹大臣和珅给他提出了一个理财办法，即以钱抵罪的"议罪银"。

乾隆依照和珅所说，让一些犯罪的官员把钱交到内务府，依据犯罪情节的轻重交银子来免除刑罚。如此一来，贪官污吏的钱就到了乾隆的私人小金库中，既增加收入，也可满足乾隆六次南巡、修建行宫的开支。

在本文开头说到的故事里，汉武帝曾为营建朔方城调动十万人力和上亿物资。时过境迁,到了征和四年(前89年),汉军出兵西域,桑弘羊建议扩大轮台(今新疆轮台县)屯田的规模,汉武帝却否决了。

汉武帝颁发了"轮台罪己诏",与当年雷厉风行的态度截然相反。

在《轮台诏》中,汉武帝提到:曾经有人奏请百姓每口增收赋税三十钱,作为边防军费,这会使老弱孤独者困苦不堪;这次派人去遥远的轮台开荒,更会使天下人劳累,朕不忍心这么做;如今应该致力于禁止苛刻暴虐的政策,减轻对民间的剥削,使天下安定。

波澜壮阔的人生即将走到尽头,在生命的最后两年,年迈的汉武帝终于放下了执念。然而,他开启的财政政策,已成燎原之势不可逆转,国家垄断、政府干预的"蛋糕"从此被历朝政府紧紧握在手中。

这一"必要的恶",在此后的两千年中不断地循环往复,是非功过,自有定论。

四、明清巨富家族往事——财富来得快,去得也快

洪武二十六年(1393),蓝玉党案发。作为巨富之家,沈万三的儿子、女婿、姻亲等人都被牵连进去,要么抄家,要么流放,要么被诛。

这次打击对沈家是致命的,曾经的首富之家,急剧衰落。

对于一个家族来说,财富或许来得快,但往往去得更快。

01

沈万三是一个传奇人物,迄今在一些地方被供奉为财神,但关于他生活的年代,却仍有争议。我们只能根据部分史料,相信他是一个生活在元末明初的富商。

沈万三的财富来源很神秘。他的父亲擅长施肥灌溉,置地种田,干得不错,积累了一些家产。沈万三及其弟弟沈万四子承父业,但充其量只是个富农,最多是个小地主。这样的富农或小地主在江南地区,一抓一把,凭什么沈万三就能一夜暴富?没有人能弄懂他的财富从哪儿来,只能神秘化地解释。

这些解释包括:沈万三挖地挖到了金矿;学会了点金术;行善救了一批青蛙,得到了聚宝盆……总之人们猜测他的财富不是降自天上就是涌自地下。

还有一种说法,他的财富来自元末富豪陆道原。陆道原晚年散财避祸,把巨额家产分给了沈万三,自己做道士去了,深藏功与名。时值元末乱世,农民起义此起彼伏,富豪们很容易因财招祸。有些富豪看透历史大势,散尽家财求平安。当时的大画家倪云林就放弃了家财,漂泊江湖。所以人们猜测,陆道原甘愿放弃财富,拱手送给外人,也并非没有可能。

总之,沈万三得到神秘的第一桶金后,就开始钱生钱了。明人笔记《云蕉馆纪谈》记载,沈万三"变为海贾,奔走徽、池、宁、太、常、镇豪富间,辗转贸易,致金数百万,因以显富"。可以看出,沈万三积累财富,最主要的还是靠海外贸易。

元朝鼓励海外贸易，沈万三踩到政策的关键点，从而享受了政策红利。1356年，张士诚攻占苏州。这个私盐贩子出身的新霸主，知道外贸的重要性，设立市舶司，继续元朝的开放政策。沈万三家族从财力上支持张士诚，换取政治上的靠山。这名老资格的"海贾"在张士诚统治苏州的十余年间，稳坐富豪榜首席。

但这也为朱元璋上台后沈万三家族遭受打击埋下伏笔。

02

明朝开国后，沈万三必须马上重新站队，向新主表示诚意。他认为，只有得到新建皇权的承认，他的事业才能做得更大，财富才能在家族中被继承。

多种史籍记载，进入明朝，沈万三曾组织两浙大户主动纳税献金，用于新王朝的日常开支。朱元璋修筑南京城，沈万三以一家的财力承担了三分之一的筑城任务。

为了进一步表达诚意，这个富可敌国的首富主动提出要给朱元璋的军队发饷。朱元璋反问他，我有百万军队，你发得过来吗？沈万三回答，每人发一金，没问题。

就在犒军这件事上，沈万三犯了政治大忌。天子的军队岂是什么人都有资格劳军发饷的？

萧何当年拿出自己家里所有的财产资助军用，刘邦很不高兴。萧何不得不多买田地、贪小便宜，引得沿路都是告状的老百姓，刘邦才放下心来。沈万三要是多读点儿历史，就不会犯这种低级错误了。

犯忌的结果便是,朱元璋暴怒,说沈万三是乱民,要把他拉出去砍了。

马皇后赶紧劝谏,说这个社会仇富的人多了去了,上天自然会灭掉他的,不用你亲自动手。

朱元璋听了马皇后的话,没杀沈万三,将他流放到了云南。

03

诡异的是,沈万三出事后,沈家的财富传承似乎没受到多大的影响。其中的原因,可能是俗话所说的"瘦死的骆驼比马大",即便他本人遭流放,但他积累下来的财富仍足以荫庇沈家三代人的荣华富贵。

到了洪武二十一年(1388年),沈万三已过世多年,沈家姻亲、官居正三品的莫礼过访沈家,结果惊呆了。

一般暴发户用金银器皿,沈家做宴席用缂丝(丝绸中的精品)、紫定器(定窑中的至尊),连筷搁都是羊脂玉做的。

莫礼也是见过大场面的人,但还是被沈家的奢华震住了。他随即想到,沈家人真是富贵惯了,一点儿都不知收敛,恐怕很快又要惹祸上身了!

与沈家不同,明朝一些有远见的富豪跟元末乱世一样,散财避祸。

当时有个段子说,嘉定一个富户,问刚从京城返乡者的见闻,那人对他说,皇帝作了首诗:"百僚未起朕先起,百僚已睡朕未睡。不如江南富足翁,日高丈五犹拥被。"富户一听,马上警觉起来,随即把家产托付给仆人,自己买舟带着妻儿漂浮别处去了。不到一年,江南的富家大族几乎都难逃厄运,这个嗅觉敏锐的富户却获得善终。

朱元璋对江南富族的打击是逐步推行的,先是课以重赋,再到没收其田地作为官田,然后是强制迁徙、流放,最后放大招,利用"胡党""蓝党""空印案"等案件,借通党之名,全力打击江南地主富绅势力。每一次大案,被牵连的富商大户都达数万人。

就在莫礼过访沈家五年后,蓝玉党案爆发,沈万三家族牵连其中。至此,一个富豪家族完全沦为普通家庭。

04

沈万三家族衰落四百年后,十八世纪晚期的中国,又出现了一个传奇的财富家族——伍秉鉴家族。

伍秉鉴的祖上在清朝初期移居到了广州,到伍秉鉴这一代已是移民的第六代。此前,伍秉鉴的祖上一直默默无闻,自伍秉鉴的父亲伍国莹开始,伍家开始参与对外贸易。是的,跟沈万三家族一样,伍家的发迹也是源于外贸。

乾隆二十二年(1757年),清廷宣布仅保留粤海关一口对外通商,并且这种对外贸易的特权,还被清廷所特许经营的少数商行所垄断把持,这就是后来俗称的广州十三行。

乾隆五十七年（1792年），伍国莹的儿子伍秉钧（伍秉鉴二哥）创办了怡和洋行。然而不到十年，伍秉钧壮年去世，伍秉鉴从哥哥伍秉钧手中，接过了怡和洋行的家业。尽管父亲和哥哥为伍秉鉴留下了商业基础，但伍家在世界商业史上的真正起步，却是源自伍秉鉴的创造。

在联合官府进行垄断经营多年后，伍秉鉴的生意扩张到了世界范围。通过代理人，他甚至投资了美国的铁路生意，并广泛参与美国的证券交易和保险业务。他还是当时在世界范围内赫赫有名的英国东印度公司最大的债权人。可以说，在清朝中期，伍秉鉴是大清帝国绝无仅有的具有世界意识的大商人。

美国学者称，"到1834年，伍浩官（伍秉鉴）不仅是广州行商最重要的成员，而且可能是那个时候的世界首富"。

05

实际上，1834年，伍秉鉴已经退休多年了。

早在1826年，道光六年，五十八岁的伍秉鉴就宣布退休，将家族生意交给了下一代。

但在伍秉鉴宣布退休后的第五年，即1831年，作为怡和洋行的接班人，伍秉鉴的儿子伍受昌受了英国人的委托，请求朝廷允许英国商馆在珠江边搭建一个码头。没想到的是，时任广东巡抚在获悉此事后勃然大怒，并表示要将伍受昌处死。伍受昌吓得浑身哆嗦，当场就下跪磕头求饶。当时在场的粤海关监督，平时收了伍家不少好处，也帮着一起求饶，伍受昌这才逃过一劫。

或许是在商海和政治的博弈中并不如意,两年后,伍受昌不幸去世,死因不得而知。

伍秉鉴在六十五岁这一年,饱经了丧子之痛,只得重新选用了自己的第五个儿子伍崇曜作为接班人。而他自己在宣布退休后,也仍然不得不经常为家族的生意站岗、撑腰。

在伍秉鉴、伍崇曜父子的经营开拓下,伍家的财富逐渐达到巅峰。在伍秉鉴被西方人称为"天下第一大富翁"的1834年,伍秉鉴计算了他在国内的田地、房产、商铺、钱庄、货物和现金,以及在世界范围内的投资后说,他拥有多达两千六百多万白银的资产。作为对比,当时整个大清帝国一整年的财政收入,不过才四千万两白银。

06

巅峰之后,即是漫长的下坡路。鸦片战争爆发在即,伍家的生意版图日渐衰退。

当时,与广州十三行做生意的外国商人,夹带大量鸦片入华售卖,这已经成了公开的秘密。在此情况下,由林则徐发起的虎门销烟运动,即将拉开帷幕。

奉命到广东查禁鸦片的钦差大臣林则徐,自然拿广州十三行的行商代表、怡和洋行接班人伍崇曜开刀问责,并要求伍崇曜必须勒令洋商们交出鸦片进行销毁。

洋商们哪里肯？无奈之下，伍崇曜只得求爷爷告奶奶，让洋商们交出一些鸦片做做样子，加上自己又从洋商手里买了一些，这才凑了一千零三十七箱鸦片上交给清廷，希望能结案了事。

林则徐勃然大怒，认为这是十三行的行商，与英国商人串通一气欺诈朝廷。

1839年，林则徐下令将伍崇曜收捕入狱。同年，林则徐在广东虎门强势进行销烟。经此变故，尽管伍崇曜随后获释，但怡和洋行在洋商中的地位，从此一落千丈。

一年后，鸦片战争爆发，英国海军封锁了珠江口。一位美国商人记载道，在听闻鸦片战争爆发后，已经七十二岁的伍秉鉴"吓得瘫倒在地"。战争过程中，伍崇曜曾代表清廷当局与英军谈判议和，从此伍氏父子被戴上"汉奸"的帽子。

随着清廷的战败和《南京条约》的签订，广州一口通商的垄断地位被废除。在英国人的要求下，清廷又新增了厦门、福州、宁波、上海作为通商口岸。五口通商局面的出现，加上《南京条约》取消了外商在华做生意必须经过十三行行商代理中介的规定，各种垄断特权的消失，使得伍秉鉴家族等十三行行商的垄断贸易地位一去不返。

伍秉鉴家族，迅速走下神坛。就在《南京条约》签订后几个月，1842年12月，伍秉鉴在写给他的美国朋友罗伯特·福布斯的信中说："如果我现在是青年，我将认真地考虑乘船前往美国，在你附近的某处定居。"

这封信发出半年多后，七十五岁的伍秉鉴病逝，由他的家族建立和掌控的商业帝国,亦逐渐崩溃瓦解。

古人常说"富不过三代",纵观明清两大巨富家族的兴衰起落,不得不由衷得感慨一句:古人诚不我欺也!

五、富贵王公的日常——艺术与"有闲阶级"

嘉靖二十九年（1550年），大明宗藩郑王府世子朱载堉刚满十五岁（虚岁）。按祖上的规定，此时意气风发的朱载堉，正是娶妻生娃的最佳时期。

然而，其父郑王朱厚烷一度看不惯嘉靖帝嗑药修仙求永生，犯颜直谏，惹得嘉靖帝震怒，为朱载堉择选世子妃的大事也随即泡了汤。

更悲剧的是，一向跟朱厚烷关系不好的宗亲趁此机会，向嘉靖帝诬告其谋反。

虽事后查无实据，但愤怒的嘉靖皇帝还是将这个让自己不爽的王爷，发配回老朱家的"龙兴之地"——凤阳，去蹲号子。受父亲影响，朱载堉也被革去了世子冠带，以示惩戒。

按规定，亲王、郡王获罪禁锢高墙、闲宅，并不夺其封国，子孙仍需在封国王府内居住，只是暂时不能管理府内宗族大小事宜。因此，身为郑王世子的朱载堉，仍旧必须居住在指定的王府内。

但一早便知父亲无罪的朱载堉，一时气不过，不惜违抗明朝宗室规定，卷起铺盖，搬到了王府外边。他盖起一座小土屋，住了进去，自号"狂生"，并发誓父亲的冤案什么时候平反，他什么时候回家。

直到嘉靖的儿子明穆宗即位后，朝廷才下旨平反了郑王冤案。至此，朱载堉已经"筑土室宫门外，席藁独处者十九年"。

01

在朱载堉赌气离开王府之后，嘉靖皇帝顺势将郑王府内大小事务交托他人，将离家出走的朱载堉彻底边缘化。

投身草根阶层的日子，朱载堉常常迫于生计，走市井，串集镇，与贩夫走卒为伍，同肩夫娼伶为伴。他慢慢看懂了过去从未有机会体验过的世态炎凉。在其后来创作的《醒世词》中，流露出这位落难王子的艰辛："自己跌倒自己爬，指望人扶都是假。至亲人说的是隔山话，虚情儿哄咱，假意儿待咱，还将冷眼观。时下休夸，十年富贵，再看在谁家？"

嘉靖四十五年十二月（1567年1月），嗑药修仙二十多年的嘉靖皇帝驾崩了。第二年，在凤阳皇家监狱服了十八年无期徒刑的前郑王朱厚烷终于获释，回到了阔别许久的王府。紧接着，遵守诺言的朱载堉也搬出自建房，返回王府居住。

按说，在外尝遍辛苦的富贵公子，回家做的第一件事儿大致就是尽情挥霍，潇洒度日。可朱载堉不是。这些年精研经史子集、结交三教朋友已是他生活的常态，回家等着继承王位，反而让他不自在。回到王府之后，他在《醒世词》中写道："纸糊窗，竹做榻，挂一幅单条画，种几枝得意花，生前有一院，死后有一丘，足矣。"

与儿子的心态相近，复爵后的郑王朱厚烷对这个无法摆脱的宗室身份——王爷，也无比讨厌。但碍于现实，朱厚烷很难做出选择。于是，年轻时便通晓音律的朱厚烷与儿子朱载堉一起，投身中国古典音乐事业。

彼时，中国人对于乐律的推算方式仍沿用先秦时期的著作《管子》中提及的"三分损益法"。所谓三分损益，即将乐律中固定的弦长分成三等份，以增加三分之一或减少三分之一弦长达到变音的效果。通过这种方式，在明朝以前，人们已经推算出乐律中的五声音阶——宫、商、角、徵、羽，并由此延伸至七声音阶中的变徵、变宫两音。然而，当一段乐谱已经将五声音阶完美重现后,用"三分损益法"却无法将乐曲进行精准升华,也就是无法旋宫转调,致使乐曲一直停留在音色不准的状态。

为了达到旋宫转调,朱载堉查阅了大量书籍。在与父亲讨论后,他认为,乐律运行的规律其实与"天道"有着莫大的联系,甚至可以说乐律本身就是天地自然在音乐当中的反映:"盖十二律黄钟为始,应钟为终,终而复始,循环无端,此自然真理,犹贞后元生,坤尽复来也。"

因此,有所顿悟的朱载堉决定按自己的思维演奏乐曲。在传统乐律的基础上,他将一个"八度"平均分成十二等份,每等份称为"半音",并规定任意相邻的半音为相同的音程,可组成一个"闭圈",完成返宫,使音乐听起来更协奏。这就是现代音律界通用的"十二平均律",也称为"新法密率"。十二平均律的发现,不仅解决了中国两千多年来音乐界的转音难题,更影响了后世欧洲古典音乐的发展。

融会贯通后,朱载堉知道,"天运无端,惟数可测其机"。既然通过推演数学,可得出相应的概率,预测天机,那么,与天理相通的音律,同理也与数学相通。为了验证自己的理论,朱载堉发明了一种横跨八十一档的特大算盘,进行开平方、开立方根的计算,提出了"异径管说"。以此为据,他又设计并制造出用于定音调音的弦准和律管。正如朱载堉自己所说:"此盖二千余年之所未有,自我圣朝始也,学者宜尽心焉。"

为了将这套在世界音乐界和数学界皆具有划时代意义的理论传承下去,他呕心沥血,花了整整十四年时间,完成了体量巨大的《乐律全书》。

由于中国古代普遍认为乐律与历法相通,因此,有了"十二平均律"理论体系加持的朱载堉随即又投身天文历法的研究。以明代首都北京为蓝本,他通过仔细的观测和计算,最终求出了计算回归年长度值的公式,并获得了明代北京城的大致方位坐标。

1986年,当专家们用现代高科技的测量手段对朱载堉关于1554年和1581年这两年的计算结果进行验证时,他们惊讶地发现,朱载堉的测算结果与今天的精密测算几乎相同。朱载堉因此被公认为中国历史上第一个精确计算出北京地理坐标(北纬39°56′,东经116°20′)的人。

02

万历十九年(1591年),父亲朱厚烷去世,但此时年近花甲的朱载堉却有过不当王爷的想法,一度以身体"微恙"固辞袭爵。

两年后,朱载堉正式递交请求出爵让国的奏疏。

一时间,朝廷内外掀起轩然大波。但这让万历皇帝颇感头疼,因为当年《皇明祖训》只规定了爵位、皇位继承制度,却从来没有一条法则提及"让国出爵"的具体处置办法。辞爵让国,大明开国两百多年来,还是破天荒头一回。因此,直到十二年后,朱载堉在万历三十三年(1605年)第七次上奏后,万历才被这位宗伯的诚意所打动,准许朱载堉辞爵。在这份奏疏中,朱载堉提到:"臣今年七十,衰病之人,死在旦夕,亦抱遗憾之地下。乞令载玺为盟津王，代臣管理府事……从公改正，以成臣忠。"

万历在准允其让爵之后，也要求有司从优安排朱载堉一支宗室子弟日后的生活，允许朱载堉终身使用郑王世子头衔，并为其敕建"让国高风玉音"牌坊。朱载堉如愿以偿，从此摆脱了宗族身份的束缚。

人生的最后几年，离府的朱载堉自称道人，举家迁至九峰山下，造一精舍，名"东复卜园"，过起了与陶渊明"采菊东篱下"相类似的田园生活。在那里，种桑树、养猪、修竹剪花成了郑王世子的庶务。人们也能常常见到这位高风亮节的王子，与三五好友一起，吹管、弹琴、击缶，唱歌和之，俨然隐居山林的世外高人。这种随心所欲的日子，持续了六年左右，直到朱载堉76岁病逝。

纵观朱载堉一生，天文、历数、乐律等无所不通，堪称大明宗室全才。后来，他的《乐律全书》还漂洋过海，指导了欧洲音乐史上的伟大革新。参照《乐律全书》，意大利人克里斯托弗里于1710年前后在佛罗伦萨制造了世界上第一台钢琴，英文中的Piano，即意大利语"Piano e forte"的缩写，意为弱和强。这种强弱柔刚意识，唯在中国古代道家学说中，有所体现。英国历史学家李约瑟曾言，朱载堉的十二平均律比欧洲人提前了数十年，现代乐器的制造都是用十二平均律来定音的，王子朱载堉享誉欧洲。

03

朱载堉死后大约一百年,清朝也出了个有意思的王公贵族。他跟朱载堉一样,也是搞艺术的,不过,用今天的话来说,他搞的是行为艺术。

此人名叫爱新觉罗·弘昼,是雍正帝的第五子,乾隆帝弘历的弟弟。

雍正皇帝的十个儿子中,长大成人的只有弘时、弘历、弘昼、弘瞻等四个皇子。在这四位阿哥中,三阿哥弘时与雍正关系不睦,早在弘历即位前几年就去世了。而弘瞻在弘历登基之时,年仅三岁,还养在圆明园中,对外面的世界知之甚少。弘历即位时,只有弘昼感受到兄弟关系的微妙变化。

乾隆即位以前,弘历和弘昼两人都是雍正皇帝的庶子,从小一起读书,一起练习骑射,也一起闯过祸,一起逃过课。除了顶着皇子的头衔外,与平常人家子弟并无不同。就连乾隆皇帝晚年回忆起这段学习经历时,也曾说:

予与王幼同学同课,习为诗古文词。当是时侍奉皇考膝下,优游书府,日寝馈于经史文字中,世纲尘务,毫发不以婴其心。吾两人者,相规以善,交相勉励,相得无间,如是者垂二十年,天伦之乐无过于是。

在雍正所遗四子中,弘时被削爵病死,弘瞻年纪还小,有资格继承皇位的便只有弘历、弘昼两兄弟。而弘历有着被康熙帝召到身边陪伴其度过晚年的传奇经历,所有人都认为,这相当于中了彩票,下一任皇帝不是弘历还有谁?

可弘昼从不这样认为。

《清世宗实录》记载,雍正十一年(1733年),皇帝下诏:"皇四子弘历、皇五子弘昼,年岁俱已二十外,着封亲王,所有一切典礼着照例举行。"他们兄弟二人的待遇,一直都是一样的,没有差别。因此,对于四哥弘历的即位称帝,弘昼思想上从来都无法接受。骤然间的地位落差,使得原本亲密无间的两兄弟,最后形成了一种比兄弟阋墙还难受的"兄弟冷战"。

04

据《啸亭杂录》记载,弘昼在某次上朝议事时,因意见不和,当着乾隆的面把反对他的军机大臣讷亲给揍得鼻青脸肿,场面相当尴尬。

弘昼这波操作着实有点儿不给哥哥面子了,如果换成其他皇帝,要治他个"大不敬"之罪也在意料之中。可乾隆皇帝坐在大殿上,一句话也不说,事后也没对弘昼作出任何的处罚,导致满朝大臣都不敢轻易再惹这位皇帝的好兄弟了。

其实,从乾隆的角度来看,这大致就是亲情与皇权孰重孰轻的问题了。

为了安抚弟弟,乾隆将以前雍亲王府的旧物尽数赏给了弘昼,希望用这些充满他们旧日兄弟孝悌记忆的物件,唤醒弘昼的内心,减轻他心中的不平衡感。但弟弟在朝堂上公开打了人,也不能就这么算了,得找个时机好好敲打一下。

很快,在弘昼授命监督八旗子弟考试时,乾隆找到了合适的时机。

当时,时近中午,担心哥哥身体的弘昼请乾隆先行离开前去进膳,这里有自己看着就行了,乾隆没有同意。不承想,弘昼突然来了句:"皇上四哥,你是担心我买通这些考生,扰乱考场秩序吗?"

一瞬间,乾隆愣在那里了,自己上次纵容的弟弟,这次又重蹈覆辙了。乾隆没有当场回答他,但第二天弘昼进宫请安时,乾隆毫不客气地发出了严重警告:"使昨答一语,汝齑粉矣!"意思是,你昨天开的玩笑大逆不道,如果我当时回答你,让你解释清楚那句话是什么意思,恐怕你已经死无葬身之地了。

05

弘昼此刻才明白什么叫"自古帝王多任情喜怒"。哪怕是亲兄弟,万一惹对方不高兴了,杀掉你就跟碾死一只蚂蚁这般简单。

此后的日子里,在弘昼受封的和亲王府邸内,时常上演着这样一幕行为艺术:"王自高坐庭际,像停棺式,命护卫作供饭哭泣礼仪,王乃岸然饮啖以为乐。"

什么意思呢?就是没事在家摆设祭坛,办丧事。完事后,再把供桌上的供品全部吃掉,以此取乐。在这个过程中,谁要是哭得最大声,就代表最爱自己,可获得赠赏。

当时人们多传统迷信，觉得此事不吉利，容易导致弘昼短寿。但和亲王弘昼就想要这效果。给自己办完丧事，他逢人便说："人不可能长青，你不说死，怕说死，最后也难逃一死。"

为了消磨余生，除了办丧事外，弘昼还喜欢指导梨园班子唱戏。

据说，他极擅长使用经典历史桥段为蓝本创作剧本。在指导伶人唱昆曲时，还要求演员注重腔调的转换，唱一段昆曲，转一次弋腔。两种腔调的结合，使他王府内的戏班子唱曲功夫冠绝北京城，相邻各王府竞相效仿。

对此，乾隆皇帝并没有过多干预。毕竟这些古怪的自娱自乐，与他亟需收拢的皇权半毛钱关系也没有。再说，如果这样能让弘昼的心里好过些，又有何不可呢？

但其实，弘昼心里并不好受。

这种醉生梦死日复一日的生活，摧毁的不过是他的精神。身为皇室贵胄，天子最宠爱的弟弟，弘昼不差钱。每天锦衣玉食的生活及乾隆时不时的关心，弘昼想死也死不了。他曾留下一首《金樽吟》，描述自己的生活状态及心态：

世事无常耽金樽，杯杯台郎醉红尘。

人生难得一知己，推杯换盏话古今。

乾隆三十五年（1770年），在苦闷和压抑之中，假装疯疯癫癫的弘昼最终郁郁而亡,享年六十岁。

人生而不自由,富贵如王公贵族,也没有例外。或许,天地之间,冥冥中另有牢笼?